FBOOK®

弗布克行政文秘办公系列

办文办事办会

工作程序·工作规范·工作要求

唐振伟———编著

电子工业出版社

Publishing House of Electronics Industry

北京·BEIJING

内 容 简 介

这是一本具有全面、细致、规范、实务性强等特点的专业实操手册，旨在为党政机关、企事业单位或其他社会组织的行政办公工作人员提供全面的指导，提升其行政办公工作的专业水平和工作效率，全面规范其工作程序，提高工作质量。

本书的特色之一是全面细致、内容翔实。它不仅涵盖了办公室公文写作的方方面面，包括起草、审批、签发等环节，还对办公行政常见事务的办理与处理进行了详细介绍。此外，本书还提供了会议准备与举办的全流程指导。无论读者是初学者还是经验丰富的行政办公工作人员，都能从本书中找到相应的理论知识和操作技巧。

本书的另一个特色是规范性与实务性并重。本书以丰富的案例和实际操作为基础，为读者搭建起从理论到实践的桥梁，让学习过程更加生动直观。通过本书读者能够快速掌握实际工作中所需的技能和方法。无论是公文写作、办公事务处理还是会议筹备，读者都能够在书中得到切实可行的解决方案。

此外，本书还设置了易错提醒、经验分享、操作提示等小栏目，不仅能够帮助读者规避行政工作中的常见错误，还提升了阅读的趣味性，使得书中的知识更易于理解和应用。

本书适合各类政府机关、事业单位、企业的行政秘书人员、办公室管理人员、培训人员等阅读，也可作为高校行政文秘专业、经管类专业等的教材。

未经许可，不得以任何方式复制或抄袭本书之部分或全部内容。

版权所有，侵权必究。

图书在版编目（CIP）数据

办文办事办会：工作程序·工作规范·工作要求 /
唐振伟编著. -- 北京：电子工业出版社，2025.3.
(弗布克行政文秘办公系列). -- ISBN 978-7-121-49490-
1

Ⅰ. C931

中国国家版本馆CIP数据核字第2025ZF4157号

责任编辑：张　毅
印　　刷：三河市鑫金马印装有限公司
装　　订：三河市鑫金马印装有限公司
出版发行：电子工业出版社
　　　　　北京市海淀区万寿路173信箱　　　邮编：100036
开　　本：787×1092　1/16　印张：22.5　字数：438 千字
版　　次：2025 年 3 月第 1 版
印　　次：2025 年 3 月第 1 次印刷
定　　价：79.00元

凡所购买电子工业出版社图书有缺损问题，请向购买书店调换。若书店售缺，请与本社发行部联系，联系及邮购电话：（010）88254888，88258888。

质量投诉请发邮件至zlts@phei.com.cn，盗版侵权举报请发邮件至dbqq@phei.com.cn。

本书咨询联系方式：（010）68161512，meidipub@phei.com.cn。

| 前 言 |

首先，我们衷心地感谢您选择阅读《办文办事办会——工作程序·工作规范·工作要求》。本书是一本专注于行政办公工作的全面细致、内容翔实、规范性强、实务性强的专业实操手册，旨在为广大行政办公工作人员提供全面、实用的实务操作指南。

本书以全面细致为特点，涵盖了丰富多样的公文写作内容。不仅包括15种党政机关公文，还包括7种法规性公文和22种常用文书。本书详细地介绍了每一种公文文书的基本常识、写作格式、写作技巧、注意事项和写作示范。通过对本书的学习您将深入了解并掌握各类公文的写作要求，使您的公文表达更加准确、规范。

除了公文写作，本书还涵盖了办公行政常见事务的办理与处理。从办事人员的基础素养出发，本书详细介绍了23项常见办公事务的工作程序与工作规范。通过学习书中内容您将掌握领导事物、公共关系事物、基层事物、日常事物等的处理技巧，提高工作效率，减少错误。

而在办会方面，本书为您提供了全过程指导。无论是会议准备还是会议举办，从会前到会中再到会后，本书都详细地介绍了办会各阶段的工作程序与工作要求。除此之外，本书还介绍了12种典型会议的关键程序与注意事项，帮助您筹备与主持各类会议，提高会议的质量与效果。

为了帮助您更好地学习与应用本书的知识，我们还设置了易错提醒、经验分享、操作提示等小栏目。这些栏目能够帮助您规避常见错误，并获得实用的操作建议。

无论您是初学者还是经验丰富的行政办公工作人员，无论您是政府机关、事业单位还是企业的行政秘书人员、办公室管理人员，本书都将成为您不可或缺的参考工具。它将全面规范您的工作，助您提高工作质量和效率。

在这个快速变化的时代，具备优秀的行政办公能力对于个人的发展至关重要。衷心希望本书能够满足您的需求，成为您工作中的得力助手，为您的职业生涯增添光彩。

感谢您的支持和信任！祝愿您在行政办公工作中取得更加丰硕的成果！

本书编者

| 目 录 |

第1章

公文写作与办理程序

1.1 公文文种

1.1.1 公文分类

公文是指党政机关、企事业单位或其他社会组织在公务活动中，形成的格式规范的具有法律效力的文书。依据不同的分类方式，可以将公文划分为不同的类别，具体如图1-1所示。

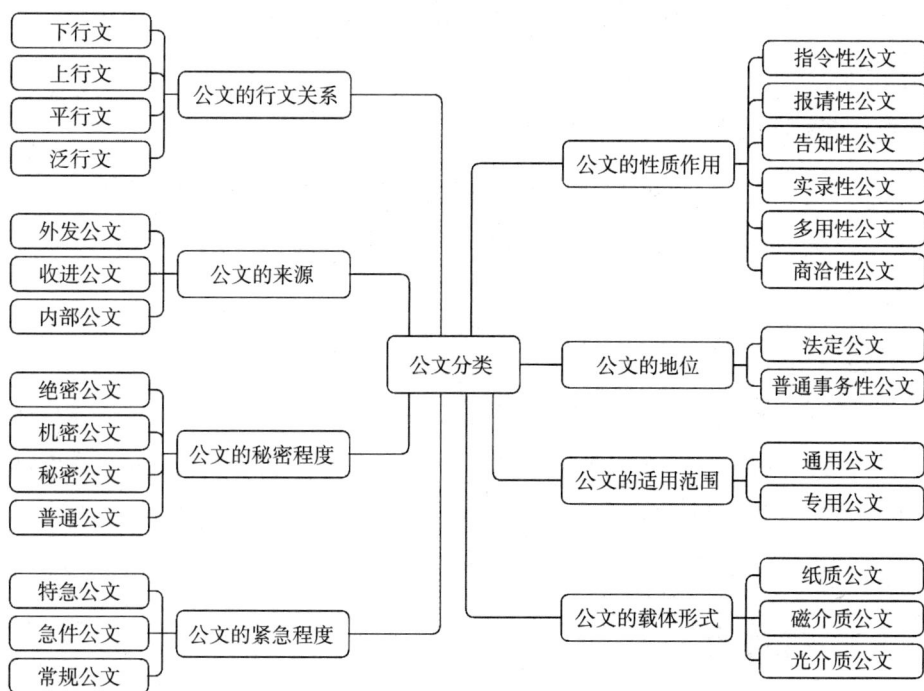

图1-1 公文分类

1.1.2　公文作用

公文在党政机关、企事业单位或其他社会组织处理公务时具有重要作用。公文的主要作用有以下5点。

1. 领导和指导作用

上级机关发给下级机关的公文，具有领导和指导作用。公文不仅传达了上级机关的决策和意图，还对下属机关产生领导作用。这种作用确保了下级机关能够明确工作方向，理解上级的决策意图，从而正确地开展工作。

2. 行为规范作用

通过公文发布的一些法律、法令和行政法规等，对所辖成员起着规范和准绳作用。公文的行文规范和体式要求严格，具有法律效力，它能够规范人们的行为，约束相关人员履行职责。

3. 宣传和教育作用

公文在传达某一方针政策的同时，还要说明其实施原因。这就赋予了它一定的宣传和教育作用。通过公文，组织可以宣传其价值观和工作理念，引导相关人员进行学习和理解，提高认识，统一思想，推动工作的开展。

4. 联系和协调作用

机关之间的许多工作是通过公文进行联系、协调的，许多具体问题也因此可以得到及时处理。公文的发布使得各个部门、单位之间能够及时沟通信息，协调工作，确保工作的顺利进行。

5. 依据和凭证作用

公文常常是领导意图、决策的载体，因而它往往是执行公务、安排工作、解决问题、办文办事的依据。同时，公文也作为凭证用于证明某项工作已经完成或某个事件已经发生，为以后的查询和审计提供依据。

1.2　写作程序

在公文写作的过程中需要遵循一定的程序，具体如图1-2所示。

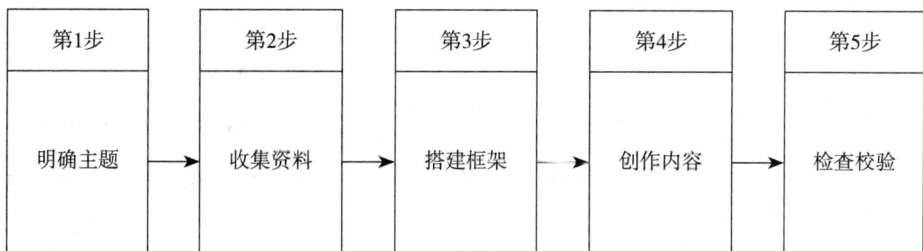

图1-2 公文写作的程序

1.2.1 第1步：明确主题

公文主题是公文所要表达的观点、主张或意图，是公文的灵魂，设计好公文主题可以让公文内容更加清晰明了，让公文所承载的信息传达得更加准确高效。

1. 明确公文种类

要明确公文的种类，不同类型的公文都有其独特的写作目的和特点。例如，通知和通告用于传达重要信息、安排和事件，确保信息的及时传达和准确理解；命令用于上级向下级发出明确的指令或命令，确保组织内部行动的一致和有序。

2. 明确公文受众

（1）组织内部人员。主要接收和理解公文中的指示、政策变更、工作安排等信息。

（2）外部合作伙伴。如供应商、承包商等，主要接收合同、协议、项目计划等方面的信息。

（3）政府部门。需要向相关的政府部门提交报告、申请或请求，以满足法律法规、监管和政策的要求。

（4）社会公众。社会公众需要了解组织的政策、项目、活动等，并根据公文提供的信息作出相应的反应或行动。

3. 明确公文内容

不同的公文其内容也有所不同。例如，通知公文的内容主要包括事项、时间、地点、要求或安排；政策文件的内容主要包括对政策的详细说明、实施细则、具体措施和执行时间表；报告的内容主要包括对特定问题的调查、分析和结论；建议的内容主要包括对特定问题或情况的分析、解决方案和实施计划；合同的内容主要包括双方的权利和责任、交付条件、支付条款、终止条款等。

易错提醒

在撰写公文时，确保正确的公文主题是非常重要的，模糊或错误的主题可能会导致收文机关或个人误解或混淆。要避免主题不明确的错误，提高公文的可读性和有效性。

①公文主题不清晰或表述存在模糊，导致收文机关或个人无法准确理解其目的和内容。

②公文主题与公文内容不符，导致收文机关或个人产生混淆或困惑。

③公文主题过于笼统，导致收文机关或个人无法准确理解其主题的范围和意义。

④公文主题不够简洁，导致收文机关或个人无法快速理解公文的目的和内容。

1.2.2　第2步：收集资料

公文写作过程中，收集资料是一个至关重要的环节，它有助于确保公文内容的准确性和权威性。

1. 选择可靠的资料来源

选择官方机构、学术出版物、经过验证的案例和调查研究、专家意见、官方网站等渠道，确保公文资料准确、权威。

2. 选择关键词搜索

使用准确的关键词搜索，以便找到与公文主题密切相关的资料。使用具体、准确的词汇，可以提高搜索结果的相关性，筛选出与公文内容密切相关的信息。

3. 筛选和归纳关键信息

在收集到大量的资料后，需要筛选和归纳，筛选出与公文内容紧密相关的数据、观点、论证和事实，识别和去除与公文内容无关或重复的信息。从筛选出的相关信息中提取主要观点和关键论证，归纳这些观点，并确保它们与公文的主题和目标一致。

1.2.3　第3步：搭建框架

搭建公文框架可以使公文的写作过程更加系统化和具有逻辑性，避免内容杂乱无章，从而提高公文表达的准确性。

1. 建立逻辑结构

根据公文的目的和主题，建立清晰的逻辑结构，将公文内容分为不同的部分，包括引言、背景、内容主体、结论等，确保每部分都紧密围绕公文主题展开。使用适当的逻辑连接词语在不同观点和段落之间建立联系。例如，使用转折词、因果关系词、并列词等来表示内容的转变和关联。

2. 突出关键信息

公文的每个章节或段落的开头，使用主旨句或摘要来概括该部分的关键信息，以帮助受众快速了解该部分的主要内容，并捕捉到关键信息。公文可使用标题和小标题来标识各个部分和子部分，标题应准确概括每个部分的关键信息，小标题可以进一步细分和突出关键信息。

操作提示

了解如何搭建公文框架是撰写一份规范、完整且逻辑结构清晰的公文的关键，通过合理安排公文的基本组成部分，可以构建一个清晰、有条理的公文框架。

①将公文的重点和次要内容进行区分，将重点内容放在框架的核心位置，有助于突出公文的主题和重要信息。

②在搭建框架时要考虑收文机关或个人的需求，合理安排章节和段落的顺序，以便收文机关或个人能够快速理解公文的内容。

1.2.4　第4步：创作内容

根据公文框架，拟写公文初稿。在构思过程中，要精心布局，用精简凝练的语言来表达公文主题。

1. 提供背景信息

公文需要提供准确的背景信息，以便使受众了解当前情况和上下文逻辑，包括相关的事件、问题、统计数据或其他支持性的信息。在描述背景信息时，要确保准确、简明扼要，并围绕公文的主题展开，重点突出与公文主题直接相关的背景信息。

2. 阐明观点论据

创作公文内容时，需要明确阐明核心观点和论据，以支持公文的主题。核心观点是公文的核心主立场，而论据是用来支持这些观点的事实、证据或逻辑推理。在阐明核心观点和论据时，要使用清晰的语言，并提供具体的例子、研究结果或引用权威来源的信息，确保论证的严谨性、连贯性和合理性。

易错提醒

在撰写公文内容时，要确保公文内容的准确、清晰、恰当，要避免常识性错误，提高公文的可读性和可理解性，有效传达关键信息，避免产生误解或混淆。

①如果公文内容缺乏清晰的结构，则会导致收文机关或个人难以理解公文的层次和逻辑关系。

②如果内容过于冗长和啰唆，没有简明扼要地传达信息，则收文机关或个人无法准确把握要点。

1.2.5 第5步：检查校验

公文创作完成后，要反复地推敲公文，检查校验公文的内容、格式、语气、措辞等，检查校验无误后，交上级领导审批。

1. 核对数据的准确性

在检查校验过程中，需要核对公文中提到的事件和数据的准确性，确保所引用的信息可靠，避免使用不确切、模糊或没有实际依据的信息。

2. 审查内容的逻辑性

公文内容应该具有清晰的逻辑和条理。在检查校验过程中，仔细审查公文的结构和组织，确保段落之间的衔接和过渡流畅、思路清晰。

3. 注意语言的一致性

仔细检查公文中的语法错误、拼写错误和标点符号的正确使用，使用正确的语法规则，确保公文的专业性和准确性。确保使用正确的术语和表达方式，以避免模糊、歧义或不准确的表述。根据公文所属的特定格式和风格要求，检查文档的一致性和规范性。确保文档中的标题、编号、引用等符合相关要求，并保持整体风格的统一。

1.3 办理程序

1.3.1 发文程序

公文发文办理是机关内部为制发公文所进行的拟制、处置与管理活动。公文发文分为5个程序，具体如图1-3所示。

第1步	第2步	第3步	第4步	第5步
草拟公文	拟制公文	审核公文	签发公文	分发公文

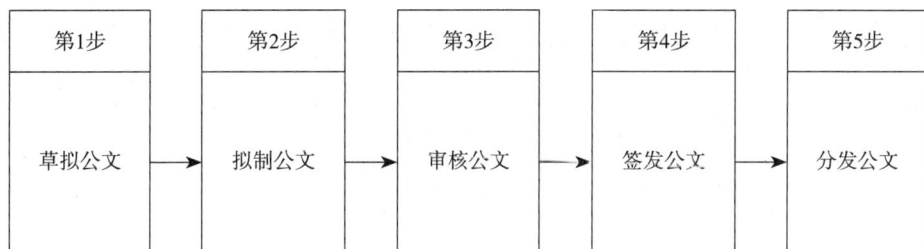

图1-3 公文发文的程序

1. 第1步：草拟公文

草拟公文时，公文内容应符合国家的法律法规，切实可行，结构严谨，主旨突出，观点明确。应根据紧急程度拟制公文，并且要注意结构、时间、数字、地点、标点符号的正确性，使用规范化的语言撰写。

2. 第2步：拟制公文

根据草拟的公文，拟制正式公文，对于涉及其他部门职权范围的事项，要主动与相关部门协商，取得一致意见后方可行文。

3. 第3步：审核公文

公文签发前，应当由领导审核，审核的重点是：是否确需行文，行文方式是否妥当，是否符合行文规则和拟制公文的有关要求，公文格式是否符合规定等。

4. 第4步：签发公文

以本机关名义制发的上行文，由主要负责人或者主持工作的负责人签发。以本机关名义制发的下行文或平行文，由主要负责人或者由主要负责人授权的其他负责人签发。

5. 第5步：分发公文

公文正式印制前，应当复核，经复核需要对文稿进行实质性修改的，应按程序复审。复核通过的公文进行封装，将已封装完毕的公文以适宜的方式发送给收文者。

操作提示

通过向发文机关或个人提供明确的发文指导，可以正确、高效地执行公文发文程序，确保公文分发的规范性、准确性和效果。

①在正式发文之前，需要确认是否有发文权限，如果没有，需要向上级申请。

②根据发文规定和流程，进行发文操作，确保每一个程序都按照规定执行。

③在发文的过程中，需要填写一些关键信息，例如发文单位、收件人、文件编号等，需要确保其准确性。

1.3.2　收文程序

公文收文是指对收到的公文进行接收办理的过程，除了常规的签收、登记之外，有些事务性公文还包括审核、拟办、承办、协办、催办等程序。公文收文后的具体办理程序如图1-4所示。

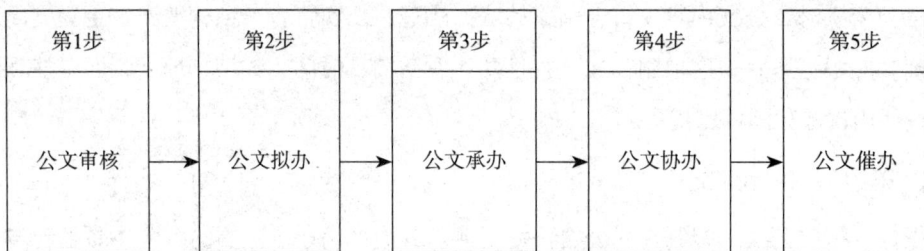

第1步	第2步	第3步	第4步	第5步
公文审核	→ 公文拟办	→ 公文承办	→ 公文协办	→ 公文催办

图1-4　公文收文后的程序

1. 第1步：公文审核

收到需要办理的公文时，应当审核。重点审核是否符合行文规则，内容是否符合国家法律法规及其他有关规定，文种使用、公文格式是否规范。

2. 第2步：公文拟办

对符合规定的公文，应当及时提出拟办意见送有关部门办理，需要两个以上部门办理的应当明确主办部门。紧急公文，应当明确办理时限。对不符合规定的公文，经负责人批准后，可以退回呈报单位并说明理由。

3. 第3步：公文承办

承办部门收到交办的公文后应当及时办理，不得延误、推诿。紧急公文应当按时限要求办理，确有困难的，应当及时予以说明。对不属于本部门职权范围或者不适宜由本部门办理的，应当及时退回并说明理由。

4. 第4步：公文协办

公文办理中遇有涉及其他部门职权的事项，主办部门应当主动与有关部门协商。如有分歧，负责人要出面协调，如仍不能取得一致，可以报请上级机关协调或裁定。

5. 第5步：公文催办

送负责人批示或者交有关部门办理的公文，文件接收部门要负责催办，根据公文的紧急程度催办公文。

操作提示

要确保公文接收过程中的每个环节都得到正确处理，减少遗漏和错误的发生。

①在进行收文操作之前，需要确认自己是否有收文权限，如果没有，需要向上级申请。

②在收文的过程中，需要准确记录收文信息，如发文单位、发文日期、文件编号等，以便后续跟踪和管理。

③将收到的文件分类、编号，妥善保存，以备后续查询和归档。

第 2 章
公文制作规范要求

2.1　内容规范要求

2.1.1　遵循基本原则

1. 符合党和国家的方针政策

公文写作要符合党的理论、路线、方针、政策和国家法律、法规，具有合法性，并同现行有关公文相衔接，以便在工作中可以相互协调和配合，避免产生矛盾。

2. 实事求是，讲求实效

公文的制发必须一切从实际出发，分析问题，实事求是，所提政策、措施和办法切实可行。

（1）制发公文时，必须依据客观事实来说明问题，要有具体的目的，切忌主观主义和形式主义。

（2）制发公文时，应注意时效。公文要及时、迅速制发完毕，尽快实现公文的效用，以便提高工作效率。

3. 主题明确，结构完整，格式规范

公文的制发应该建立在组织和领导的意图上，完成意图的公文化。

制发公文要紧扣主题，同时也应注意公文整体结构，围绕主题合理安排，使公文结构层次鲜明，条理清晰。格式也应按照相关规定调整。

2.1.2　符合具体要求

1. 标题

公文的标题应简明扼要、准确清晰，能够概括文章的主题和要点。

2. 发文单位和时间

在标题下方应该标明发文单位和时间，发文单位应该使用全称或规范的简称，时间格式应该按照年、月、日的顺序排列。

3. 主体部分

公文的主体部分应该按照时间、地点、人物、事由、要点、建议或处理意见等要素的顺序组织。主体部分应该使用简洁、准确、通顺的语言，注意正确使用标点符号和格式。

4. 纸张规格

公文应使用A4纸张，纸质应选择白色，字体应清晰、整齐。公文纸张应符合国家标准，保证纸张质量。

5. 印章和公章

公文需要加盖相应的印章或公章，印章和公章应规范、清晰、醒目。公章的印章规格、颜色、使用范围等均应符合国家标准。

2.1.3　精心谋篇布局

1. 结构紧凑

公文的结构一定要严谨、紧凑。公文需要根据一定的逻辑，有序、有规则地围绕文章主题撰写。材料之间的纲目也要清楚，逻辑要严密，突出重点和要点，使材料和公文的内容融为一体。

2. 语句连贯

公文的每个部分应该互相连接，语言的过渡也要自然，使上下文流畅通顺，无前后矛盾的内容。同时，不能太过烦琐或使用过多的俗语，避免使用生僻字，注意语法错误，正确使用标点符号和格式，以提高文章的可读性。

3. 内容完整

确保公文内容的完整，必要的组成结构不能缺失，将所涉及的事项、意图、要求或者诉求完整表述。在写作过程中，可以先勾勒出文章的思路和逻辑关系，以便更好地表达文章的内涵和结论。

2.1.4　践行行文规则

行文应当确有必要，讲求实效，注重针对性和可操作性。行文关系根据隶属关系和职权范围确定。一般不得越级行文，特殊情况需要越级行文的，应当同时抄送被越过的机关。

1. 向上级机关行文

上行文是指下级机关报向所属上级机关的一种公文，如请示、报告等。

（1）原则上主送一个上级机关，根据需要同时抄送相关上级机关和同级机关，不抄送下级机关。

（2）党委、政府的部门向上级主管部门请示、报告重大事项，应当经本级党委、政府同意或者授权；属于部门职权范围内的事项应当直接报送上级主管部门。

（3）下级机关的请示事项，如需以本机关名义向上级机关请示，应当提出倾向性意见后上报，不得原文转报上级机关。

（4）请示应当一文一事。不得在报告等非请示性公文中夹带请示事项。

（5）除上级机关负责人直接交办事项外，不得以本机关名义向上级机关负责人报送公文，不得以本机关负责人名义向上级机关报送公文。

（6）受双重领导的机关向其中一个上级机关行文的，必要时抄送另一个上级机关。

2. 向下级机关行文

下行文是指上级机关向下级机关发出的一种公文，如通知、决定等。

（1）主送受理机关，根据需要抄送相关机关单位。重要行文应当同时抄送发文机关的直接上级机关。

（2）党委、政府的办公厅（室）根据本级党委、政府授权，可以向下级党委、政府行文，其他部门和单位不得向下级党委、政府发布指令性公文或者在公文中向下级党委、政府提出指令性要求。需经政府审批的具体事项，经政府同意后可以由政府职能部门行文，文中须注明已经政府同意。

（3）党委、政府的部门在各自职权范围内可以向下级党委、政府的相关部门行文。

（4）涉及多个部门职权范围内的事务，部门之间未协商一致的，不得向下行文；擅自行文的，上级机关应当责令其纠正或者撤销。

（5）上级机关向受双重领导的下级机关行文，必要时抄送该下级机关的另一个上级机关。

3. 平级机关行文

平行文是指同级平行机关之间的公文往来，如函、公报等。

（1）同级党政机关、党政机关与其他同级机关必要时可以联合行文。属于党委、政府各自职权范围内的工作，不得联合行文。党委、政府的部门依据职权可以相互行文。

（2）平行文需要选择正确、恰当的文种，把握适当的语气，用商量、洽谈的态度而不是命令。

易错提醒

　　公文的种类繁多，行文规则也不全相同，在实际写作过程中需要根据不同的公文种类（如通知、请示、报告等）来确定行文规则。

2.2　语言规范要求

2.2.1　使用书面语言

1. 选择通俗易懂的词语与句子

公文要多用简单直白的词语，直达文意，勿堆砌华丽的词语。文章的起承转合多用公文专用语。句子结构普遍简单，不使用过多的修饰词语。

2. 表达手法

公文的表达手法多用说明、议论、叙述等，主要进行直接说明，直达观点。公文的语法结构应当正确规范，要注意词序、时态、主谓一致等问题，句子结构要简单明了，不宜过于复杂。

3. 切勿滥用修辞手法

在公文中，不可出现夸张等修辞方式。公文是严谨、庄重的，滥用修辞手法会使公文显得"滑稽"。

4. 规范用语

公文作为一种文章载体，其用途及本质要求公文用语必须规范，要用书面语言表述，不能滥用方言、外来词、流行语、网络用语等。尽量避免使用个人化语言，例如第一人称代词

"我""我们"等，而应使用客观中立的表述方式，体现公文的客观性和权威性。

2.2.2　表述准确无误

1. 合理使用词语，避免产生歧义

公文是特殊的文章，它具有指导作用，所以必须严谨、科学。在使用词语方面，公文应该根据实际情况，运用准确、清楚的词语表述，切忌模棱两可、词义模糊。

2. 适当使用修饰，准确表达文义

在公文中，常需要使用一些词语对事实的数量、范围等进行限制，如若限制不恰当或缺少应有的限制都会影响文意的表达。故在必要时候可用一些修饰量词对事实进行修饰，例如"一些""有的""部分"等。

3. 恰当搭配句子，促使文意完整

在公文中，每一句话都需要表达的恰当、完整，为了清晰地表述出文章的主题，句子的结构应当完整无误，句子中各部分搭配恰当，词序合理。

2.2.3　语言简洁精练

1. 删繁就简，拒绝空话

要根据公文的目的，联系实际，紧扣主题，使用简洁的语言，与主题无关的内容要避免出现在正文中。

2. 注重规范表述，避免空泛

写公文时，应该严格遵循公文的相关规范和规定。在表述事实时，应该采用直接、简单的语言，来阐明观点，避免空泛。

3. 合理运用专用词语

公文的专业用语，是经过长时间实践检验出来的相对固定的用语，合理使用公文专业用语会使得语言更加简洁精练。

4. 注意遣词造句

在确保公文文意明确的前提下，尽可能多用结构简单的句子，少用复杂长句；多用直接表达文义的肯定句，慎用疑问句和否定句。

2.2.4　语气语调得当

1. 掌握文体特点，奠定语言基调

公文种类众多，每种公文都有其独有的特点，在确定文种后，应根据文种的特点，选择一个与其相符合的语言基调进行写作。运用书面语言，使文章庄重、严谨，在保证文章整体基调的前提下，语言可以随时代变化而变化，但不可为了标新立异而使公文内容变得不伦不类。

2. 把握分寸，注意受文对象的接受心理

公文写作时，应根据不同的收文对象，采用不同的得体的用语方式，要注意收文对象的接受心理。写上行文的时候，应该是尊敬的语气，而不是刻意讨好；写下行文的时候，语气应该谦和有度；写平行文的时候，应该谦谦有礼，有商有量，切忌使用命令的语气，要做到互相尊重。

3. 有效使用委婉用语

在一些特定条件下，公文的语言可有选择性地使用一些模糊的词语，语气语调得当，凸显出分寸感。这是一种得体的体现。

易错提醒

公文传递信息的作用，可以保持信息的准确性和及时性，确保各项工作的顺利开展。因此在公文写作中需要注意：

①不滥用修辞手法，以免收文对象产生误解，影响公文的传递效果；

②避免使用过于情感化的词汇和语气，而应使用客观、中立的语言表达方式；

③公文中的语言应该与时俱进，避免使用过时的词汇和语法结构。

2.3　礼仪规范要求

2.3.1　恰当使用称谓

1. 简称用语

在公文写作中，为了语言的简洁性，经常会使用简称。在使用简称时，应该遵循相关规定，按照规范使用简称书写，不能随意缩减。

（1）简称要规范、准确，表意要明确，例如，中华人民共和国全国人民代表大会的规范简称是全国人大。

（2）在引用文件的时候，需要在公文中标明发文的时间、文号、发文单位等基本信息，在文中第一次出现时要用全称，然后在全称后用括号注明其简称，之后在文中出现即可用已注明的简称。

2. 称谓用语

在公文中，称谓用语的使用需根据行文对象的不同而有所区分。

（1）上行文的称谓用语

发文方：一般使用第一人称代词的称谓，如"我单位""我省"等，表达诚恳。

收文方：一般使用收文机关名称。避免使用"你""你们"等称谓，以给予适当的尊敬，如用"贵局""贵厅"等。

（2）下行文的称谓用语

发文方：一般使用发文机关名称，避免使用第一人称代词，展现庄重。

收文方：一般使用"你省""你部"等称谓，不直接使用收文机关名称，以体现指示性。

（3）平行文的称谓用语

在书写平行文时，态度要谦和，语气要平易近人，避免使用指示性语气，要用商量的口气说话，做到互相尊重。

发文方：一般使用"我市""我省""我单位"等称谓。

收文方：一般使用"你市""你县""你部"等称谓。

2.3.2 体现尊敬谦虚

1. 敬语

在公文中，敬语多用于开头或者结尾处，是对行文对象表示尊重的特定用语。在上行文中有"呈""报请"等，平行文中常用的有"拟"等。

2. 期请用语

期请用语表示某种期望和请求，常用于上行文和平行文中，如"请""恳请""希望""盼"等，体现出发文方对收文方的尊敬和尊重。

3. 征询用语

征询用语在公文中一般是表示询问某个问题或意见的词语，常用于上行文或平行文的结尾处，如"可否""妥否""当否""意见如何"等。

4. 结尾用语

结尾用语是在公文结尾处表示文章结束的词语，如"以上请示当否，请批示""妥否，请批示""为谢""为感""此复""此致"等。

2.3.3 避免不当词语

在公文写作中，常有作者出现各种用词不当的情况，这不仅影响公文的质量，还会影响后续的执行、落实工作。所以要求公文写作者谨慎用语，避免不当词语出现在公文中。

1. 关联词语使用有误

关联词是指能在复句中用来连接分句，并表明分句之间关系的连词、副词和短语。关联词的误用、滥用、搭配不当、词语错位等错误的使用方式会导致公文缺乏准确性。这就要求写作人员在写作过程中遇到把握不准的词语时要查阅相关资料并记录，准确掌握其词义与用法。

2. 常见词语使用有误

由于对词语含义把握不当，常出现使用错误的词语，例如"必须"和"必需"，"做"和"作"。故写作人员需要大量阅读公文范文，增加公文写作基础知识，积累词语使用经验，熟悉公文措辞。

3. 滥用词语

（1）滥用方言、口语。按照公文的写作规范要求，公文中应避免出现方言、口语等不规范语言，要体现公文准确、庄重的要求，避免造成歧义。

（2）滥用外来语。在公文中应避免使用未规范化处理的外来语或者流行语。

（3）滥用简称。公文写作中使用的简称应当是约定俗成的，对那些尚未约定俗成的简称应当慎用。

经验分享

　　遵守公文写作的礼仪规范对于提高沟通效果、建立信任、提升专业形象和维护组织形象都具有非常重要的意义。

　　在撰写公文之前，可以通过参考相关的官方文件、手册或指南，了解公文行文的礼仪规范，包括敬语的使用、格式要求等，确保文档符合规范要求。

　　在完成公文写作之后，需要对公文的格式、用词和措辞进行仔细的校对和审查，确认其准确无误，确保文档的规范性和专业性。

2.4　"红头文件"的格式规范要求

　　根据《党政机关公文格式》（GB/T 9704—2012），党政机关的公文格式有如下5个方面的规范要求。

2.4.1　版头要素格式规范

1. 份号

如需标注份号，一般用6位3号阿拉伯数字，顶格编排在版心左上角第一行。

2. 密级和保密期限

如需标注密级和保密期限，一般用3号黑体字，顶格编排在版心左上角第二行；保密期限中的数字用阿拉伯数字标注。

3. 紧急程度

如需标注紧急程度，一般用3号黑体字，顶格编排在版心左上角；如需同时标注份号、密级和保密期限、紧急程度，按照份号、密级和保密期限、紧急程度的顺序自上而下分行排列。

4. 发文机关标志

由发文机关全称或者规范化简称加"文件"二字组成，也可以使用发文机关全称或者规范化简称。

发文机关标志居中排布，上边缘至版心上边缘为35mm，推荐使用小标宋体字，颜色为红色，以醒目、美观、庄重为原则。

联合行文时，如需同时标注联署发文机关名称，一般应当将主办机关名称排列在前；如有"文件"二字，应当置于发文机关名称右侧，以联署发文机关名称为准上下居中排布。

5. 发文字号

编排在发文机关标志下空二行位置，居中排布。年份、发文顺序号用阿拉伯数字标注；年份应标全称，用六角括号"〔〕"括入；发文顺序号不加"第"字，不编虚位（1不编为01），在阿拉伯数字后加"号"字。上行文的发文字号居左空一字编排，与最后一个签发人姓名处在同一行。

6. 签发人

由"签发人"三字加全角冒号和签发人姓名组成，居右空一字，编排在发文机关标志下空二行位置。"签发人"三字用3号仿宋体字，签发人姓名用3号楷体字。如有多个签发人，签发人姓名按照发文机关的排列顺序从左到右、自上而下依次均匀编排，一般每行排两个姓名，回行时与上一行第一个签发人姓名对齐。

7. 版头中的分隔线

发文字号之下4 mm处居中印一条与版心等宽的红色分隔线。

公文版头样式如图2-1所示：

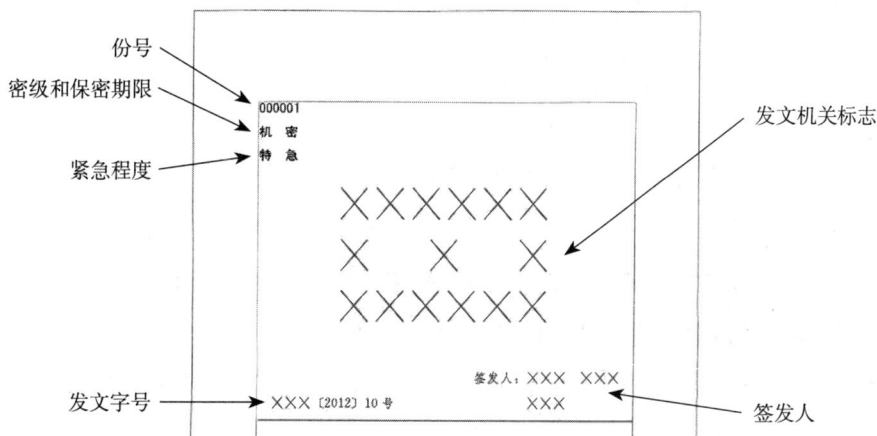

图2-1　公文版头样式

2.4.2　主体要素格式规范

1. 标题

一般用 2 号小标宋体字，编排于红色分隔线下空二行位置，分一行或多行居中排布；回行时，要做到词意完整，排列对称，长短适宜，间距适当，标题排列应当使用梯形或菱形。

2. 主送机关

编排于标题下空一行位置，居左顶格，回行时仍顶格，最后一个机关名称后标全角冒号。如主送机关名称过多导致公文首页不能显示正文时，应当将主送机关名称移至版记。

3. 正文

公文首页必须显示正文。一般用 3 号仿宋体字，编排于主送机关名称下一行，每个自然段左空二字，回行顶格。文中结构层次序数依次可以用"一、""（一）""1.""（1）"标注；一般第一层用黑体字、第二层用楷体字、第三层和第四层用仿宋体字标注。

4. 附件说明

如有附件，在正文下空一行左空二字编排"附件"二字，后标全角冒号和附件名称。如有多个附件，使用阿拉伯数字标注附件顺序号（如"附件：1.××××"）；附件名称后不加标点符号。附件名称较长需回行时，应当与上一行附件名称的首字对齐。

5. 发文机关署名、成文日期和印章

（1）加盖印章的公文

成文日期一般右空四字编排，印章用红色，不得出现空白印章。

单一机关行文时，一般在成文日期之上，以成文日期为准居中编排发文机关署名，印章端正、居中下压发文机关署名和成文日期，使发文机关署名和成文日期居印章中心偏下位置，印章顶端应当上距正文（或附件说明）一行之内。

联合行文时，一般将各发文机关署名按照发文机关顺序整齐排列在相应位置，并将印章一一对应、端正、居中下压发文机关署名，最后一个印章端正、居中下压发文机关署名和成文日期，印章之间排列整齐、互不相交或相切，每排印章两端不得超出版心，首排印章顶端应当上距正文（或附件说明）一行之内。

（2）不加盖印章的公文

单一机关行文时，在正文（或附件说明）下空一行右空二字编排发文机关署名，在发文机关署名下一行编排成文日期，首字比发文机关署名首字右移二字，如成文日期长于发文机关署名，应当使成文日期右空二字编排，并相应增加发文机关署名右空字数。联合行文时，应当先编排主办机关署名，其余发文机关署名依次向下编排。

（3）加盖签发人签名章的公文

单一机关制发的公文加盖签发人签名章时，在正文（或附件说明）下空二行右空四字加盖签发人签名章，签名章左空二字标注签发人职务，以签名章为准上下居中排布。在签发人签名章下空一行右空四字编排成文日期。

联合行文时，应当先编排主办机关签发人职务、签名章，其余机关签发人职务、签名章依次向下编排，与主办机关签发人职务、签名章上下对齐；每行只编排一个机关的签发人职务、签名章；签发人职务应当标注全称。签名章一般用红色。

（4）成文日期中的数字

用阿拉伯数字将年、月、日标全，年份应标全称，月、日不编虚位（1不编为01）。

（5）特殊情况说明

当公文排版后所剩空白处不能容下印章或签发人签名章、成文日期时，可以采取调整行距、字间距的措施解决。

6. 附注

如有附注，居左空二字加圆括号编排在成文日期下一行。

7. 附件

附件应当另面编排，并在版记之前，与公文正文一起装订。"附件"二字及附件顺序号用3号黑体字顶格编排在版心左上角第一行。附件标题居中编排在版心第三行。附件顺序号和附件标题应当与附件说明的表述一致。附件格式要求同正文。

如附件与正文不能一起装订，应当在附件左上角第一行顶格编排公文的发文字号并在其后标注"附件"二字及附件顺序号。

公文主体样式如图2-2所示，联合行文样式如图2-3所示。

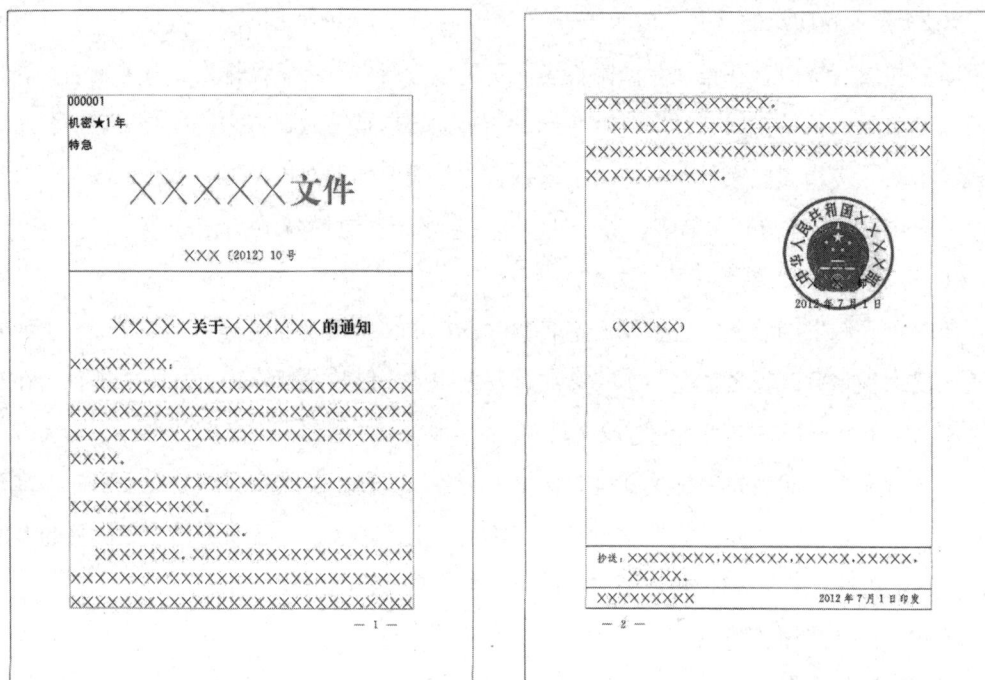

图2-2　公文主体样式

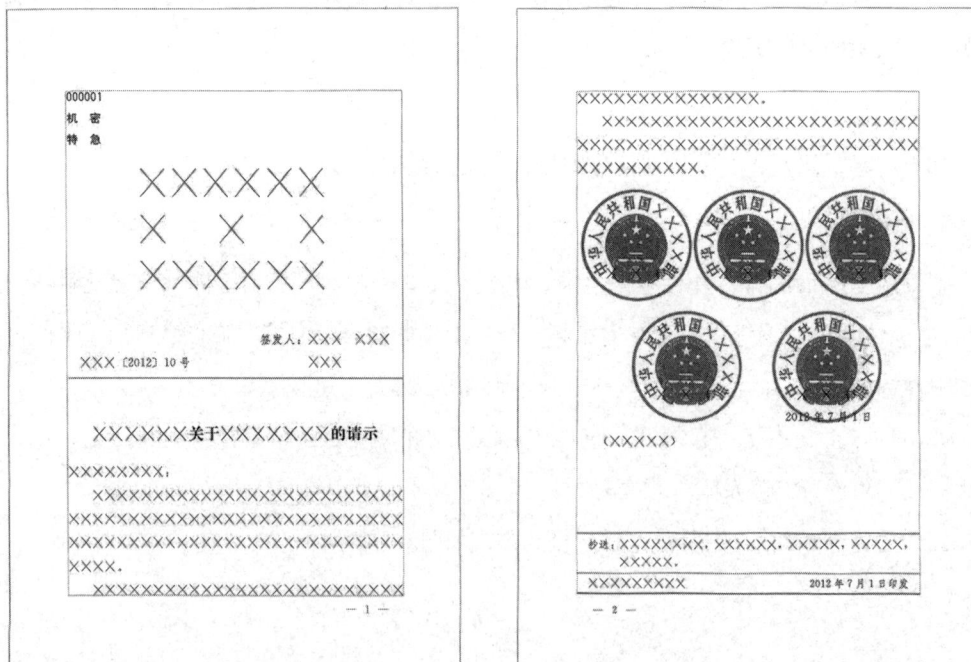

图2-3　联合行文样式

附件说明页样式如图2-4所示。

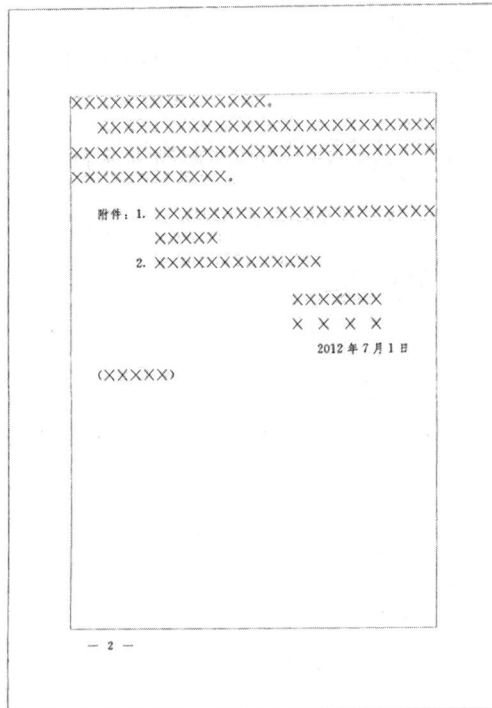

图2-4 附件说明页样式

2.4.3 版记要素格式规范

1. 版记中的分隔线

版记中的分隔线与版心等宽，首条分隔线和末条分隔线用粗线（推荐高度为0.35 mm），中间的分隔线用细线（推荐高度为0.25 mm）。首条分隔线位于版记中第一个要素之上，末条分隔线与公文最后一面的版心下边缘重合。

2. 抄送机关

如有抄送机关，一般用4号仿宋体字，在印发机关和印发日期之上一行、左右各空一字编排。"抄送"二字后加全角冒号和抄送机关名称，回行时与冒号后的首字对齐，最后一个抄送机关名称后标句号。

如需把主送机关移至版记，除将"抄送"二字改为"主送"外，编排方法同抄送机关。既有主送机关又有抄送机关时，应当将主送机关置于抄送机关之上一行，之间不加分隔线。

3. 印发机关和印发日期

印发机关和印发日期一般用4号仿宋体字，编排在末条分隔线之上，印发机关左空一字，印发日期右空一字，用阿拉伯数字将年、月、日标全，年份应标全称，月、日不编虚位（1不编为01），后加"印发"二字。

版记中如有其他要素，应当将其与印发机关和印发日期用一条分隔线隔开。

2.4.4 用纸与版面的标准

1. 幅面尺寸

我国行政机关公文用纸的幅面尺寸为210 mm×297 mm，公文用纸采用GB/T 148中规定的A4型纸。

2. 版面

（1）页边与版心尺寸

为了美观和装订方便，并且符合公文的庄重性要求，公文纸四周需要留白，公文用纸天头（上白边）为37 mm±1 mm，公文用纸订口（左白边）为28mm±1mm，版心尺寸为156 mm×225 mm。

A4纸型公文用纸页边与版心尺寸如图2-5所示。

（2）字体和字号

如无特殊说明，公文格式各要素一般用3号仿宋体字。特定情况可以做适当调整。

（3）行数和字数

一般每面排22行，每行排28个字，并撑满版心。在一些特定情况下可以做适当调整。

（4）文字的颜色

如无特殊说明，公文中文字的颜色均为黑色。

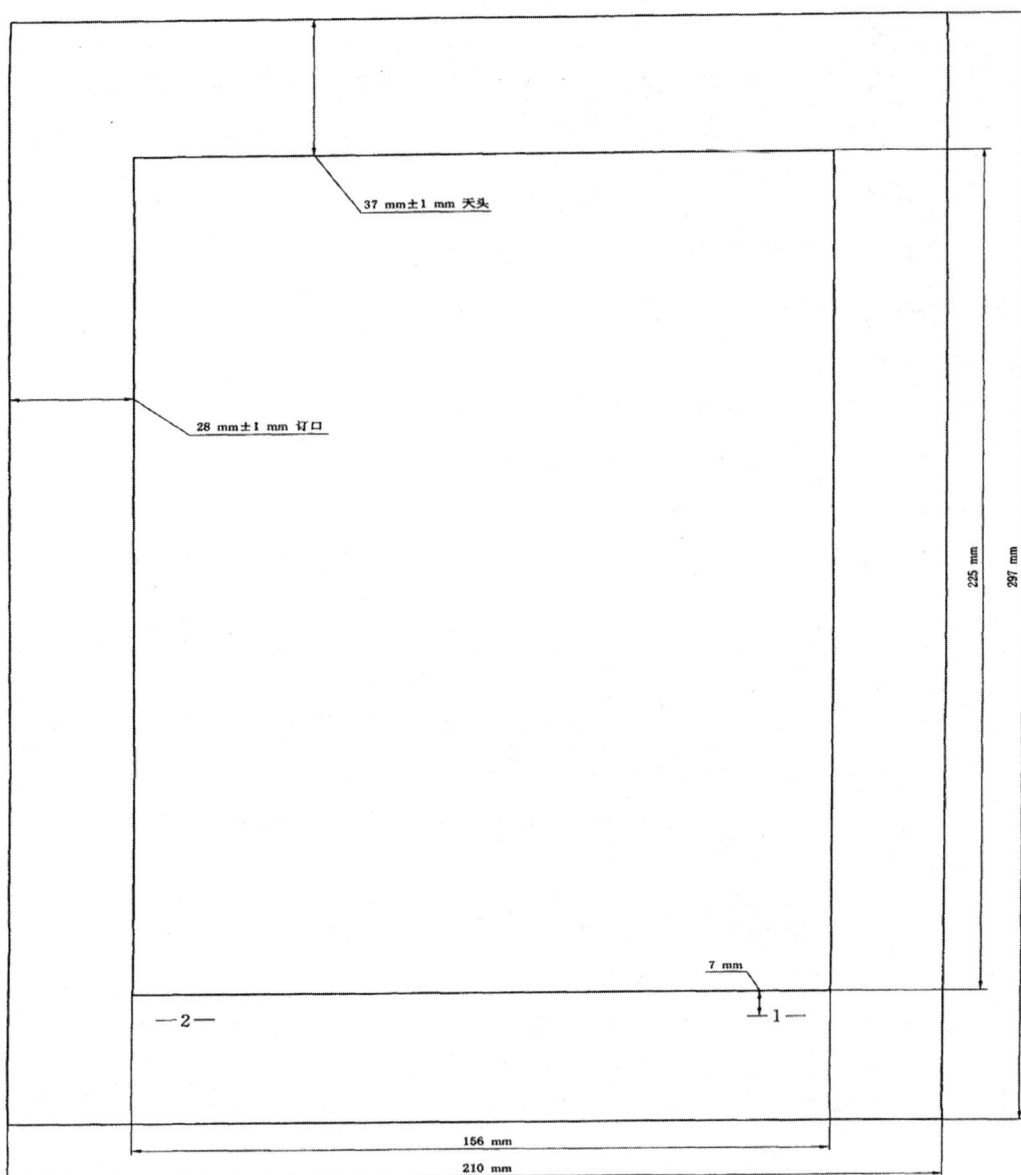

37 mm±1 mm 天头

28 mm±1 mm 订口

225 mm

297 mm

7 mm

—2—

—1—

156 mm

210 mm

图2-5　A4纸型公文用纸页边与版心尺寸

2.4.5　印制与装订的标准

1. 制版要求

版面干净无底灰，字迹清楚无断划，尺寸标准，版心不斜，误差不超过1mm。

2. 印刷要求

双面印刷；页码套正，两面误差不超过2mm。黑色油墨应当达到色谱所标BL100%，红色油墨应当达到色谱所标Y80%、M80%。印品着墨实、均匀；字面不花、不白、无断划。

3. 装订要求

公文应当左侧装订，不掉页，两页页码之间误差不超过4 mm，裁切后的成品尺寸允许误差±2mm，四角成90°，无毛茬或缺损。

骑马订或平订的公文应当：

（1）订位为两钉外订眼距版面上下边缘各70 mm处，允许误差±4mm；

（2）无坏钉、漏钉、重钉，钉脚平整牢固；

（3）骑马订钉锯均订在折缝线上，平订钉锯与书脊间的距离为3～5mm。

包本装订公文的封皮（封面、书脊、封底）与书芯应吻合、包紧、包平、不脱落。

操作提示

"红头文件"低于法律法规、行政法规和规章，属于非法律文件，但也具有"普遍的约束力"。在编写和保存红头文件时，需要注意：

①对于涉及机密或敏感信息的文件，要严格遵守保密要求，并确保仅限于经授权的人员阅读；

②注意保持版面整洁和一致性，正确设置标题、正文和页脚的位置和格式，避免出现错位、错页等情况，影响信息传递的效果；

③及时更新和归档，定期检查并更新文件的版本和编号，确保使用最新的文件进行工作。

第 3 章

党政机关公文写作

3.1 决议

3.1.1 基本常识

《党政机关公文处理工作条例》（本章简称《条例》）中规定，决议适用于会议讨论通过的重大决策事项。重大决策事项经会议讨论通过后，接下来就是要求下级相关人员予以贯彻和执行，决议正是在此阶段使用的一种重要的下行文。

1. 决议的特点

（1）集体性。决议的形成并非个人意志的体现，而是与会人员的意志体现。决议是被与会人员中多数人所公认的、经过与会人员集体投票形成的公文。

（2）程序性。决议的形成有一整套完整的程序，必须先经过会议讨论，再由集体投票表决通过，这个程序是严格且严肃的。

（3）宏观性。决议的内容在接下来的一段时间内会全面影响当前行政区域内的诸多事项，具有宏观的战略导向。

（4）权威性。决议的形成是由党的领导机关所决定的，用于决策重要问题或重大事项，一经形成，下属组织或个人均须严格遵照执行，不得违背。

2. 决议的类型

（1）决策性决议。用于对重要事项或重要问题的相关内容、原则、政策进行决策，确定重大事项的方针、政策。

（2）指导性决议。用于针对某一事项、工作、问题提出相应的指导意见，并形成决策事项。

（3）审批性决议。用于对党政机关的重要文件、工作报告、财务预算等进行审议、批准。

3.1.2 写作格式

1. 标题

决议标题有以下三种形式：

（1）决议的标题由发文机关、事由、文种组成，如"××市人民政府关于加强城市交通管理的决议"。

（2）决议的标题由会议名称、事由、文种组成，如"中国共产党××省第××次代表大会关于中共××省第××届委员会报告的决议"。

（3）决议的标题由事由、文种组成，如"关于××市××区人民政府工作报告的决议"。

2. 成文日期

（1）格式。以括号加内容的形式写于标题之下的居中位置。

（2）内容。成文日期即为决议通过的日期，往往是发布决议的前一天。其具体写法通常为"××××年××月××日加会议名称加通过二字"，如《中国共产党××省第十一次代表大会关于中国共产党××省第十届委员会报告的决议》，这份决议是20××年××月×日发布的，决议的成文日期原文写的是"20××年××月××日中国共产党××省第十一次代表大会通过"。

3. 正文

不同类型的决议有不同的写法，但是总体结构是一致的，分为开头、主体、结尾三部分。

（1）开头。决议的开头通常较为简略，总体上，写清楚决议的对象、事由、依据、会议概况及有必要阐述的相关事项即可。

（2）主体。主体的内容是整个决议的主要内容，其具体写法因决议类型的不同而不同。

具体到不同类别的决议的开头及正文的写法如下。

①需要审议或者批准的决议。其开头主要是阐明审议或批准的对象或事项，并给出最终意见，正文则是对审议或批准的对象或事项进行具体说明。

②与专门的某一事项相关的决议。其开头往往是对相关事项进行阐述，并提出执行要求，正文则是说明作出决议的根据、缘由、目的等。

③作出重大决策的决议。这类决议往往伴随着重要会议而生，其开头主要是阐明会议

概况及最终意见，正文内容则是对会议上提出的各项意见、观点、重点进行阐述。

（3）结尾。决议的结尾部分通常是发出号召或阐明执行要求，其中以发出号召居多，有时也可以直接省略结尾。

3.1.3　写作技巧

技巧一：抓住重点，提升效率

决议往往是在会议通过后的第二天发布的，这要求写作人员需要在有限的时间内写出决议的书面文件。写作人员可提前根据会议主题和已知内容准备预稿件，然后在会议过程中关注重点内容，及时对预稿件修改和补充，同时注意精练语言，避免使用复杂的词汇和长句，提升整体效率。

技巧二：把握全局，吃透会议精神

决议想要写得又快又好，写作人员就要了解会议的背景、目的、意义及中心思想，领会会议文件的主旨，掌握会议上对决议事项提出的意见、观念、要求。在写作时要注意信息表述的清晰性、观点的明确性，以确保决议能够有效传达会议精神和主旨。

技巧三：严谨布局，精练结构

决议的结构要精练。写作人员需要十分清楚决议的目的，简要清楚地写明决议的开头；收集会议上达成共识的观点与意见，合理安排正文的核心内容；精心准备决议结尾的号召，与会议的主题、决议的目的形成呼应，有效提升决议的感染力。

3.1.4　注意事项

注意一：观点要明确

决议适用于会议讨论通过的重大决策事项，最终的决策一定是明确的。在写作时，要相应地阐明会议概况，写清楚决策事项，突出会议精神和主题，避免出现观点不明确的错误。

注意二：表达要准确

决议在阐述会议相关内容时，不可避免地会涉及"大会认为""大会强调""大会同意""大会指出"等语言，这些语言可以表明参会人员对决策的问题或事项的态度，相关

用语要准确无误，必须体现参会人员的集体意志，而不是突出体现某个人的个人意志。

3.1.5　写作示范

中国共产党××市第十一次代表大会关于中国共产党××市

第十届委员会报告的决议

（20××年××月××日中国共产党××市第十一次代表大会通过）

中国共产党××市第十一次代表大会听取和审议了×××同志代表中国共产党××市第十届委员会所作的题为《生态立市、工业强市、数字活市、人才兴市，奋力谱写新时代"强省会"新篇章》的报告，决定批准这个报告。

大会认为，报告高举中国特色社会主义伟大旗帜，……

大会充分肯定十届市委的工作。大会认为，……

大会对过去五年发展实践经验启示进行了深刻总结。大会认为，……

大会指出，未来五年，时代的机遇在召唤着我们。我们既面临转型压力的挑战，更迎来产业重构的机遇。……

大会指出，未来五年，光荣的使命在激励着我们。"强省会"既是一份沉甸甸的历史使命，更是一张沉甸甸的时代考卷。……

大会强调，今后五年，是××走好新时代"强省会"赶考之路的重要阶段。……

大会提出，今后五年的主要奋斗目标是，……

大会强调，对历史最好的致敬，是书写新的历史。……

大会强调，要坚定不移强工业，牢固树立产业链思维，强化以企促产、以产立园、以园兴工，做强工业企业，做大工业产业，做优工业园区，加快推进新型工业化，着力打造"强省会"的核心引擎……

大会强调，要坚定不移强环境，以数字经济优化创新环境，以平台建设优化开放环境，以"贵人服务"优化营商环境，以深化改革优化法治环境，着力激活"强省会"的动力源泉。……

大会强调，要全面加强党的建设，深入贯彻新时代党的建设总要求，大力弘扬伟大建党精神，全面推进党的政治建设、思想建设、组织建设、作风建设、纪律建设，……

大会号召，全市各级党组织、广大党员干部和各族人民群众要……，同心协力、同甘共苦、同舟共济，一鼓作气、一往无前、一抓到底，奋力谱写新时代"强省会"新篇章！

3.2　决　定

3.2.1　基本常识

《条例》中规定，决定适用于对重要事项作出决策和部署、奖惩有关单位和人员、变更或者撤销下级机关不适当的决定事项。决定与决议同属于下行文，但决定并非只能由会议通过，还可以由各领导机关在职权范围内自行作出。

1. 决定的特点

（1）广泛性。决定的适用范围十分广泛，不局限于会议通过的内容，可以由机关单位、组织作出，适用的事件可以是重大的事件，也可以是普通的事件。

（2）强制性。决定一经形成，就具有鲜明的强制性和权威性，下级机关必须遵照执行，不得违背、更改。

（3）针对性。决定的目的是对重要事项作出决策和部署、奖惩有关单位和人员、变更或者撤销下级机关不适当的决定事项，目的十分明确，针对性非常强，力求解决问题。

2. 决定的类型

（1）政策性决定：用于确定党政机关重要事项、政治工作、大政方针。

（2）指挥性决定：用于对某项工作或某项安排进行指挥和安排。

（3）公布性决定：用于公布对有关政策、法律文件、行政法规进行的修订。

（4）奖惩性决定：用于表彰或处分相关单位或个人。

3.2.2　写作格式

1. 标题

决定标题有以下两种形式：

（1）决定的标题由发文机关、事由、文种组成，如"××省人民代表大会常务委员会关于促进××××生态保护和高质量发展的决定"。

（2）决定的标题由事由、文种组成，如"关于召开××县第××届人民代表大会第×次会议的决定"。

2. 成文日期

决定的成文日期有两种情况：

（1）决定是由某个会议通过的，则决定的成文日期由会议日期加会议名称加通过二字组成，如"20××年××月××日中国共产党××省第××届委员会第×次全体会议通过"。

（2）决定不是由某个会议通过的，成文日期可视具体情况写在决定落款处，或不写。

3. 主送机关

视情况确定决定的主要受理机关，应使用机关全称、规范化简称或者同类型机关统称。

4. 正文

决定的正文由三个部分构成：

（1）决定的依据或缘由。简要写明"为何决定""决定什么"即可，通常在写明决定的依据或缘由后，以"作出如下决定"引出下文。

（2）决定的事项。完整写明决定的具体事项，注意做到内容详细、语言简练，直截了当地列明决定的具体内容，内容长度可根据实际需要而确定，清楚完整即可。

（3）决定的要求。根据实际情况确定是否需要使用一段文字进行总结，提出决定的执行要求。如果所涉事项比较普通，在事项部分已经阐述完整，则不需要再额外设置总结内容进行结尾；如果所涉事项较重要，需要发出号召或提出要求，则按实际需要书写。

3.2.3　写作技巧

技巧一：弄清原因，下笔更快

在写作前，写作人员要充分了解作出该决定的背景、原因，了解该决定是否合理和必要，以便在写作时增强决定的说服力，提升效率，让接收人员一目了然地知道该决定想要解决什么问题，提高解决问题的执行力。

技巧二：语言简练，下笔更准

写作人员在写决定时，要用准确的语言阐述清楚实际背景、要求，并突出决定的意义，以方便下级人员理解与掌握，避免产生歧义，引起误会。

3.2.4　注意事项

注意一：区分决议与决定的异同

决议与决定的相同之处：

（1）都属于在审议重大事项、作出重大决定、进行重要决策时所使用的下行文。

（2）都具有较强的集体性、程序性和权威性，都必须贯彻落实、执行到位。

决议与决定的不同之处：

（1）二者适用范围不同。《条例》中规定，决议"适用于会议讨论通过的重大决策事项"，而决定"适用于对重要事项作出决策和部署、奖惩有关单位和人员、变更或者撤销下级机关不适当的决定事项"。

（2）二者侧重点不同。决议侧重于全局，而决定侧重于局部。决议一经形成，其内容会涉及本行政区内诸多重大事件、重要问题，会影响本行政区接下来一段时间的各项工作；但决定在多数情况下，涉及的仅是某一领域、某一方面的重大事件、重要问题。

（3）二者产生的程序不同。决议必须由会议讨论，并按照法律要求的人数投票方可通过，一经形成，个人无权修改。而决定可以是党政机关中的领导班子内部综合多数人的意见研究后，由行政首长通过并作出的。

注意二：写决定要实事求是

写决定时，写作人员应当实事求是，以实际情况为基准写作，切中要害、找准要点、抓住本质，内容安排必须符合国家的有关政策、相关法律法规。

注意三：行文风格严肃庄重

决定一经发布，下级机关就要遵照执行。为方便下级机关准确执行，写决定时一定要使用态度鲜明、观点明确的语言，整体行文风格应体现出果断和不容置疑的特质，从而增强决定的权威性。

3.2.5　写作示范

示范一：

政协××市委员会关于加强新一届市政协常委会政治建设的决定

（20××年×月××日市政协五届一次常委会会议通过）

为深入贯彻中共××届六中全会精神，对标落实中共中央及省委、市委加强政治建设的新要求，更好地发挥市政协常委会的领导作用，推动人民政协事业健康发展，在加快建设现代化美好××新征程中展现新作为，现就加强新一届市政协常委会政治建设作出如下决定。

一、坚定政治忠诚，坚持正确政治方向

1.对党绝对忠诚。始终把坚持中国共产党的领导作为首要政治原则，贯彻《中国共产党政治协商工作条例》，教育引导参加政协的各党派团体、各族各界人士深刻认识"两个确立"的决定性意义……

2.高举伟大旗帜。将坚持和发展中国特色社会主义作为巩固共同思想政治基础的主轴，始终高举中国特色社会主义伟大旗帜，团结引导政协各参加单位和各族各界人士增进"四个认同"。坚持和完善中国共产党领导的多党合作和政治协商制度……

3.严守纪律规矩。把坚决做到"两个维护"作为首要政治纪律，牢记"五个必须"，杜绝"七个有之"。自觉服从中共宣城市委的统一领导，充分发挥市政协党组把方向、管大局、保落实的重要作用，确保中共中央决策部署和省委、市委工作要求贯彻落实到政协全部工作中……

二、筑牢政治信仰，提高履职尽责能力

…………

三、强化政治担当，增强协商议政实效

…………

四、加强政治引领，提升凝心聚力水平

…………

五、拉高政治标杆，树牢提质增效导向

…………

六、严格政治要求，发挥示范表率作用

…………

全体市政协常委要严格执行本决定，市政协主席会议成员要以身作则、率先垂范。市政协常委要把落实本决定情况作为年度述职的重要内容。

示范二：

关于召开××县第××届人民代表大会第×次会议的决定

××县第××届人民代表大会常务委员会第×次会议决定：××县第××届人民代表大会第×次会议于20××年×月××日—××日在县城召开。

建议会议的主要议程为：

一、听取和审议××县人民政府工作报告；

二、审查、批准××县20××年国民经济和社会发展计划执行情况的报告与20××年计划；

三、审查××县20××年预算执行情况的报告和20××年预算草案，批准××县20××年县级预算执行情况的报告和20××年县级预算；

四、听取和审议××县人民代表大会常务委员会工作报告；

五、听取和审议××县人民法院工作报告；

六、听取和审议××县人民检察院工作报告；

七、票决20××年全县重点民生实事项目；

八、其他事项。

示范三：

××××自治州人民代表大会常务委员会

关于罢免×××同志××省第×××人民代表大会代表职务的决定

（20××年×月××日××××自治州第×××人民代表大会常务委员会第×次会议通过）

××××自治州第××届人大常委会第×次会议审议了《××××自治州人民代表大会常务委员会主任会议关于提请罢免×××同志××省第×××人民代表大会代表职务的议案》。根据《中华人民共和国地方各级人民代表大会和地方各级人民政府组织法》《中华人民共和国全国人民代表大会和地方各级人民代表大会选举法》《中华人民共和国全国人民代表大会和地方各级人民代表大会代表法》等法律规定，决定罢免×××的××省第×××人民代表大会代表职务，并报××省人大常委会备案、公告。

3.3　命令（令）

3.3.1　基本常识

《条例》中规定，命令（令）适用于公布行政法规和规章、宣布施行重大强制性措施、批准授予和晋升衔级、嘉奖有关单位和人员。具有强制性，只能由法律明确规定的有资格发布命令的对象发布。

1.命令（令）的特点

（1）权威性。命令（令）不可以随意发布。根据《中华人民共和国宪法》《中华人民共和国地方各级人民代表大会和地方各级人民政府组织法》的相关规定，只有下列机关和对象可以发布命令（令）：国家主席，全国人民代表大会的常务委员会、委员长，国务院和国务院总理，国务院各部委及其部长、主任，县级以上（含县级）地方各级人民政府和各级人民代表大会。

（2）强制性。命令（令）的强制性要高于一般公文，一经发布，相关人员必须无条件遵照执行，不得违背、抵制，否则会受到相应的处罚。

（3）严肃性。命令（令）的用语必须准确，不能模棱两可、含糊其词，态度和观点要明确，方便接受命令的相关人员执行。

2. 命令（令）的类型

（1）任免令。任免令是国家领导机关或领导人用于任免重要的国家工作人员时发布的命令。

（2）行政令。行政令是行政机关用于宣布施行重大强制性行政措施的命令。

（3）公布令。公布令是用于发布行政法规、制度或规章的命令，行政法规、制度或规章一般在发布令的附件中。

（4）嘉奖令。嘉奖令是中央机关对集体、个人取得重大功绩进行公开表彰的文书。

（5）动员令。动员令是发动人们参加某项活动或积极投入备战的命令，言辞多富有鼓舞性。

（6）通缉令。通缉令是指公安机关依法通缉本该逮捕而在逃的或者被拘留、逮捕后脱逃的犯罪嫌疑人以及从监狱中逃跑的罪犯而制作的法律文书。

3.3.2 写作格式

1. 标题

命令（令）标题有以下两种形式：

（1）命令（令）的标题由发文机关、事由、文种组成，如"××市人民政府森林防火禁火令"。

（2）命令（令）的标题由发文机关、文种组成，如"中华人民共和国国务院令"。

2. 令号

通常以发令机关或发令人在该届任期内所发命令（令）从1开始进行流水编号，换届后再重新编号。

3. 正文

命令（令）的正文由三个部分构成。

（1）开头。简要交代发布命令的原因、依据、目的。

（2）主体。根据不同类型的命令（令）来写不同的事项，重点是表述清楚接受命令的相关人员需要执行何事项。

（3）结尾。写清楚具体的执行要求，如需要何时执行，如何执行，执行到何种程度等。

4. 落款

命令（令）的落款须注明命令签署者的职务、姓名及成文日期，只有发文机关负责人签署过后的命令方可生效。

3.3.3　写作技巧

技巧一：明确目标，直截了当

在命令（令）的开头就要明确命令（令）的目标，直截了当地告诉命令（令）的接受人员该做什么、不该做什么，直奔主题，突出重点。

技巧二：简明扼要，言简意赅

命令（令）的整体内容要简明扼要，一方面能够从内容的详略安排上更好地突出重点，另一方面可以让接受命令（令）的人员快速明白自己的任务，使得任务接受人员更好地理解并执行任务。

技巧三：令行禁止，斩钉截铁

由于命令（令）是一种权威性、强制性极强的公文，命令的接受人员在接到命令后必须"有令必行，有禁必止"。因此在写作命令（令）时，行文风格要体现出执行命令的坚决、果断，要符合令行禁止的特点，以让人信服。

3.3.4　注意事项

注意一：用语要准确

命令（令）中使用的字、词、句都要准确，不可含糊。遣词造句要符合该命令（令）

的适用情形与使用需要，字、词、句的力度要把握好，内容准确、精练。

注意二：结构要严谨

命令（令）的结构并非一成不变，会根据不同的内容而有所变化。内容十分简洁的命令（令）可以不用刻意去注意行文格式，若是内容较多，在安排结构时，要注意详略得当，有所侧重，突出应该做什么，不该做什么。

3.3.5　写作示范

××省森林草原禁火令

（20××年××月×日××省人民政府令第×××号公布　自20××年××月×日起施行）

为有效防范森林草原火灾，确保人民生命财产和森林资源安全，根据《中华人民共和国森林法》《森林防火条例》《草原防火条例》及《××省森林防火条例》等有关规定，特发布本禁火令。

一、禁火时段

从20××年××月×日起至20××年×月××日为全省森林草原禁火期。

二、禁火区域

全省行政区域内所有林区、草原及其周边100米范围内的野外区域为禁火区域。

三、禁火内容

在禁火期和禁火区域内，禁止一切野外用火，必须严格执行以下规定：

（一）严禁携带火种和易燃易爆物品进入林区和草原。

（二）严禁焚烧秸秆、杂草杂物、烧灰积肥及其他农事用火行为。

（三）严禁在进行祭祀活动时点烛、焚香、烧纸、燃放烟花爆竹和放孔明灯等用火行为。

（四）严禁吸烟、点火照明、取暖、野炊和举办篝火等活动。

（五）严禁烧蜂窝、烧山狩猎、烧火驱兽等行为。

（六）严禁其他易引发森林草原火灾的活动、行为。

四、禁火区特殊用火规定

（一）确需在禁火区域内野外生产用火的，必须经县级人民政府或者其委托的林业主管部门审批同意，且采取必要防火措施。

（二）因防治病虫鼠害、冻害、抢修设备等特殊情况确需野外用火的，必须经县级人民政府或者其委托的林业主管部门审批同意，在符合条件时组织实施。

（三）其他确需在禁火区域内用火的，必须严格根据法律法规规定办理审批手续，并采取必要防火措施。

五、其他

（一）各市（州）、县（市、区、特区）人民政府严格落实森林防火行政首长负责制，林业、应急和公安等部门按照三定职责落实部门责任，护林员按照责任区域落实巡护责任。森林经营（管护）单位和个人在其经营（管护）范围内负有森林防火责任，必须落实各项禁火措施。电力、通讯、燃气等行业，易燃易爆品仓库、寺庙、农家乐等重要风险点，要进行全面排查，及时消除森林火灾隐患。

（二）进入林区、草原的车辆和个人，应自觉接受检查登记，并严格执行先扫"防火码"再进入的规定。任何单位和个人不得拒绝和阻挠。

（三）任何单位和个人发现野外用火，应当向森林草原防火主管部门及时反映；发现森林火情时，要立即向当地森林防灭火指挥部办公室或当地政府报告。

对违反本禁火令的，将按照有关法律法规严肃处理，涉嫌犯罪的，移送司法机关追究刑事责任。

3.4 公报

3.4.1 基本常识

《条例》中规定，公报适用于公布重要决定或者重大事项。公报也称新闻公报，是党和国家领导机关、人民团体经常使用的，以新闻的方式向国内外公开发布重要事项或法定事项的一种公文，具有新闻的属性。

1. 公报的特点

（1）权威性。公报是由党和国家领导机关、人民团体使用的，其内容所涉事项关乎百姓民生，代表着党和国家的立场与态度。

（2）时效性。需经公报公布的重要决定或者重大事项，都是关乎政治经济、社会民生的决定或事项，与人民群众息息相关，其内容应尽早发布。

（3）公开性。公报公布的内容是无须保密的，其内容可对国内外进行公开，且发布传播媒介往往是互联网、电视台和电台等公开性的传播媒介。

2. 公报的类型

（1）会议公报。一般用于报道党中央会议或公布会议的重要决定和情报。

（2）事项公报。一般用于发布重大情况、重要事项、重大决策，由党政机关中的高级领导机关公布。

（3）统计公报。一般用于发布统计数据和分析报告，一般由国家统计局、各省市统计局公布。

（4）联合公报。联合公报是指多个国家之间、政党之间、团体或组织之间在达成共识之后所发表的一份正式文件，具有协议的属性。一般用于表达联合发布公报的各方经协商后达成的共同意见、立场或承诺，对各方行为进行指导和约束。

3.4.2　写作格式

1. 标题

公报标题有以下三种形式：

（1）公报的标题由会议名称、文种组成，如"中国共产党第××届中央纪律检查委员会第×次全体会议公报"。

（2）公报的标题由事由、文种，如"中华人民共和国20××年国民经济和社会发展统计公报"。

（3）公报的标题由联合发表公报的多方国家或团体简称、文种，如"中华人民共和国政府和×××王国政府联合公报"。

2. 题注

公报题注通常有三种形式：

（1）在公报标题下方加上发文机关与日期，多用于统计公报。

（2）在公报下方用括号写明"日期、会议名称和通过二字"，多用于会议公报。

（3）不单独添加成文日期。

3. 正文

公报的正文内容会根据公报类型不同而有所不同。

（1）会议公报。开头写明会议概况（时间、地点、参会人员等）、会议的主题；主体内容阐述会议的主要内容，列出会议相关决定和重要事项；结尾采用号召的形式，升华会议的主题，一般不单独添加落款。

（2）事项公报。主要内容由重要事项中的各内容组成，写作时列明重要事项中的各主要内容即可，一般不单独添加落款。

（3）统计公报。开头阐述开展统计调查的背景与目的，主体部分要列明各项统计数据，可以添加图片和表格，对给出的各项统计数据进行分析、解读，对该统计时段的主要成果和亮点重点阐述，落款处补充相关注解及资料来源。

（4）联合公报。开头写明公报形成的背景、原因、时间、地点，主体部分详细说明各方达成的共识，如主要协议条款、双方权利义务、合作计划等，结尾处通常是各方领导人表达对彼此合作的期待、相互致谢等，同时添加落款，写明各方签署人的姓名、职务、签署时间和地点等信息。

3.4.3　写作技巧

技巧一：中心明确，突出主题

公报的内容可能会比较繁多，尤其是会议公报和统计公报。在撰写公报的内容时，要注意对各项要点进行精练，突出公报内容的主题。

技巧二：真实准确，一丝不苟

公报涉及的事项都十分重大，都是由较权威的发布机关发布的。在写作公报时，务必认真核实清楚相关内容，保证发布的内容是真实准确、行之有效的，避免出现错误。

3.4.4　注意事项

注意一：重点明确，主旨突出

对于内容繁杂的公报，须抓住重点，突出行文的主旨，紧扣全文的核心内容来写，避免杂乱无章。

注意二：用语简练、易懂

公报的用语要简洁明了、易于理解，如果术语过于专业，且必须使用，则应加上相应的注解。因为公报面向的是来自不同的背景和领域的群体，避免术语过于专业，可便于公众理解。

3.4.5　写作示范

中国共产党第××届中央纪律检查委员会第×次全体会议公报

（20××年×月××日中国共产党第××届中央纪律检查委员会第×次全体会议通过）

中国共产党第××届中央纪律检查委员会第×次全体会议，于20××年×月×日至××日在××举行。出席这次全会的有中央纪委委员×××人，列席×××人。

…………

全会由中央纪律检查委员会常务委员会主持。……审议通过了××同志代表中央纪委常委会所作的《深入学习贯彻党的二十大精神，在新征程上坚定不移推进全面从严治党》工作报告。

全会认真学习……

全会指出，各级纪检监察机关要把学习贯彻党的二十大精神作为当前和今后一个时期的首要政治任务，深学习、实调研、抓落实，把党的二十大精神学深悟透、融会贯通、落实落地，转化为深入推进新时代新征程纪检监察工作高质量发展的强大奋进力量，转化为坚定不移正风肃纪反腐的具体行动，转化为坚定维护党的先进纯洁、永葆党的生机活力的实际成效……

全会强调，20××年是贯彻党的二十大精神的开局之年，是实施"十四五"规划承前启后的关键一年，是为全面建设社会主义现代化国家奠定基础的重要一年……

第一，围绕落实党的二十大战略部署强化政治监督……

第二，推动完善党的自我革命制度规范体系……

第三，有力发挥政治巡视利剑作用……

第四，持续深化落实中央八项规定精神、纠治"四风"……

第五，全面加强党的纪律建设……

第六，坚决打赢反腐败斗争攻坚战持久战……

第七，深入推进纪检监察体制改革……

第八，锻造堪当新时代新征程重任的高素质纪检监察干部队伍……

全会号召，要……，为全面建设社会主义现代化国家、全面推进中华民族伟大复兴而团结奋斗！

3.5 公告

3.5.1 基本常识

《条例》中规定，公告适用于向国内外宣布重要事项或者法定事项。公告的发文机关必须是国家高层党政机关及其相关职能部门，各省、市、自治区、直辖市权力机关，具有发布公告权限的某些法定机关，如海关、人民银行、检察院、法院等。公告所面向的对象可以是国内群体，也可以是国外群体。

1. 公告的特点

（1）权威性。发文机关权力较高，涉及的内容极其权威，可信度高，所通知的事项都是重要事项或法定事项。公告的目的不仅仅是为了告知，有时也是对下级机关或部门的工作给予指示，要求下级机关或部门照此执行，不得有误。

（2）公开性。公告是全部公开的，通常会以政府官方网站、新闻报刊等为传播媒介公开刊登。

（3）指向性。一篇公告通常都指向一件明确的事项，不会将几件重要事项或法定事项放在同一篇公告中，其目的非常清晰，作出的相关指示十分明确。

2. 公告的类型

（1）事项性公告。事项性公告主要是指用以公布、告知重要事项、法定事项、决定、指示的公告。

（2）政策性公告。政策性公告主要是指用以宣布国家高层的某些重要政策的公告，政策的内容可能涉及政治、经济、军事、文化、科学技术等方面。

3.5.2 写作格式

1. 标题

公告标题有以下两种形式：

（1）公告的标题由发文机关、事由、文种组成，如"国家××总局关于××××事项实行容缺办理和进一步精简××资料报送的公告"。

（2）公告的标题由事由、文种组成，如"关于取消××产品出口退税的公告"。

2. 题注

（1）公告的题注通常由发文机关、文种、发文年份、发文编号组成，如"国家××总局公告20××年第××号"，发文机关可以是1个，也可以是多个，取决于实际发文机关数。

（2）部分公告也可以不单独添加题注，即在标题下直接放公告的正文内容。

3. 正文

公告的正文由三个部分构成。

（1）开头。简要阐述发布公告的背景、目的，再以"现就……有关事项公告如下"引出下文；也有部分公告的开头直接以"现就……有关事项公告如下"引出下文，如"现将跨境电子商务出口退运商品税收政策公告如下"。

（2）主体。写清楚所要公布的重要政策、重大事项、重大决定、法定事项的具体内容，正文内容会因为所涉内容的不同而长短不一。

（3）结尾。结尾部分通常会在正文内容结束后，以"特此公告"结束全文。

4. 落款

公告的落款由发文机关和发文日期组成，发文机关可以是1个，也可以是多个，取决于实际发文机关数。

3.5.3　写作技巧

技巧一：简明扼要，抓住重点

公告正文部分的内容虽然会因为公告类型的不同而有所变化，内容长度也不一，但是公告的内容普遍不会太长，在写作时要简明扼要，将所要通知的事项说清楚、讲明白，避免使用冗长、复杂的表述。

技巧二：庖丁解牛，利用结构

公告的标题、题注、正文部分的结尾、落款都是模板化的内容，写作人员在写作时要善于利用这些已确定的结构，将写作重心放在对正文内容的把控上，提升整体效率，提高写作公告正文内容的熟练度。

3.5.4　注意事项

注意一：准确区分公报与公告

公报与公告的相同之处：

（1）都是由行政机关或其他权力机构发布的公文。

（2）都是用于传达信息、通知、规定等。

公报与公告的不同之处：

（1）重要程度不同。公报通常适用于在一定时间内（如一年）发布的关于政策、经济、社会等方面的重大事项，是权威的、书面的。公告通常适用于在某个时间点上发布的重要通知、重要公示、信息等，以正式、庄重的方式向公众发布。

（2）适用情形不同。公报适用范围比公告更加广泛，内容也更加详细和权威，包括一些重要的政策、法规、经济和社会等方面的信息。公告的内容一般比较简洁，注重传达某个具体事项的相关信息。

注意二：短小精悍，不写废话

公告的内容应尽可能做到精简，将重点放在需要通知的事项之上，用精练的语言，突出公告主体内容及其执行要求，既方便大众理解，也方便相关人员明确执行要求，快速、准确、规范地执行。

注意三：简洁易懂，客观中肯

公告的内容是面向大众的，应使用通俗易懂的语言，避免使用过于专业化的术语和行话。同时要注意，客观陈述公告的主体内容，不要掺杂情绪化或者带有个人色彩的语言，遣词造句要贴合使用情境，不要使用过于夸张的词语。

3.5.5　写作示范

示范一：

关于出口货物保险增值税政策的公告

××部　××总局公告20××年第××号

现将出口货物保险有关增值税政策公告如下：

一、自20××年×月×日至20××年××月××日，对境内单位和个人发生的下列跨境应税行为免征增值税：

（一）以出口货物为保险标的的产品责任保险；

（二）以出口货物为保险标的的产品质量保证保险。

二、境内单位和个人发生上述跨境应税行为的增值税征收管理，按照现行跨境应税行为增值税免税管理办法的规定执行。

三、此前已发生未处理的事项，按本公告规定执行；已缴纳的相关税款，不再退还。

特此公告。

××部 ××总局

20××年××月××日

示范二：

关于在××××××内地城市试点实施往来××人才签注政策的公告

为便利××××××人才从事科研学术交流活动，促进服务××××××建设发展，中华人民共和国出入境管理局决定，自20××年×月××日起在××××××内地城市试点实施往来××人才签注政策。现公告如下：

一、在××××××工作的6类内地人才可以申请办理往来××人才签注，6类人才包括：杰出人才，即对××建设发展作出重大突出贡献或者××急需的顶尖人才；科研人才，即××科研机构副高级以上职称人员；文教人才，即××高等院校副高级以上职称人员；卫健人才，即××副高级职称以上卫生健康专业技术人才及卫生研究人才；法律人才，即参与在××、××法律仲裁程序的内地仲裁员，处理内地与××、内地与××投资争端的内地调解员等；其他人才，即由××人才、科技主管部门认定的高层次管理和专业技术人员。

二、上述6类内地人才可以根据实际需要，单独或者同时申请办理赴××人才签注和赴××人才签注。杰出人才可以由本人向××××××任一县级以上公安机关出入境管理机构提出申请；其他5类人才应由本人向工作所在地的县级以上公安机关出入境管理机构提出申请。人才签注的申请材料和申办手续，可通过中华人民共和国出入境管理局政府网站（http://www.nia.gov.cn/）或者××××服务平台查询。

三、经公安机关出入境管理机构依法审批，××人才可以获发有效期×年的人才签注，××、××、××人才可以获发有效期×年的人才签注，法律、其他类人才可以获发有效期1年的人才签注。人才签注持有人可以在签注有效期内多次往来×××，每次在××停留不超过××天。

特此公告。

中华人民共和国出入境管理局

20××年×月×日

3.6　通告

3.6.1　基本常识

《条例》中规定，通告适用于在一定范围内公布应当遵守或者周知的事项。通告的适用范围很广，对于发文机关的要求比较灵活，各级行政机关、企事业单位、社会团体都有权利发布通告。

1. 通告的特点

（1）广泛性。通告的适用范围十分广泛，可涉及经济、金融、交通、水电、医疗、质检等方面，涵盖生活中的诸多领域。同时，相比于公告，通告对发文机关级别的限制也较低，不具有隶属关系的单位之间也可以互相发文。

（2）指示性。当通告作为下行文向下发布时，其内容有时是上级机关所发出的指示，有时则是上级机关对某些事项、行为作出的规定和限制，无论哪一种，最终的目的都是要求相关人员遵守、执行。

（3）告知性。通告具有一定的普遍告知性，主要用于告知大家某件事情，如发生的新情况、出现的新事物，以及公众需要知道的新决定等。其内容往往要直接、明确地传达给公众。通告的适用区域的范围可大可小，可以是一个县通告禁止在本县区域内燃放烟花爆竹，也可以是由国家相关机关单位发布的具有重大影响的事项。

2. 通告的类型

（1）规定性通告。规定性通告是指对某些事项作出规定、指示、要求的通告，如《关于发布我市渔业水域禁用渔具的通告》《自治区公安厅自治区禁毒办关于禁止非法种植罂粟等毒品原植物的通告》等。

（2）告知性通告。告知性通告是以告知相关事项为目的的通告，如《关于电信设备进网许可制度若干改革举措的通告》《国家税务总局关于发行20××年印花税票的通告》等。

3.6.2　写作格式

1. 标题

通告标题有以下四种形式：

（1）通告的标题由发文机关、事由、文种组成，如"××××××关于2022年认证机构'双随机、一公开'检查情况的通告"。

（2）通告的标题由事由、文种组成，如"关于依法严格管制刀具管理严厉打击涉刀违法犯罪活动的通告"。

（3）通告的标题由发文机关、文种组成，如"××县人民政府通告"。

（4）通告的标题由文种直接使用，即标题只写"通告"二字。

2. 正文

通告的正文由三个部分构成。

（1）开头。发布通告的机关行政级别较高时，通告的开头部分往往要先阐述通告所涉事项的相关情况、背景，再以"现将……事项通告如下"引出主体内容；发布通告的机关行政级别较低时，通告的内容更加简洁、直接，此时通告的开头可能与上述开头方式相同，也可能省略开头，直接写上通告面向的人群，如"各位市民朋友"，然后开始写主体内容，视具体情况而定。

（2）主体。主体部分的内容是通告的重点内容，需要写清楚相关事项及其执行要求。正文内容会因为所涉内容的不同而长短不一。

（3）结尾。结尾部分通常会在正文内容结束后，以"特此通告"结束全文。

3. 落款

通告的落款由发文机关和发文日期组成。

3.6.3　写作技巧

技巧一：分条列项，清晰明了

通告通知的事项有时会比较多，写作人员在这种情况下要注意整理清楚各事项的重点内容，并将各事项分条列明，这样有利于做到结构上简洁，内容上清晰、明了。

技巧二：突出要求，便于执行

通告涉及的事项种类繁多，因此要根据不同事项突出其重点，例如在规定类事项中，要注意突出执行要求；如果有日期截止要求，要将截止日期写清楚，便于执行。

3.6.4 注意事项

注意一：区分公告与通告的异同

公告与通告的相同之处：

（1）都是面向社会公开发布的公文。

（2）都具有通知性或指导性的特点，都是为了向目标人群通知某种事项，或是作出某项规定。

公告与通告的不同之处：

（1）二者适用范围不同。《条例》中规定，公告"适用于向国内外宣布重要事项或者法定事项"，而通告"适用于在一定范围内公布应当遵守或者周知的事项"。公告的适用范围要比通告更大，公告是可以面向国内外的，其所涉事项也是备受关注的事项，而通告通常仅面向国内。

（2）二者对发文机关的要求不同。公告对发文机关的行政级别要求比较严格，因为公告通常宣布的都是国内外关注的重大事项。但通告对发文机关的行政级别要求相对宽松一些，各级行政机关、企事业单位、社会团体都可以发布通告。

（3）二者侧重点不同。公告侧重于宣布重要事项或者法定事项，其目的多为宣布，少有强调执行要求。而通告则没有明显侧重于宣布还是指示的某一方，在实际应用中，往往不仅局限于宣布，还会强调相应的执行要求。

注意二：结构要清晰

公告通常只指向一件事项，通告指向的则是同一个方向上的几件事项。写作人员在进行通告写作时，要注意合理安排结构，避免因事项太多而导致内容冗杂。

3.6.5 写作示范

示范一：

关于解除××××市皮卡车（多用途货车）限行管理措施的通告

按照《国务院关于印发扎实稳住经济一揽子政策措施的通知》（国发〔20××〕

××号）与《关于印发〈自治区贯彻落实国发〔20××〕××号文件精神推进经济增长一揽子政策措施〉的通知》（×政发〔20××〕××号）文件精神，为进一步便利皮卡车（多用途货车）车辆通行，满足群众与企业生产生活需要，根据《中华人民共和国道路交通安全法》和《关于××××市载货汽车限行措施的通告》（×政通〔20××〕××号）相关规定，决定全面解除××××市皮卡车（多用途货车）限行管理措施，具体措施通告如下：

一、皮卡车（多用途货车）解除在我市一环路围合区域（东一环路—南一环路—西一环路—北一环路（含桥下道路）围合区域）内每日8:30—10:30，18:30—20:30禁止通行的限行措施，允许在全市范围内24小时通行。

二、根据《多用途货车通用技术条件》（GB/T ××××—20××）标准，本通告中皮卡车（多用途货车）是指具有长车头车身和驾驶室结构，敞开式货厢（可加装货厢顶盖）、核定乘坐人数不大于5人（含驾驶人）、最大设计总质量不大于3500kg的汽车。

三、本通告自20××年××月××日起实施。

××××市公安局交警支队

20××年××月××日

示范二：

通告

各位市民朋友：

根据疫情防控的实际需要，我局要求××××停车管理有限公司从20××年×月××日21时起暂停智慧停车泊位收费管理工作。现鉴于城市管理需要和公司复工申请，决定从20××年×月××日8时起，××××停车管理有限公司恢复智慧停车泊位收费管理工作。

请广大市民和车主自觉遵守道路交通法律法规，文明出行，规范停车，共同营造文明规范、畅通有序的城区交通环境。

特此通告。

××县综合行政执法局

20××年×月×日

3.7 意见

3.7.1 基本常识

《条例》中规定，意见适用于对重要问题提出见解和处理办法。通常是上级机关向下级机关所发出的指导下级机关某项工作，或是回复下级机关所上报的某项亟待解决的问题的公文，也可以在下级机关发给上级机关就某项问题提出相关建议时使用。

1. 意见的特点

（1）灵活性。意见可以作为上行文使用，也可以作为下行文和平行文使用。其中，上行文和下行文的形式使用得较多，上行文带有请示上级机关的意味，或是向上级机关提出某个问题的建议。下行文则是上级机关对下级机关的指示。平行文主要用来向平级的对方提供意见，应用较少。

（2）针对性。不管是上行文还是下行文，其内容都是针对某个事项或某个需要解决的问题，针对性较强，直奔主题。

（3）及时性。意见所涉及的问题往往是亟待解决的问题。在上行文中，下级机关希望上级机关能够尽快针对问题给出相应的见解、指示。在下行文中，上级机关希望下级机关可以按照给出的指示，尽快落实上级机关希望解决的问题。

2. 意见的分类

（1）指示性意见。指示性意见常以下行文的方式使用，多用于上级机关需针对某项重要事项向下级机关给出指导意见时，具有一定的强制性。

（2）建议性意见。建议性意见常以上行文的方式使用，下级机关可以就某项事项与某个问题向上级机关提出建议。

（3）呈请性意见。呈请性意见常以上行文的方式使用，下级机关有需要向上级机关请示或审批的事项，并希望上级机关给出相关意见时，会使用这种公文。

3.7.2 写作格式

1. 标题

意见标题有以下两种形式：

（1）意见的标题由发文机关、事由、文种组成，如"×××××××委员会关于促进新能源产业高质量发展的指导意见"。

（2）意见的标题由事由、文种组成，如"关于依法严格管制刀具管理严厉打击涉刀违法犯罪活动的意见"。

2. 主送机关

在标题下方，标注清楚意见主送的机关。

3. 正文

意见的正文由三个部分构成。

（1）开头。意见的开头部分要写明提出意见的背景、原因、目的等，内容要做到简洁、明了，在叙述完毕后，以"现对……事项提出如下意见"引出主体内容。

（2）主体。主体部分对意见所涉的相关事项进行重点阐述，或是对需处理事项的解决方法、相关要求进行阐述。

（3）结尾。正文内容的结尾通常是提出号召、希望，也可以自然结尾，不需要再额外设置内容进行结尾。

4. 落款

意见的落款主要有两种形式，一种是发文机关和发文日期，另一种是不单独设置落款，正文结束即结束。

3.7.3　写作技巧

技巧一：提出见解，给出方法

行之有效是意见的内容所应具备的特点，在写意见的时候，要着重突出针对某事项给出的解决方法。想要突出见解和方法，就要写清楚针对某个问题的应做事项和不应做事项，写清楚解决问题的方法是什么，解决问题的要求有什么，解决问题的措施是什么。

技巧二：主题明确，紧抓问题

意见的针对性较强，要紧紧抓住面临的问题，力求尽快解决问题。在写意见时，要将问题的内容、现状、重点、难点讲清楚，说透彻。如果是针对问题提出建议，则要注意建议要符合实际情况，要抓住问题的本质。

3.7.4　注意事项

注意一：语言得体，表达得当

写作人员要注意意见的整体语气和文字表述。意见作为下行文使用时，存在较强的指导性，但不具备较强的强制性，所以语气不应过于强硬。意见作为上行文使用时，其目的是向上级提出建议，语气要委婉，表述要得体。

注意二：反馈学修订

撰写完意见后，可以请他人审阅并反馈。根据反馈进行必要的修订和完善，以确保意见内容更加完善和有说服力。

3.7.5　写作示范

××市人民政府办公厅关于加快培育和发展住房租赁市场的实施意见

××办发〔20××〕××号

各区县（自治县）人民政府，市政府有关部门，有关单位：

为落实《×××办公厅关于加快培育和发展住房租赁市场的若干意见》（×办发〔20××〕××号）、住房城乡建设部等9部委《关于在人口净流入的大中城市加快发展住房租赁市场的通知》（建房〔20××〕×××号）、住房城乡建设部等6部委《关于整顿规范住房租赁市场秩序的意见》（建房规〔20××〕××号）要求，加快培育和发展我市住房租赁市场，经市政府同意，提出如下实施意见。

一、总体要求

（一）指导思想……

（二）发展目标……

二、培育市场主体

发挥国有企业示范作用，支持国有住房租赁企业开展规模化租赁经营。培育和支持专业化住房租赁企业多渠道筹集房源，鼓励企业通过兼并重组、规范经营、提升服务等途径，不断提高规模化、规范化、品牌化水平。支持房地产开发企业转型发展，从单一的开发销售向租售并举模式转变。引导社会机构参与住房租赁市场，支持物业服务企业拓展住房租赁业务，房地产经纪机构规范提供住房租赁中介服务。支持和规范个人出租住房，落实鼓励个人出租住房的优惠政策，支持个人委托住房租赁企业和经纪机构出租住房。（责任单位：市住房城乡建委、市国资委、市商务委、市规划自然资源局、××市税务局、市市场监管局）

三、优化租赁住房供应渠道

（一）以盘活存量房屋为主发展租赁住房……

（二）适度新建租赁住房……

四、完善住房租赁服务

（一）明确租住权利……

（二）稳定租赁关系……

（三）发展配套服务……

五、加大政策支持力度

（一）落实相关税收支持政策……

（二）提供金融支持……

（三）完善供地方式……

六、加强住房租赁管理

（一）建立住房租赁信息化综合服务平台……

（二）健全住房租赁管理体制……

（三）加强住房租赁企业管理……

（四）强化租赁住房管理……

（五）严格住房租赁金融业务管理……

（六）发挥住房租赁行业自律作用……

七、保障措施

（一）落实属地责任……

（二）强化部门责任……

（三）加强宣传引导……

（四）严格督查指导……

××市人民政府办公厅

20××年×月×日

3.8　通知

3.8.1　基本常识

《条例》中规定，通知适用于发布、传达要求下级机关执行和有关单位周知或者执行的事项，批转、转发公文。通知的适用范围很广泛，可以是上级机关向下级机关发文，也可以是机关与机关之间平行发文。

1. 通知的特点

（1）广泛性。通知的适用范围十分广泛，可以用来通知相关事项、布置相关工作、公布政策或法规等，其内容一般不受制约，且可以用来处理很多日常事项。

（2）时效性。通知所涉及的内容往往是当下需要告知或者是需要尽快处理的。如果是通知需要执行的事项，一般会在文中给出明确的执行日期要求。

（3）指导性。通知常作为下行文使用，具有较强的指导性，上级机关可通过这种公文向下级机关布置工作、发布决定、传达指示等。

2. 通知的分类

（1）指示性通知。指示性通知主要是上级机关用来向下级机关布置工作、传达指示的公文。

（2）发布性通知。发布性通知主要是党政机关用来发布相关政策、法规的公文，此类型的通知还可用于印发相关文件，如《××省人民政府关于印发〈支持××市深化"放管服"改革和数字化转型的实施方案〉的通知》。

（3）批转性通知。批转性通知主要被上级机关用来批转下级机关的公文。

（4）转发性通知。转发性通知用于转发上级机关或同级机关所发布的公文。

（5）事项性通知。事项性通知是党政机关用来处理日常各种事项的公文。

3.8.2　写作格式

1. 标题

通知标题有以下三种形式：

（1）通知的标题由发文机关、事由、文种组成，如"××市人民政府办公厅关于印发××市食盐储备管理办法的通知"。

（2）通知的标题由事由、文种组成，如"关于全面推开营业税改增值税试点的通知"，其中，批转性通知、转发性通知会在标题中体现出批转或转发，如"关于转发教育部等部门《教育部直属师范大学师范生公费教育实施办法》的通知"。

（3）通知的标题直接使用文种，即只以"通知"作为标题。

2. 主送机关

在标题下方，标注清楚通知主送的机关。

3. 正文

通知的正文由三个部分构成。

（1）开头。通知的开头部分要先写明发出通知的背景、原因、目的、意义等内容，然后以"现就……事项通知如下"引出主体内容。若是批转、转发、印发相关文件的通知，无须采用此种方式开头。

（2）主体。主体部分对通知所涉的相关事项进行阐述，要让通知的接收人员明确了解上级机关发布了何种指示，布置了什么工作，作出了何种决定等。

（3）结尾。结尾部分应与通知的整体内容保持一致，逻辑清晰，避免出现自相矛盾的地方，最后可用"特此通知""请认真贯彻执行"等常用结尾用语表示结束。

4. 落款

通知的落款主要有两种形式，较普遍的是由发文机关和发文日期组成，也有的不单独设置落款，正文结束即结束。

3.8.3 写作技巧

技巧一：明确重点，变换写法

通知的种类比较多，应用范围也很广，在实际写作中，要明确所写通知的侧重点。如果仅为了通知事项，则将重点放在写清楚相关事项上；如果是为了布置工作或传达指示，则要将重点放在写清问题、写明措施、强调要求上。抓住各类通知的重点，相应地变化写法，才能保证通知的核心内容得以突出。

技巧二：用语规范，表述严谨

通知多用于下行文，写作人员要打磨好用语，规范、严谨地表达，体现出通知的内容的严肃性，以便相关事项、相关指示得以落实。

3.8.4 注意事项

注意一：批转、转发、印发相关文件的通知的结构

批转、转发、印发相关文件的通知通常由"批转、转发、印发的通知"和"相关文件"作为整个通知的内容，标题中要包含相关文件或政策的名称。"批转、转发、印发的通知"由主送机关、简单说明、落款组成，"相关文件"由文件名称和文件正文内容组成。

注意二：重点不突出，内容难落实

写作人员要注意合理安排通知的结构，内容要详略得当，如果内容较多，可分点列项，将通知的主体内容一一列出，注意避免各事项之间相互交叉。在结构和内容上细细打磨，有利于写出事项阐述清晰、便于内容落实的通知。

3.8.5 写作示范

示范一：

关于做好20××年元旦春节期间有关工作的通知

各市委、市政府，省委和省级国家机关各部门，各人民团体：

20××年是全面贯彻落实党的二十大精神的开局之年。各地区各部门各单位要……，经省委、省政府同意，现就有关事项通知如下。

一、平稳有序调整转段疫情防控措施。坚持人民至上、生命至上，坚持科学防治、精准施策，强化属地责任，围绕"保健康、防重症"……

二、关心困难群众生产生活。兜住兜牢基本民生保障底线，按时足额发放基本养老金、失业保险金、失业补助金、低保金，按规定及时启动价格临时补贴政策，大力推行"免申即享"等服务，提高经办审核效率，持续推动线上线下畅通领、安全办，切实保障困难群众基本生活……

三、全力满足群众节日物质文化需求。强化对煤电油气运供需状况的动态监测，科学调度资源，细化完善预案，确保居民生活等重要领域用电用气有序供应、价格稳定……

四、切实保障群众安全有序出行。按照满足群众出行需求、降低疫情传播风险、提供安全便捷服务的原则，组织做好春运工作……

五、全力维护公共安全和社会和谐稳定。坚持底线思维，以"时时放心不下"的责任感，狠抓安全生产责任和措施落实，保障人民群众生命财产安全……

六、始终坚持纠"四风"树新风。加强党性党风党纪教育，各级党政部门、企事业单位要引导各级领导干部大力弘扬清正廉洁的新风正气，严格要求自己，严格带好队伍，严格家教家风……

七、做好值班值守和应急处突工作。严格执行24小时专人值班和领导干部在岗带班、外出报备等制度，强化值班力量配备，保证节日期间各项工作正常运转……

中共××省委办公厅

××省人民政府办公厅

20××年××月××日

示范二：

××市人民政府办公厅关于印发××市食盐储备管理办法的通知

××办发〔20××〕×号

各区县（自治县）人民政府，市政府各部门，有关单位：

《××市食盐储备管理办法》已经市政府同意，现印发给你们，请认真贯彻执行。

××市人民政府办公厅

20××年×月××日

（此件公开发布）

××市食盐储备管理办法

第一章　总　则

第一条　为建立食盐储备体系，完善食盐储备制度，加强食盐储备管理，确保应急状况下食盐及时、安全、有效供应，按照《食盐专营办法》（国务院令第×××号）、《盐业体制改革方案》（国发〔20××〕××号）以及《××市盐业体制改革实施方案》（××发〔20××〕××号）要求，特制定本办法。

第二条　本办法适用于本市行政区域内食盐储备、动用及其监督管理活动。

第二章　食盐储备体系

第三条　××市食盐储备体系由市级食盐政府储备和食盐企业社会责任储备组成。

…………

第三章 食盐储备规模

············

第四章 食盐储备资金

············

第五章 食盐储备储存

············

第六章 食盐储备动用

············

第七章 监督管理

············

第八章 附 则

第二十五条 本办法自印发后30日起施行。《××市人民政府办公厅关于印发××市食盐储备管理暂行办法的通知》（××办发［20××］××号）同时废止。

3.9 通报

3.9.1 基本常识

《条例》中规定，通报适用于表彰先进、批评错误、传达重要精神和告知重要情况。通报是一种常在各级党政机关、企事业单位内部发布的下行文。通报可以通过其内容，在内部实现教育、警示的目的。

1. 通报的特点

（1）典型性。通报所告知的内容往往是具有代表性的先进的或错误的事例，以典型的人物或事例来起到教育、警示的作用。

（2）时效性。通报所告知的典型人物常是近期出现的，所告知的典型事件则常是近期才发生的，这样有利于利用相关人、事的热度，增强教育、警示的作用。

（3）教育性。通报所告知的内容对下级机关或部门具有指导作用。

2. 通报的分类

（1）表彰性通报。表彰性通报主要用来表彰先进人物、弘扬先进事迹。

（2）批评性通报。批评性通报主要用来批评错误。

（3）指示性通报。指示性通报主要用来传达重要精神和重要指示。

（4）告知性通报。告知性通报主要用来告知重要事项、信息。

3.9.2　写作格式

1.标题

通报标题有以下三种形式：

（1）通报的标题由发文机关、被表彰或被批评的对象或事件、文种组成，如"××市人民政府办公厅关于民营企业政策不落实典型案例的通报"，实际应用中，也存在通报的标题由被表彰或被批评的对象或事件加文种的形式，如"关于表彰××同志先进事迹的通报"。

（2）通报的标题由事由、文种组成，如"关于20××年第四季度科技部政府网站与政务新媒体抽查情况的通报"。

（3）通报的标题就是文种，即只以"通报"作为标题。

2.主送机关

通常在标题下方标注清楚通报主送机关，也有部分通报是普发性的，可以不用单独标注主送机关。

3.正文

通报的正文由三个部分构成。

（1）开头。通报的开头部分要写明通报的原因、具体事项。如果是告知性通报，则常以"现将……事项通报如下"引出主体内容；如果是表彰性或是批评性通报，则表明表扬/批评的对象或事件。

（2）主体。主体部分对通报所涉的原因、事项进行具体阐述，对通报的原因作简要分析，如果是表彰性或是批评性通报，要写清楚相关的事迹，做到客观、不掺杂个人情感，然后详细写明对表彰或是批评的处理结果。

（3）结尾。提出希望、要求，使下级机关或部门可以从通报中有所收获、得到警醒。

4.落款

通报的落款主要有两种形式，一种是发文机关和发文日期，另一种是当通报的标题已经包含发文机关时，可以直接以发文日期作为落款。

3.9.3　写作技巧

技巧一：把握差异，突出不同

指示性通报、告知性通报与表彰性通报、批评性通报的写法是不同的，写作人员要把握好两种大方向的不同。指示性通报、告知性通报侧重于将事情讲述清楚，然后得出结论，无须加入太多议论性的语言。

表彰性通报、批评性通报则侧重于通过典型的人、事达到教育、警示的目的，在写作时要写清楚表彰或批评的原因，并对原因进行客观分析，得出相应的结论、评价，以达到教育的目的，然后再阐述处理结果，最后以希望和号召升华主题。

技巧二：详略得当，点到为止

写作人员在写通报时，要根据所写通报的类型安排好内容的详略性，突出相应类型下的重点，通报涉及的各事项应确保其准确性。表彰性通报、批评性通报中的评价性内容要点到为止，注意表达要中肯、客观。

3.9.4　注意事项

注意一：真实陈述，言要由衷

几种不同类型的通报都会涉及相关的事项，写作人员在写作前要了解清楚基本事实，确保通报的内容是真实可信的，相关表述也要从真实性的角度出发，不可为了刻意追求教育性而夸大、扭曲事实。

注意二：不够典型，害人害己

通报所涉人、事要足够典型，只有典型的人、事才会给人深刻印象，才能符合通报所要求的教育性。如果通报的人、事不够典型，既不能使他人从公告中获得教育，也会使通报变得没有意义，于自身形象有损。

3.9.5　写作示范

省人民政府关于命名××旅游名镇、旅游名村和旅游名街的通报

各市、州、县人民政府，省政府各部门：

20××年，全省各地各部门……把握文化和旅游消费提质升级新趋势，全面推动文化和旅游深度融合，抢抓机遇，乘势而上，在促进全省全域旅游发展、建设旅游经济强省上迈出坚实步伐。全省各地以开展"××旅游名镇、旅游名村和旅游名街"评选工作为抓手，着力构建县域旅游产业体系，巩固脱贫攻坚成果，开创新时代乡村振兴新局面，为谱写××高质量发展新篇章贡献了文化和旅游力量。

为表彰先进，树立典型，激励发展，省人民政府决定授予××市××区××街道等10个单位"××旅游名镇"称号；授予××市××区×××街道××村等20个单位"××旅游名村"称号；授予××市××区×××××××××主题街区等5个单位"××旅游名街"称号。

希望受表彰的单位珍惜荣誉、再创佳绩。全省各地各部门及文化和旅游行业要始终坚持……，为加快"建成支点、走在前列、谱写新篇"作出新的更大贡献，以优异成绩迎接党的二十大胜利召开。

附件：××旅游名镇、旅游名村和旅游名街名单

20××年×月××日

3.10　报告

3.10.1　基本常识

《条例》中规定，报告适用于向上级机关汇报工作、反映情况，回复上级机关的询问。报告是一种带有总结性的各级党政机关、企事业单位常用的公文，通常是由下级机关向上级机关发送，基层部门使用较多。

1.报告的特点

（1）单向性。报告只能是下级机关向上级机关发送。

（2）汇报性。报告是下级机关向上级机关汇报工作、反映情况、提出建议、作出回复时使用的，是一种向上汇报情况的公文。

（3）总结性。报告的内容是对已发生的事情进行的归纳和总结。

2. 报告的分类

（1）工作报告。用于定期向上级汇报工作情况。

（2）述职报告。用于向上级领导总结自身在过去一段时间内的工作表现、工作成果、工作困难和对未来工作的规划等内容。

（3）调查报告。用于向上级汇报某种现象、事件或问题的调查处理情况。

（4）情况说明报告。用于向上级说明某个情况或事件的详细信息。

（5）回复报告。用于回复上级机关的询问。

3.10.2　写作格式

1. 标题

报告的标题有以下两种形式：

（1）报告的标题由发文机关、事由、文种组成，如"××××自治区人民政府关于以智赋能以数提效推动我区数字经济高质量发展情况报告审议意见研究处理情况的报告"。

（2）报告的标题由事由和文种组成，如"关于支持民营小微企业发展的调研报告"。

2. 主送机关

报告的主送机关通常只有一个，如果受到双重领导，则应主送一个机关，抄送另一个机关。

3. 正文

报告的正文由三个部分构成。

（1）开头。开头部分，就报告的主要内容进行阐述，将需要汇报的工作内容简明扼要地阐述清楚，包括但不限于背景、目的、依据、工作情况等内容。基层机关使用的向上级汇报工作的报告通常会以"现将关于……事项的……报告如下"引出下文。

（2）主体。主体内容是报告的具体内容，内容因报告的主题不同而有所不同，如果内容较多，可以分段、分条列出。工作报告要写清楚做了什么、怎么做的、下一步怎么办；述职报告要将工作表现、工作成果、工作困难和对未来工作的规划等内容写完整；调查报告要写清楚起因、经过、结果，得出相应的调查结论；情况说明报告要写清楚想要汇报的某个情况或事件的详细信息，不需要进行分析，客观阐述即可；回复报告要写清楚上级机关想要知道的情况，问什么，答什么。

（3）结尾。结尾部分可视报告情况决定要不要单独设置，无需单独设置则自然结尾，如需单独设置，可总结前文内容，提出相关的希望和号召，或是视情况以"以上报告，请予审查"结尾。

4. 落款

报告的落款主要有两种形式，一种是发文机关加发文日期，另一种是自然结尾，不单独设置落款。

3.10.3   写作技巧

技巧一：分清主次，把握重点

报告的内容往往是总结性的、繁多的，在拟写报告的过程中，要先将需要总结的内容全部提取、精练，再以分题、分点，或二者结合的方式，将重点在报告正文的每一段段首突出出来。

技巧二：拨云见日，得出结论

报告是需要作出总结的，总结就会得出相应的结论，在拟写报告的过程中，要注意透过层层总结性的内容，突出最终的结论。这种结论是可以给他人以参考和警示的，也是进行总结的最大意义。

3.10.4   注意事项

注意一：内容准确，立场客观

撰写报告时，要确保所有数据、事实和引用内容的准确性，必要时进行核查；撰写过程中，保持客观中立的立场，避免偏见和个人情感色彩。

注意二：多点叙事，少点议论

报告虽然需要总结、归纳出一些结论，但是写作人员在写作过程中还是要注意侧重于叙事、总结、陈述，不要掺杂过多的议论的内容。写报告的目的是让上级机关了解本级机关的工作情况、工作现状，而不是向上级机关表达本级机关对自身工作的意见和看法。

3.10.5　写作示范

关于××省20××年地方财政预算执行情况和20××年地方财政预算草案的报告
——20××年×月××日在××省第××届人民代表大会第一次会议上
××省财政厅

各位代表：

受省人民政府委托，现将××省20××年地方财政预算执行情况和20××年地方财政预算草案提请省第××届人民代表大会第一次会议审查，并请省政协委员和列席人员提出意见。

一、新时代财政工作和20××年地方财政预算执行情况

党的十八大以来，全省各级政府财政部门……新时代十年，是××财政综合实力提升最显著的十年，财政收支规模大幅提升，人均财政支出基本达到全国平均水平。新时代十年，是××财政服务保障最有力有效的十年，支持基础设施建设、特色产业发展、生态文明建设、扩大对外开放实现历史性突破，与全国同步全面建成小康社会。新时代十年，是××财政民生投入最大的十年，民生投入占比超过70%，全力支持×××万农村贫困人口全部脱贫，11个"××××"和人口较少数民族实现"一步跨千年"。新时代十年，是××财政改革发展步伐最快的十年，现代财政制度基本确立，为奋力开创新时代××社会主义现代化建设新局面打下坚实基础。

过去五年极不寻常、极不平凡。五年来，我们坚持和加强党对财政工作的全面领导……

五年来，财政综合实力迈上新台阶……

五年来，积极财政政策展现新作为……

五年来，集中财力办大事实现新成效……

五年来，保障改善民生达到新水平……

五年来，财政管理改革开创新局面……

五年来，财政风险防范取得新进展……

20××年是党和国家历史上极为重要的一年，也是极不寻常、极为不易的一年……

（一）20××年预算收支情况

1.一般公共预算……

2.政府性基金预算……

3.国有资本经营预算……

4.社会保险基金预算……

（二）20××年全省主要财政政策落实情况

1.精准落实稳经济一揽子政策措施，助力稳住经济大盘……

2.大力支持产业强省建设，高质量发展动能进一步激发……

3.加大基础设施建设投入力度，积极扩大有效投资……

4.巩固拓展脱贫攻坚成果，乡村振兴全面推进……

5.立足××发展区位优势，推动"三个定位"建设取得新成效……

6.织密兜牢民生底线，基本公共服务水平不断提升……

7.守牢安全发展底线，公共安全治理水平不断提升……

8.加大对下支持力度，支持基层财政平稳运行……

二、今后五年财政工作的主要任务

未来五年××财政改革发展的目标任务是：财政综合实力显著提升，积极财政政策提质增效、更可持续，财政体制机制改革取得突破性进展，数字财政建设稳步推进，财政资源统筹能力进一步强化，地方政府债务风险有效防控，基层财政困难有效缓解，为加快实现三年上台阶、八年大发展、十五年大跨越做出财政贡献……

三、20××年地方财政预算安排

（一）20××年预算编制和财政工作的指导思想及原则

20××年预算编制和财政工作的指导思想是……

（二）20××年全省和省本级收支预算安排

1.一般公共预算……

2.政府性基金预算……

3.国有资本经营预算……

4.社会保险基金预算……

（三）20××年省本级财政支出主要政策及保障重点

1.完整、准确、全面贯彻新发展理念，推动现代化产业体系高质量发展。共统筹安排××亿元。安排××亿元，支持全产业链重塑××烟草产业新优势……

2.主动服务和融入新发展格局，推进实施扩大内需战略。共统筹安排×××亿元。统筹安排×××亿元，持续推进高速公路建设……

3.大幅度提升教育科技人才投入力度，加快创新型××建设。共统筹安排×××亿元。统筹安排×××亿元，支持办好人民满意的教育……

4.全面落实组合式税费支持和助企纾困政策，大力提振市场信心激发市场活力。全面落实各项减税降费政策，切实帮助企业减轻负担……

5.强化对外开放资金政策保障，加快建设面向南亚东南亚辐射中心……

6.巩固拓展脱贫攻坚成果，全面推进乡村振兴。共统筹安排×××亿元……

7.深入推进新型城镇化建设，促进区域协调发展。共统筹安排×××亿元……

8.持续改善生态环境，促进绿色低碳发展……

9.加大民生投入力度，在发展中保障和改善民生。共统筹安排×××亿元……支持做好困难群众基本生活救助等兜底保障……

10.推动财力下沉，切实兜牢基层"三保"底线……

11.有效防范化解风险，牢牢守住安全底线……

四、认真做好20××年财政改革发展工作

（一）坚持党的全面领导……

（二）强化财政资源统筹……

（三）深化预算制度改革……

（四）筑牢安全发展底线……

（五）主动接受人大监督……

以上报告，请予审查。

3.11　请示

3.11.1　基本常识

《条例》中规定，请示适用于向上级机关请求指示、批准。请示是一种上行文，适用于本级机关遇到无权处理或不能自行处理的工作或事项的，需上报上级机关请求指示与批准。

1.请示的特点

（1）对应性。请示是一种单向的上行文，但是一旦下级机关发出请示，上级机关则应予以批复，请示与批复是互相对应的。

（2）及时性。请示是针对目前所遇到的无法自行解决的问题或工作而提出的，需要上级做出批复后才可以继续开展工作。

（3）目的性。下级机关发出请示就是为了得到上级机关的相关批复，以便于解决当下遇到的问题，处理当下自行处理不了的工作。

2. 请示的分类

（1）请求指示的请示。请求指示的请示适用于下级机关对现行的方针、政策、路线、规章、制度存疑时，或是下级机关遇到了无法自行处理的情况或者问题，需要上级机关作出指示时。

（2）请求批准的请示。请求批准的请示适用于下级机关遇到了必须经由上级机关批准后才可执行的工作时，或是下级机关遇到了十分重大的事项，为了避免擅自处理产生问题需要经上级机关批准的事项时。

3.11.2　写作格式

1. 标题

请示的标题有以下三种形式：

（1）请示的标题由发文机关、事由、文种组成，如"××区经委关于提请××区人民政府签订〈补充协议四〉的请示"。

（2）请示的标题由事由、文种组成，如"关于提请区政府向市外办申请举办202×亚太邮轮大会的请示"。

（3）请示的标题直接由文种组成，即只以"请示"作为标题。

2. 主送机关

请示的主送机关只有一个，由哪一个机关受理和答复则写哪一个机关。

3. 正文

请示的正文由三部分构成。

（1）开头。请示的开头部分要写清楚请示的原因、背景、依据，言简意赅，理由充分，讲清楚"为什么要请示"。在基层文件中，有时会在正文的开头部分以"特向……请示，盼望帮助解决"引出下文，此时结尾处可不额外设置内容。

（2）主体。请示的主体部分的内容则是请示的具体事项，此处要将所想请示的内容写得具体、完整，说明白"要请示什么"。

（3）结尾。结尾部分通常在主体内容之后加上一句模板化的语句进行总结即可，如

"妥否，请批示""妥否，望批示""特此请示"。

4. 落款

请示的落款通常都是由发文机关和发文日期组成。

3.11.3　写作技巧

技巧一：言简意赅，一目了然

请示的内在核心是希望上级机关"助力"本级机关解决相应问题，写作人员要注意掌握本级机关遇到的情况或困难的重点，在拟写请示时，要将重点内容言简意赅地陈述清楚，使上级机关拿到请示时可以一目了然，便于本级机关问题的解决。

技巧二：以他人急，急己所急

拟写请示时，写作人员要注意有大局意识，站在上级机关的角度，考虑本级机关的问题可能对除本级机关外的，上级机关管辖下的其他机关或人员产生的影响，这种影响是上级机关最为关注的问题，用上级机关的关注来表现自己的关注，更容易获得上级机关的理解与支持。

3.11.4　注意事项

注意一：区分报告与请示的区别

报告与请示都是上行文，写作人员要注意不要将二者混淆。二者区别如下。

（1）报告通常不要求上级批复，但是请示要求上级批复。这一点从二者的一些常用结尾语句也可看出，如报告常用"以上报告，请予审查"结尾，而请示常用"妥否，请批复"结尾。

（2）报告是对已发生的事项进行总结，请示则是就未发生的事项询问上级机关的意见。

（3）报告与请示的侧重点不同，报告侧重于叙事、陈述，请示侧重于请求。

注意二：一事一请，心不二用

请示的内容应注意一事一请，不要同时请示好几件事情，这样不利于上级机关迅速针对本级机关的问题给出回复。同时要注意，不要事无巨细的每件事都要向上级机关请示后再去做。

注意三：材料真实，理由充分

拟写请示前要充分了解本级机关遇到的情况和问题，客观真实地向上级机关汇报情况并提出请求，不可虚报、瞒报。拟写请示时，要将请示的理由写具体、写详细、写充分，理由如果支撑不了本级机关的请求，上级机关难以批准，本级机关的问题不易被解决。

3.11.5　写作示范

关于申请××××经费的请示

××××人民政府：

在全国"两会"期间及奥运"两会"来临之前，我镇强化防控措施，全力开展××××工作，做好××××和××人员监管，在××××、××以及日常与××人员走访沟通等方面支出很多费用。由于我镇办公经费有限，且已经严重不足，只能勉强维持机关运转，为确保××××、××××等各项工作的顺利开展，特恳请旗政府审批××××经费×万元为盼！

妥否，请批示。

×××人民政府
20××年×月××日

3.12　批复

3.12.1　基本常识

《条例》中规定，批复适用于上级机关答复下级机关请示的事项。批复是一种与请示相对应的下行文，不是由上级机关凭空主动发出，而是上级机关在收到下级机关的请示后，用来答复下级机关的请求而发出。

1. 批复的特点

（1）对应性。批复是上级机关收到下级机关的请示后作出的相对应的回复性的公文，与请示是相互对应的。

（2）及时性。批复是对应着请示而存在的，下级机关使用请示就是为了解决目前遇到的问题，上级机关收到请示后，应及时处理。

（3）针对性。上级机关给下级机关的批复要具有针对性，着力解决下级机关需要处理的问题。

2. 批复的类型

（1）指示性批复。用于对下级机关所不清楚的现行的方针、政策、路线、规章、制度作出解释，对下级机关遇到的无法自行处理的情况或问题给出指示与答复。

（2）批准性批复。用于对下级机关所请求审批的工作或事项进行审批，进行同意或不同意的明确表态。

3.12.2　写作格式

1. 标题

批复的标题有以下三种形式：

（1）批复的标题由发文机关、态度、事由、文种组成，如"××市人民政府关于同意《××现代农业产业园（××××）国土空间总体规划（20××—20××）》的批复"。

（2）批复的标题由发文机关、事由、文种组成，如"××省人民政府关于××历史文化名城保护规划（20××—20××年）的批复"。

（3）批复的标题由态度、事由、文种组成，如"关于同意×县2023年××镇××村产业到村项目建议书的批复"。

批复的文号在主送机关前，常位于标题下方。

2. 主送机关

批复的主送机关只有一个，即报送请示的下级机关。

3. 正文

批复的正文由三个部分构成。

（1）开头。批复的开头部分要写清楚下级机关所请示的事项，可直接引述来文，并点出需要批复的对象。

（2）主体。批复的主体部分的内容则是针对下级机关请示的事项作出答复，此处要结合下级机关问题的实际情况，按照现行的方针、政策对具体事项进行明确答复。

（3）结尾。结尾部分通常在主体内容之后加上一句模板化的语句进行总结即可，如"特此批复"，也可以自然结束，不额外设置内容。

4. 落款

批复的落款通常都是由发文机关和发文日期组成。

3.12.3　写作技巧

技巧一：旗帜鲜明，态度明确

一份有效的批复，其观点与态度必定是鲜明的，不能含糊其词。写作人员要在确认上级机关的态度后，使用态度鲜明、立场坚定的语言表达上级机关作出的回复，让下级机关在拿到批复后可以快速地明白该怎么做。

技巧二：对症下药，一针见血

一份切实回复、解释了下级机关遇到的问题的批复，才是下级机关内心最渴望收到的批复。上级机关在拟写批复时，要有针对性地回答与解释下级机关提出的问题，要与下级机关的请示形成对应。

3.12.4　注意事项

注意一：一事一批，两两对应

请示应遵循"一事一请"的原则，批复也应当"一事一批"，与批复形成两两对应的关系。遵循"一事一请一批"的原则，可以避免上下行文之间内容相互交叉、过于凌乱造成的工作效率不高、事项繁杂等问题。

注意二：理由充分，慎重及时

在对相关事项进行批复时，上级机关要慎重地调查并掌握清楚下级机关所请示事项的相关情况，结合实际情况、相关政策、规定，形成充分的理由，再作出相应的回复，注意回复时间要及时。

3.12.5 写作示范

××省人民政府关于同意调整××市部分行政区划的批复

××市人民政府：

你市《关于××市部分行政区划调整的请示》（×政文〔20××〕××号）收悉。经报国务院同意，现批复如下：

一、同意撤销××市××区、××区，设立新的××市××区，以原××区、××区的行政区域为新的××区的行政区域，××区人民政府驻列×街道×××路×××号。

二、同意撤销×县，设立××市××区，以原×县的行政区域为××区的行政区域，××区人民政府驻××街道府前中路××号。

请你市认真组织实施上述行政区划调整，各项工作要……行政区划调整的完成情况要及时向省政府报告。

××省人民政府

20××年×月×日

3.13 议案

3.13.1 基本常识

《条例》中规定，议案适用于各级人民政府按照法律程序向同级人民代表大会或者人民代表大会常务委员会提请审议事项。各级人民政府可通过议案向同级人民代表大会或者人民代表大会常务委员会提请审议事项，事项所涉领域可以是政治、经济、科技、卫生、文化等方面，议案一经审议通过，即具备法律效力。

1. 议案的特点

（1）法定性。议案的发文机关、使用程序都是法定的。其发文机关主要是各级人民政府，法定范围之外的组织或个人无权发布议案。议案的发布、审议、批准、实施都要遵循法定的程序。

（2）必要性。议案中涉及的相关事项都应该是必要性较强的、与社会民生密切相关的、百姓十分关注的。

（3）时限性。各级人民政府提出议案的时间必须在同级人民代表大会或人民代表大会常务委员会举行期内，否则议案可能会被当作"建议"处理，或者是移交下次人大会议处理。

2. 议案的类型

（1）决策性议案。各级人民政府用于提请同级人民代表大会或人民代表大会常务委员会审议的涉及政治、经济、科技、卫生、文化等方面的重大事项的决策。

（2）法规性议案。各级人民政府用于提请同级人民代表大会或人民代表大会常务委员会审议某项法律法规，或建议、制定某项法律法规。

（3）任免性议案。各级人民政府用于提请同级人民代表大会或人民代表大会常务委员会审议对本级行政机关工作人员职务的任命、免去或撤销。

3.13.2　写作格式

1. 标题

议案标题有以下两种形式：

（1）议案的标题由发文机关、事由、文种组成，如"×县人民政府关于提请审议×县20××年县级财政决算（草案）情况报告的议案"。

（2）议案的标题由态度、事由、文种组成，如"关于提请审议《××省人民代表大会常务委员会讨论决定重大事项的规定（修订草案）》的议案"。

2. 主送机关

议案的主送机关只能是议案的发文机关的同级人民代表大会或人民代表大会常务委员会。

3. 正文

议案的正文由三个部分构成。

（1）开头。议案的开头部分要写清楚提出议案的背景、原因、目的、依据等内容。

（2）主体。议案的主体部分是提请审议的具体事项，具体事项只能是单一事项，遵循"一事一案"的原则，如果提请审议的是某种文件，则应将需要提请审议的文件随议案一同附上。

（3）结尾。结尾部分通常在主体内容之后加上一句模板化的语句进行总结即可，如"请予审议""现提请审议"等。

4. 落款

议案的落款通常由发文机关、发文机关行政首长签字、发文日期组成。

3.13.3 写作技巧

技巧一：结构完整，逻辑严密

写作人员要安排好议案的结构，从提出议案的目的到需要提请审议的事项之间的内容衔接要自然，形成严密的逻辑关系，突出需要提请审议的内容。

技巧二：做足准备，下笔有神

写作人员在拟写议案前，要根据议案提请审议的内容，收集议案中涉及的背景、依据等信息，这样有助于高效、准确地写出议案的内容。在收集过程中，要注意材料的真实性。

3.13.4 注意事项

注意一：找准范围，注意权限

议案中提请审议的内容，必须是议案发文机关同级人民代表大会或人民代表大会常务委员会职权范围内可以审议的内容，否则议案可能会被转作建议、批评或意见去处理。

注意二：找准重点，一事一案

提请审议议案本身是具有时间限制的，且人民代表大会召开期间，各级人民代表大会或人民代表大会常务委员会会收到很多议案，这就要求议案的内容必须是极其重要的内容，且需符合"一事一案"的原则，以保证提出的议案可以得到妥善处理。

3.13.5 写作示范

关于提请审议《××市人民代表大会常务委员会关于加强儿童友好城市建设的决定（草案）》的议案

××市人民代表大会常务委员会：

党的二十大报告中强调："保障妇女儿童合法权益。"为深入贯彻……，认真落实党中央、国务院关于优化生育政策、促进人口长期均衡发展的决策部署，高质量推进国家儿童友好城市试点建设，切实保障儿童合法权益，市人大社会委起草了《××市人民代表大会常务委员会关于加强儿童友好城市建设的决定（草案）》。经市人大社会委全体会议审议通过，市十四届人大常委会第15次主任会议研究，提请市十四届人大常委会第七次会议审议。

××市人民代表大会常务委员会主任会议

20××年××月××日

3.14　函

3.14.1　基本常识

《条例》中规定，函适用于不相隶属机关之间商洽工作、询问和答复问题、请求批准和答复审批事项。函是15种党政机关公文中唯一的平行文，使用限制较少，在党政机关日常工作中使用频率较高。

1. 函的特点

（1）灵活性。函的用途及发文方式都十分灵活，函可以用来帮助不相隶属机关之间进行事务上的告知、问询、磋商，也有少数情况可以在上下级之间使用。

（2）及时性。告知消息的函告知的都是当下的消息，而需要回复的函则要求收到函的一方及时处理、尽快回复。

（3）简便性。函的内容不宜过长，行文应当简洁明了，且应遵循"一事一函"的原则。

2. 函的分类

（1）商洽函。用于商洽工作或相关事项。

（2）询问函。用于询问相关单位某一事项的具体情况，或对某一事项的意见、建议等。

（3）答复函。用于答复收到的信函，或是由上级机关向下级机关发出，用于对下级机关询问的事项进行审批、回复。

（4）请批函。用于向上级机关请求批准有关事项，通常由下级机关发出。

（5）告知函。用于告知有关单位相关事项。

3.14.2　写作格式

1. 标题

函的标题有以下三种形式：

（1）函的标题由发文机关、事由、文种组成，如"××省人民政府办公厅关于同意建立××省交通运输新业态协同监管厅际联席会议制度的函"。

（2）函的标题由事由、文种组成，如"关于征求对县工信委领导班子及成员意见建议的函"。

（3）函的标题直接用文种（具体类型），即根据函的用途直接使用相应名称，如"委托函""督办函"等，这种方式在基层机关中使用较多。

2. 主送机关

即接收函的机关单位。

3. 正文

函的正文由三个部分构成。

（1）开头。函的开头部分要写清楚发函的背景、原因、目的、依据等内容，如果是普通发函，则通常以"现将有关情况函告如下"引出下文，如果是答复函，则通常以"现函复如下"引出下文。

（2）主体。函的主体部分是发函所要商洽、询问、答复、请批、告知的相关事项，遵循"一事一函"的原则，将相关事项讲清楚、说明白。如果是答复函，则需要将针对来函事项作出的回复作为重点表述，并提出相应的执行要求或希望。

（3）结尾。结尾部分通常根据函的类型的不同，而在主体内容之后加上一句模板化的语句总结即可，如"特致此函""特此函复"等，有时也可以自然结束，不需要再额外设置内容结尾。

4. 落款

函的落款通常都是由发文机关和发文日期组成，有时，若标题中已经写明了发文机关，可以直接使用发文日期落款。

3.14.3 写作技巧

技巧一：格式规范，语气委婉

函适用于不相隶属机关之间的工作交流，写作人员要使用规范化的格式，同时注意语气要委婉，不相隶属机关之间的用语要体现出对彼此的适当的尊重，不能过于卑微或者强硬。

技巧二：干脆利落，要言不烦

函适用于对日常事务的相关信息进行交流，行文时要注意用语简洁、干脆利落，方便收函一方迅速了解发函方的来意，使发函方更容易得到收函方的理解与支持，便于事项的通知和处理。

3.14.4 注意事项

注意一：结构混乱，思路不清

发函方在行文时，要注意遵循"一事一函"的原则，针对一件事项合理安排函的结构，厘清自身思路，避免因思路不清，出现收函方不能理解发函方的目的的情况，这样也会使得发函方的问题得不到及时、正确地处理。

注意二：篇幅较长，重点难寻

写作人员要注意控制篇幅，围绕函所涉事项的重点内容陈述，根据不同的函的类型调整用语，不要将所涉事项陈述得过于完整，这样反而会导致重点难以突出，不仅不利于对方理解，也不利于自身问题的解决。

3.14.5 写作示范

××市人民政府关于报送我市办理省政协××届×次提案工作有关材料的函

××函〔20××〕×××号

省政协提案委员会：

按照省政协办公厅《关于协助做好省政协××届×次会议提案办理工作总结等工作的通知》（×协办函〔20××〕×××号）要求，现将我市办理省政协××届×次提案工作有关材料报上，请审查。

特具此函。

附件：1.省政协××届×次提案办理工作总结
　　　2.优秀提案推荐

××市人民政府

20××年××月××日

3.15　纪要

3.15.1　基本常识

《条例》中规定，纪要适用于记载会议主要情况和议定事项。纪要是一种各级党政机关内部经常使用的公文，其内容是对其所记录的会议的客观呈现，同时也是对会议上讨论、通过的相关事项的重点内容进行精练。

1.纪要的特点

（1）纪实性。纪要所记录的相关内容全部来自会议，主要是会议过程、会议主题、议定事项等，写作人员不能私自对这些内容进行修改，其内容要保持真实客观。

（2）总结性。纪要所记录的内容是对会议过程、会议主题、议定事项等内容的精练概括，保留的都是总结归纳过后的最为精简的内容。

（3）灵活性。纪要可以作为上行文、下行文、平行文使用。不同的用法对应着不同的功能。作为上行文使用时，可以起到向上级机关汇报工作的作用。作为下行文使用时，可以起到向下级机关指导工作的作用。作为平行文使用时，可以起到交流信息的作用。

2.纪要的类型

（1）工作会议纪要。用于记录与工作有关的重要的方针、政策。

（2）办公会议纪要。用于记录本级机关在会议中讨论的办公事项或相关问题。

（3）代表会议纪要。用于记录会议上与会代表的重要言论、观点。

（4）座谈会议纪要。用于记录会议上讨论的与工作、学习、理论、思想相关的内容。

（5）联席会议纪要。用于记录不同单位间在会议上达成的一致观点、共同协议。

3.15.2　写作格式

1. 标题

纪要的标题有以下两种形式：

（1）纪要的标题由会议名称、文种组成，如"深入学习贯彻档案法律法规工作座谈会议纪要"。

（2）纪要的标题由事由、文种组成，如"关于'断卡'行动中有关法律适用问题的会议纪要"。

2. 文号

纪要的文号通常位于标题下方，由年份和号数组成，如"〔20××〕×号"，在实际应用中有的纪要对文号的要求并不严格。

3. 正文

纪要的正文由三个部分构成。

（1）开头。纪要的开头部分应简要写明会议的时间、地点、参会人员、会议名称、会议大致情况、会议主题等内容。

（2）主体。纪要的主体部分是会议的主要内容，包含会议上的重要议题、重要发言、会议确定的工作内容、会议取得的成果等，要对这部分内容总结和归纳，在纪要中写出最核心的内容。

（3）结尾。结尾部分主要是对会议进行总结，提出希望或发出号召，升华会议的主题。有时也可自然结尾，不再进行总结或升华。

4. 落款

纪要的落款通常都是由发文机关和发文日期组成，有时，若标题中已经写明了发文机关，可以直接使用发文日期落款。

3.15.3　写作技巧

技巧一：层次清晰，突出中心

纪要需要记录下整个会议的内容，这就面临整体写作内容较多的情况，写作人员要想写好纪要，就得认真将会议上各部分的重点内容都了解清楚，安排好行文的结构与层次，突出会议的主题和精神。

技巧二：实事求是，客观阐述

纪要是纪实性的公文，想要突出纪要的价值，写作人员就要对会议的情况进行真实的记录，实事求是，不因个人的意志对会议的内容进行修改，用客观、准确的语言将会议的重要内容记录下来，将会议的过程再现出来。

3.15.4　注意事项

注意一：结构不妥，条理混乱

纪要有时需要记录相对比较繁杂的内容，写作人员一定要注意提前安排结构，切忌想到哪里写到哪里，导致纪要的内容出现结构混乱、条理不清晰的问题，使拿到纪要的人员难以明确会议的核心内容。

注意二：内容赘余，主题不明

纪要的内容并非将会议的内容原原本本地全部展现出来，而是要将会议的过程、会议的主题、会议上讨论的重要内容等，以归纳总结的方式进行提炼，并最终以文字形式体现。如果不能抓住各项内容的重点，就会导致纪要的整体内容变得冗杂，难以突出纪要的主题。

3.15.5　写作示范

县委常委会会议纪要

和常〔202×〕×××号

20××年××月××日晚上，县委书记×××同志在县商务中心常委会议室主持召开县委常委会（扩大）会议。会议内容纪要如下：

一、关于中共××省委××届××次全会精神的学习贯彻问题

×××同志传达了中共××省委××届××次全会精神，×××同志就贯彻落实省委××届××次全会精神作了部署。

会议要求，全县各级各部门要……要全面加强党的领导，坚持全面从严治党，严格贯彻落实新时代党的建设总要求，把全县各级党组织锻造得更加坚强有力，为"两个和平"和智慧生态现代新城建设提供坚强的政治保证和组织保证。要全面对标工作重点，切实将

省委全会决策部署细化分解到全县的各项工作中，以务实有效的工作举措推动全会精神在和平得到落实落地，加快打造成为"双区"辐射大内陆的重要连接地、先进制造业转移的重要承载地、优质农产品的重要供应地、绿色康养的重要目的地、××现代物流的重要集散地，争创"绿水青山就是金山银山"新标杆。

二、关于县党政领导班子成员分工调整事项

会议听取了×××同志关于县党政领导班子成员分工调整事项的情况说明。经研究，决定对县党政领导班子个别成员工作分工调整如下：

×××同志协助县长主持县政府日常工作，负责县政府机关、政务公开、财政、税务、人力资源和社会保障、统计、应急管理、卫生健康、医药、国有资产、人民武装工作，分管县政府办（县金融工作局、县外事局）、县财政局、县人社局、县统计局、县社保局、县应急管理局（县人防办）、县卫健局、县爱卫办、县医药总公司、县疾控中心、县卫生监督所、县国有资产事务中心、县消防大队、县国资公司，联系县税务局、县人武部、人行××县支行，县各金融企业。

××同志负责发改、工业商务和信息化、交通运输、公路、招商引资、产业转移园、商业、二轻、物资工作，分管县信访局、县发改局（县粮食和物资储备局）、县工商信局（县科技局）、县科技创新服务中心、县交通运输局、县工业园管委会、县外贸总公司、县商业总公司、县物资总公司、县二轻总公司，联系县公路局。

×××同志负责县委机关、党务公开、全面深化改革、机要、保密、国家安全、档案、政策研究、宣传思想、意识形态、网络信息安全、精神文明建设、文化建设、党史县志、广播电视、新闻出版工作，分管县委办（县委政研室、县委机要局、县保密局、县档案局）、县委改革办、县委国安办、县档案馆、县机关事务局、县文广旅体局、县社科联、县文联和县直新闻单位。

其他党政领导班子成员分工按原不变。

会议还研究了县四套领导班子成员及县直单位挂钩联系各镇有关调整事项，并就全县安全生产、乡村振兴、森林防火、禁毒等工作做了部署。

出席会议人员：（略）

第 4 章

法规性公文写作

4.1　条例

4.1.1　基本常识

条例是国家权力机关或行政机关依照政策和法令制定并发布的，针对政治、经济、文化等各个领域内的某些具体事项而做出的，比较全面系统、具有长期执行效力的法规性公文。

条例一般由中央组织颁发，以规范党组织的工作、活动和党员的行为，也可由国务院和省级权力机关颁发，以形成行政法规或地方性法规。如《中国共产党纪律处分条例》《婚姻登记条例》等。

4.1.2　写作格式

条例通常由标题、签署、正文三部分组成。

1. 标题

一般由制发单位名称、内容、文种组成，如"中华人民共和国进出口商品检验条例"；也可由内容、文种构成，如"机关事务条例"。

条例如果属于"试行""暂行"的，可在标题中注明。

2. 签署

在条例的标题下用括号标注条例通过的时间、会议以及公布的日期和施行的日期。

3. 正文

一般由总则、主体、附则三部分构成。

总则一般写明制定和发布条例的依据，交代制定条例的原因、目的、适用范围，接着以承启用语过渡到下文。

主体主要阐明条例规定的核心内容，一般包括实体性规定和法律责任规定，具体篇幅视实际情况而定。

附则部分一般包括条例适用的其他范围、生效的起止时间、修改与废止的权限、与其他文件的关系等。

4.1.3　写作技巧

技巧一：遵循法律依据

条例的写作必须符合国家法规以及政府的方针政策，同时又要维护国家与集体利益。还要遵循职权法定的原则，在发布机关的职权范围内制定，并要注意条例的适用范围，不要超出职责边界。

技巧二：做到章断条连

撰写内容复杂的条例，可在明确主要问题与基本精神的基础上，采取分章、分款、分项、分条的写法，用简洁、具体、清晰的文字，将条例内容表达清楚。

技巧三：强调关键条款

在条例写作中，使用准确恰当的用语与术语，来强调关键条款的重要性，避免出现歧义。

4.1.4　注意事项

注意一：注意编制权限

由于条例本身具有法律性质，因此只有党中央、国务院，以及省、自治区、直辖市的人大及其常委会，省会城市、较大城市、计划单列市的人大及其常委会（发布前，须经过省、自治区人大及常委会批准方可发布施行）具有制定权。

注意二：强调公布形式

条例的公布实施，应用法定文种中的"通知"做"文头"来颁布，遵循"法随令出"的原则。

注意三：做到正反兼顾

条例既要包括正面规定的内容，即应该要做什么与应该怎么做，又要包括反面处罚的内容，即对于违反此条例应该怎么处罚与处罚什么。

4.1.5　写作示范

促进个体工商户发展条例

第一条　为了鼓励、支持和引导个体经济健康发展，维护个体工商户合法权益，稳定和扩大城乡就业，充分发挥个体工商户在国民经济和社会发展中的重要作用，制定本条例。

第二条　有经营能力的公民在中华人民共和国境内从事工商业经营，依法登记为个体工商户的，适用本条例。

第三条　促进个体工商户发展工作坚持中国共产党的领导，发挥党组织在个体工商户发展中的引领作用和党员先锋模范作用。个体工商户中的党组织和党员按照中国共产党章程的规定开展党的活动。

第四条　个体经济是社会主义市场经济的重要组成部分，个体工商户是重要的市场主体，在繁荣经济、增加就业、推动创业创新、方便群众生活等方面发挥着重要作用。

国家持续深化简政放权、放管结合、优化服务改革，优化营商环境，积极扶持、加强引导、依法规范，为个体工商户健康发展创造有利条件。

第五条　国家对个体工商户实行市场平等准入、公平待遇的原则。

第六条　个体工商户可以个人经营，也可以家庭经营。个体工商户的财产权、经营自主权等合法权益受法律保护，任何单位和个人不得侵害或者非法干预。

…………

第三十七条　香港特别行政区、澳门特别行政区永久性居民中的中国公民，台湾地区居民可以按照国家有关规定，申请登记为个体工商户。

第三十八条　省、自治区、直辖市可以结合本行政区域实际情况，制定促进个体工商户发展的具体办法。

第三十九条　本条例自20××年××月×日起施行。《个体工商户条例》同时废止。

4.2　办法

4.2.1　基本常识

办法是有关单位或部门根据党和政府的方针、政策以及有关法律法规、行政规定，为做好某一方面的工作，提出具体做法和要求的法规性文书。办法应用范围较广，使用频率较高。

办法的制发机关一般是行政机关及其主管部门，其法规约束性偏向于行政约束力。如《企业年金办法》《互联网广告管理办法》等。

4.2.2　写作格式

办法一般由标题、正文两部分组成。

1. 标题

一般由发文机关、事由、文种组成，如"××省关于高温补贴发放的管理办法"，也可以省略发文机关，由事由、文种组成，如"舞弊行为处理办法"。

办法如果属于"试行""暂行"的，应在标题中注明。

如果需要标注会议通过日期或发布日期的，可在标题下加括号注明。

2. 正文

一般是由制发缘由、具体内容、结语或附则三部分组成。

制发缘由一般是指办法的依据、目的、原则等。

办法的具体内容是正文的主体，要将具体措施依次逐条写清楚，要根据实际情况决定篇幅的长短。

结语或附则一般要说明实施日期、适用范围等。

4.2.3　写作技巧

技巧一：巧用结构布局

制发依据一般来自上级的法令、条例等，写作时既要保证其内容明确详细，又要简洁合理。因此，为了避免内容冗杂，可巧用结构布局，如内容复杂的办法，可分为总则、分则、附则来分章写作。若办法内容简单，篇幅较小，可直接分条叙述。

技巧二：善用公文语言

办法是有关单位或部门为做好某项工作而发布的指导性文书，因此其遣词造句必须规范严谨。在写作时，要善于使用公文语言，使内容恰当、严谨。

技巧三：确定办法目标

在编制办法时，为保证全文有统一的逻辑，可在编制之前明确需要达成的目标，之后全文内容围绕着目标进行。

4.2.4　注意事项

注意一：办法要切实可行

办法是有关单位或部门为做好某项工作，从而提出具体要求的指导性文书，因此在写作时一定要注意其内容具体、观点鲜明，条理清晰，切实可行。

注意二：条款要具体明确

在撰写办法时，其条款要具体明确，不能含糊其词。应对概念、范围、措施、界限、要求做出具体的规定、表述。

注意三：评价要客观公正

办法写作过程中，应规避主观评价、言过其实等错误，做到客观公正、语言规范，表现出办法的规范性、可行性和可理解性。

4.2.5　写作示范

××市气象灾害防御办法

第一章　总则

第一条　为加强气象灾害防御，避免和减轻气象灾害造成的损失，保障人民群众生命财产安全，促进经济和社会发展，依据《中华人民共和国气象法》《气象灾害防御条例》《×××自治区气象灾害防御条例》等法律法规，结合我市实际，制定本办法。

第二条　本市行政区域内从事气象灾害防御活动，适用本办法。

本办法所称气象灾害，是指因干旱、大风（沙尘暴）、寒潮、暴雨（雪）、冰雹、霜（冰）冻、高温、低温、雷电、大雾等造成的灾害。

本办法所称的气象灾害防御，是指对气象灾害的监测、预报、预警、预防和减灾、救助等活动。

⋯⋯⋯⋯⋯

第二章　预防

第八条　市和旗县区人民政府应当组织气象主管机构会同有关部门开展气象灾害普查，建立气象灾害数据库，按照气象灾害的种类进行气象灾害风险评估，划定气象灾害风险区域。根据上一级人民政府的气象灾害防御规划，结合本辖区气象灾害的特点、风险评估结果以及经济社会发展趋势，编制本辖区气象灾害防御规划。

气象灾害防御规划应当纳入各级国土空间总体规划。

⋯⋯⋯⋯⋯

第三章　监测、预报和预警

第二十三条　市和旗县区人民政府应当加强气象灾害监测、预警系统建设，建立健全气象灾害信息共享机制。

市和旗县区人民政府应当在气象灾害易发区域和重点防御区域，以及旅游景区、生态公益林区等区域，建设应急移动气象灾害监测设施，加密布设自动气象探测站和雷电监测站等设施，提高气象灾害监测能力。

⋯⋯⋯⋯⋯

第四章　应急响应与处置

第三十条　市和旗县区人民政府及其有关部门应当根据气象灾害防御规划，结合本地气象灾害的特点和可能造成的危害，组织制定本行政区域的气象灾害应急预案。

市和旗县区人民政府有关部门制定的突发事件应急预案中涉及气象灾害防御的，应当与气象灾害应急预案相互衔接。

苏木乡镇人民政府、街道办事处应当制定气象灾害应急预案或者将气象灾害防御工作纳入综合应急预案。

⋯⋯⋯⋯⋯

第五章　法律责任

第三十九条　对违反本办法的行为，法律法规有具体处罚规定的，从其规定。

⋯⋯⋯⋯⋯

第六章　附则

第四十二条　本办法自20××年×月×日起施行。

4.3　制度

4.3.1　基本常识

制度是有关单位或部门为加强对某项工作的规范与管理，而制定的要求一定人员必须遵守的办事规程与行文准则的一种公文。

制度对于有关人员做什么工作以及如何开展工作具有一定的指导作用，同时也约束有关人员不能做什么以及做了后会有什么处罚。同时，制度的制定必须遵循国家及政府法律法规，因此其具有规范性。如《海洋经济统计调查制度》《海洋生产总值核算制度》等。

4.3.2　写作格式

制度一般由标题与正文两部分组成。

1. 标题

一般由单位名称、事由、文种组成，如"××市工业局廉政制度"，也可以省略单位名称，由事由、文种组成，如"档案管理制度"。

2. 正文

一般有两种形式，包括条款式和章条式。

条款式适用于内容比较简单的制度，制度开头主要包括缘由、目的、要求等，主体部分需要分条列出制度的具体内容。

章条式适用于内容比较复杂的制度，主要分为总则、分则、附则三部分，内容篇幅视实际情况而定。

4.3.3　写作技巧

技巧一：格式清晰

不论是条款式还是章条式制度，都可以采用分章分条的格式写作，这样可以使制度内容条理清晰，但对于篇幅较短的制度来说，一般采取章、条、款三层结构方式就足够。

技巧二：逻辑严谨

制度是为了给某项工作提供指导与规范，是有关人员必须遵守的特定行为规范，因此，在写作时，要用严谨与科学的内在逻辑来写作，以确保其严密性、系统性以及可操作性。

技巧三：思路完善

制度的写作需要以成熟完善的思路与系统的结构为基础，可使用条理分明、层次明确的语言与词汇来进行准确描述。

4.3.4　注意事项

注意一：规范格式

制度具有指导性、约束性，内容通常以法律法规为依据，因此，不论是在格式上，还是在形式上，都应采用规范的格式，若制度内容较多，情况较为复杂，应按照编、章、节、条、款、目、项的层次进行编排。

注意二：注重实操

完成制度的内容后，要对制度内容进行全面的检查和审阅，对其适用性和可操作性展开评估，查找编写过程中出现的问题或不足，并进行调整与完善，以确保制度的全面性与有效性。

4.3.5　写作示范

××省民爆行业安全生产检查制度

为加强全省民爆行业安全生产工作，严厉打击民爆生产销售违法违规行为，防范发生生产安全事故，守住不发生爆炸亡人的底线，切实保障人民群众生命安全和身体健康，推动全省民爆行业安全发展，根据安全生产和民爆行业相关法律法规及标准规范，制定本制度。

一、检查目的

及时查处民爆生产销售违法违规生产经营行为，形成"打非治违"高压态势和强大威慑，督促民爆生产销售企业落实安全生产主体责任，严格执行安全生产法律法规和标准规范，认真开展安全隐患排查治理，不断提升安全风险管理能力，有效防范生产安全事故，保持全行业安全生产形势稳定。

二、检查依据

《中华人民共和国安全生产法》《民用爆炸物品安全管理条例》《××省安全生产条例》《民用爆炸物品生产许可实施办法》《民用爆炸物品安全生产许可实施办法》《民用爆炸物品销售许可实施办法》《民用爆炸物品生产和销售企业安全生产培训管理办法》《民用爆炸物品企业安全生产标准化管理通则》及《民用爆炸物品生产、销售企业安全管理规程》等安全生产相关法律法规和民爆行业相关标准规范。

三、检查频次

（一）省工业和信息化厅每半年至少对全省民爆生产销售企业全覆盖检查1次。

（二）市（州）工业和信息化管理部门每季度至少对辖区内民爆生产销售企业全覆盖检查1次。

（三）县（市、区）工业和信息化管理部门每月至少对辖区内民爆生产销售企业全覆盖检查1次。

（四）全国全省重要会议、重大活动、重大节假日等重要敏感时段和汛期、雨雪冰冻天气等特殊时段可加大巡查检查频次。

四、检查方式及程序

（一）检查方式

…………

（二）检查程序

…………

五、检查内容

…………

六、问题隐患整改治理

…………

4.4　细则

4.4.1　基本常识

细则是有关单位为了让下级单位更好地贯彻执行某一法令、条例和规定，结合实际情况，对其做出具体解释说明的公文。细则一般与原法令、条例和规定配套使用，对其起到补充说明的作用。

细则多数是主体法律法规、规章的从属性文件，目的是对原条文加以补充，使其切合实际，为实施活动提供具体的条文依据，使原条文发挥出细致入微的工作效应。如《中华人民共和国国家安全法实施细则》《中华人民共和国国境卫生检疫法实施细则》等。

4.4.2　写作格式

细则一般由标题、正文、落款三部分组成。

1. 标题

一般由单位名称、事由、文种组成，如"中华人民共和国义务教育法实施细则"；也可以省略单位名称，由事由、文种组成，如"文物保护法实施细则"。

2. 正文

一般有两种形式，包括条款式和章条式。

条款式适用于内容比较简单、篇幅较小的细则，写作时可不分章，直接列条。

章条式适用于内容比较复杂、篇幅较长的细则，可分为总则、分则、附则三个部分写作。

一般来说，根据法律制订的细则多采用章条式，根据条例或办法制定的细则多用条款式。

3. 落款

正文末尾的右下方应标明发文机关名称与发文日期，若标题下方已经注明，最后落款处就不需要再写。

4.4.3 写作技巧

技巧一：引用原文条款

细则本身就是为了更好地贯彻落实相关法律法规而制定的，是对其进行补充说明，因此，在写作中，可引用原文中的某些条款，这样可以使细则与相对应的条款切合，便于理解执行。

技巧二：注重辅助功能

细则是对法律法规的说明与补充，以弥补其实际操作过程中的不足，所以在写作时，细则越清楚越好，越详细越好，更有利于贯彻执行。

4.4.4 注意事项

注意一：联系实际情况

在写作细则时，不可仅凭原条款的字面或演绎推理进行解释，一定要联系实际，与工作情况相结合，才能有的放矢、切实可行。

注意二：遵循原文逻辑

细则的条文根据与行文逻辑必须与其解释说明的法律法规相一致，做到一项一事，不可仅凭字面含义与推断，就进行跳跃式解释，更不能无故省略。

注意三：注意细则特点

在写作细则时，必须注意其补充性与辅助性，将原有条规进一步补充与细化，而不是在原有条规之外重新陈述。

4.4.5 写作示范

教育事业统计管理规定实施细则

第一章 总则

第一条 为加强教育事业统计工作，保障统计资料的真实性、准确性、完整性和及时性，发挥统计在教育管理、科学决策和服务社会发展中的重要作用，根据《中华人民共和国统计法》《中华人民共和国统计法实施条例》《××省统计条例》《教育统计管理规定》等法律法规及相关规定，结合我省教育发展实际，制定本实施细则。

…………

第二章　教育事业统计机构和人员

第九条　县级以上教育行政部门、各级各类学校（机构）中负有教育事业统计职责的机构为教育事业统计机构，直接负责教育事业统计的专兼职工作人员为教育事业统计人员。

教育事业统计机构和统计人员依法独立行使统计调查、统计报告、统计监督的职权，不受干预。

…………

第三章　教育事业统计调查和分析

第十八条　县级以上教育行政部门在执行教育事业综合统计调查制度的基础上，可结合工作需求适当增加或减少补充性教育事业统计调查内容，实施前应当依法报本级人民政府统计机构审批，并报上一级教育行政部门备案。

…………

第四章　教育事业统计资料的管理和公布

第二十四条　教育事业统计机构和统计人员应当按照教育事业综合统计调查制度有关规定和工作部署，及时报送实施统计调查取得的资料。

…………

第五章　监督管理与法律责任

第三十二条　教育事业统计应当接受社会公众的监督。任何单位和个人不得利用虚假教育事业统计资料骗取荣誉称号、物质利益或者职务晋升。

…………

第六章　附　则

第三十六条　本细则自20××年×月×日起施行，有效期5年。

4.5　章程

4.5.1　基本常识

章程是组织、社团经特定的程序制定的关于组织规程和办事规则的规范性文书，在组织内部具有规范和约束作用。组织的事项，包括行动方向、机构建设、会务活动、经费来源等，都以章程为准。如《中国科学技术协会章程》《中国人民政治协商会议章程》。

4.5.2　写作格式

章程一般由标题、正文以及附则三部分组成。

1. 标题

一般由机关名称、文种两部分组成，标题下应用括号注明审议通过的时间与会议名称，有关组织的代表大会通过审议，则算正式章程，未经代表大会通过的，要在标题末尾加上"草案"字样。

2. 正文

一般由总则和分则两部分组成。

总则又称总纲，主要阐述组织的性质、宗旨、任务和作风等。

分则要讲清楚各项规定，比如，组成人员、相关组织、工作经费等。

3. 附则

对章程的制定权、修改权和解释权进行说明。

4.5.3　写作技巧

章程拟定时，可先以"草案"形式发给有关部门和人员共同探讨，经过反复修订后，逐步完善定稿，再交给有关组织的最高会议审议通过，这样可以简化流程，提高写作效率。

除此之外，可采用规范、合理、完备的条款来确定章程的效力，做到内容简明扼要，切实可行。

4.5.4　注意事项

注意一：详略得当，突出重点

章程的主要内容包括组织名称、宗旨、机构、入会方式、会员权利以及义务、会费缴纳及支出管理等，在写作时，要做到详略得当，重点突出，中心明确，便于理解执行，切忌冗杂烦琐，陈词堆砌。

注意二：逻辑严谨，结构紧密

在制定章程时，要注意其逻辑严谨，结构紧密，以使章程的条款更加清晰明了，便于理解和执行。例如，章程的条款可以按照时间顺序或者优先级顺序进行排列，避免出现重复或者遗漏的情况。

4.5.5　写作示范

××省自然科学基金委员会章程

第一章　总则

第一条　为确立××省自然科学基金委员会工作规范和行为准则，保障××省自然科学基金事业健康发展，根据国家有关法律法规，参照《国家自然科学基金委员会章程》等，结合我省的实际情况，特制定本章程。

…………

第二章　组织管理

第六条　省基金委设主任一人，由××省科学技术厅厅长兼任，副主任若干人。主任和副主任由××省科学技术厅任命，省基金委主任主持全面工作，对省基金委负责，副主任协助主任工作。

…………

第三章　资助管理

第十二条　省基金委遵循公开、公平、公正的自主原则，采取宏观引导、自主申请、平等竞争、同行评审、择优支持的资助机制，面向全省，主要资助高等学校、研究机构及企业的科技工作者开展基础研究和应用基础研究。

省基金委设立专项资金，用于培养青年科学技术人才。

…………

第四章　资金管理

第二十五条　省基金委执行财政法律法规制度，严格管理项目资金，保障资金合法、合规、合理使用。

…………

第五章　人员管理

第二十八条　省基金委坚持以人为本，营造有利于开发和利用人才资源的和谐环境，以能力建设为重点，加强科学基金管理队伍建设，充分发挥工作人员的积极性和创造性。

第六章 监督

第三十一条 省基金委接受××省财政、审计、监察、科技等部门的监督检查，接受科技界和社会公众的监督。

．．．．．．．．．．．．

第七章 附则

．．．．．．．．．．．．

第三十四条 ××省自然科学基金委员会简称省自然科学基金委。

第三十五条 省基金委依据本章程制定管理制度和工作规则。

第三十六条 本章程自公布之日起30日后生效。

4.6 守则

4.6.1 基本常识

守则是国家机关、企事业单位和社会团体为维护公共利益和公共秩序，向所属成员发布的行为准则和道德规范。守则通行于某一单位或部门内部，其成员必须共同遵守，但其不具有法律效力。

守则是根据党和国家的各项方针政策、法律法规的精神，结合实际情况制定的约束成员的条文，因此具有约束性与规范性，但是不具备直接法律制约作用。如《粮油安全储存守则》《粮库安全生产守则》等。

4.6.2 写作格式

守则一般由标题、正文和落款三部分组成。

1.标题

一般由发文机关、事由和文种组成，如"国务院工作人员守则"，也可以省略发文机关，直接由事由和文种组成，如"值班人员守则"。

2. 正文

守则通常篇幅较小，采用通篇分条的写法，如果内容较为复杂，也可采用章条式写法。

3. 落款

通常情况下，落款应注明发文机关与日期，若在标题下已经注明，可以省略不写。

4.6.3　写作技巧

技巧一：突出职业特点

守则可用来进行职业道德教育，因此写类似职业道德规范守则时，可利用其行业和职业特点，在符合社会主义精神文明与物质文明建设的要求下进行写作。

技巧二：确定使用范围

守则是某一社会组织或行业的所有成员，经过自愿平等的讨论，对某件事情达成一致意见而制定的行为准则。因此，写作守则时，可在确定适用范围之后进行，可缩小写作范围，提高工作效率。

4.6.4　注意事项

注意一：按照依据写作

守则虽然不具有法律效力，但同样对相关人员具有约束力，因此，守则的制定与写作必须遵循党和国家的方针政策、相关的法律法规，以及社会道德规范等。

注意二：强调守则特性

守则是一个系统或者组织内用来规范人的道德、约束人的行为的文书，是相关人员人人都要遵守的。因此，守则的制定与编写，应着重突出其约束性与针对性。

4.6.5　写作示范

员工守则

一、遵纪守法，忠于职守，爱岗敬业。

二、服从领导，关心下属，团结互助。

三、爱护公物，勤俭节约，杜绝浪费。

四、不断学习，提高水平，精通业务。

五、积极进取，勇于开拓，求实创新。

六、维护公司声誉，保护公司利益。

…………

4.7　规程

4.7.1　基本常识

规程是对某一事项或行为在一定范围内要求人们遵守的统一的要求和程序，用来维护正常的生产和工作秩序，以统一和规范人们的行动。如《铁路工程地基处理技术规程》《铁路旅客运输规程》等。

4.7.2　写作格式

规程一般是由标题、正文、署名和日期三部分组成。

1. 标题

一般由适用范围、事项、文种三部分组成，如"安全生产操作规程"。

2. 正文

正文一般采用分章列式，通常由总则、分则、附则三部分组成，对于篇幅较小、内容较短的，可直接分述。

3. 署名和日期

署名和日期一般写在正文结束后的右下方，有的也可不注明。

4.7.3　写作技巧

技巧一：明确主题

规程是为了明确具体工作所需遵守的标准，应规定具体的操作方法，因此必须明确规程的主题和目标。

技巧二：逻辑分明

写作时，可在遵循科学依据的基础上，用简洁规范的语言，按照逻辑顺序，分章、分条地陈述，以便规程语言通俗、简单易懂，便于操作。

技巧三：便于操作

规程应该具备一定的实用性，根据流程细节、规范等方面，准确具体地描绘工作要点，便于员工理解和操作。

4.7.4　注意事项

注意一：突出实用性

在规程的写作过程中，可突出关键步骤与要求，以使整个规程清晰易懂，具有较强的可操作性与实施性。同时避免使用过于冗杂的语言和含糊其词的表述方式。

注意二：强调事务性

规程大部分用于行政或专业事务，如体育比赛、考试录用等，所以在写作时，应特别注意规程的事务性。

注意三：体现可操作性

规程是用来阐述与指导有关事情是如何操作的，因此，在写作时，一定要体现其可操作性，用语应清晰明确，不含糊其词。

4.7.5　写作示范

小学管理规程

第一章　总则

第一条　为加强小学内部的规范化管理，全面贯彻教育方针，全面提高教育质量，依据《中华人民共和国教育法》和其他有关教育法律法规制定本规程。

…………

第二章　入学及学籍管理

第十条　小学招收年满6周岁的儿童入学，条件不具备的地区，可以推迟到7周岁。小学实行秋季始业。小学应按照《义务教育法》及其实施细则的规定，在当地政府领导下，组织服务区内的适龄儿童按时就近免试入学。小学的服务区由主管教育行政部门确定。

…………

第三章　教育教学工作

第十八条　小学的主要任务是教育教学工作。其他各项工作均应以有利于教育教学工作的开展为原则。

…………

第四章　人事工作

第三十二条　小学可按编制设置校长、副校长、主任、教师和其他人员。

…………

第五章　行政工作

第三十九条　小学可依规模内设分管教务、总务等工作的机构或人员，协助校长做好有关工作（规模较大的学校还可设年级组），其具体职责由学校制定。

…………

第六章　校舍、设备及经费

第四十五条　小学的办学条件及经费由学校举办者负责提供。其标准由省级人民政府制定。小学应具备符合规定标准的校舍、场地、设施、教学仪器、图书资料。

…………

第七章　卫生保健及安全

第五十一条　小学应认真执行国家有关学校卫生工作的法规、政策，建立、健全学校卫生工作制度。应有专人负责此项工作（有条件的学校应设校医室），要建立学生健康卡片，根据条件定期或不定期体检。

············

第八章 学校、家庭与社会

第五十四条 小学应同街道、村民委员会及附近的机关、团体、部队、企业事业单位建立社区教育组织，动员社会各界支持学校工作，优化育人环境。小学亦应发挥自身优势，为社区精神文明建设服务。

············

第九章 其他

第五十六条 农村乡中心小学应在县教育部门指导下，起到办学示范、教研中心、进修基地的作用，带动当地小学教育质量的整体提高。

············

第十章 附则

············

第六十条 本规程自颁布之日起施行。

第5章
常用文书写作

5.1 事务类文书写作

5.1.1 计划

1. 基本常识

计划，是根据一定时期的方针政策，承担的任务，结合客观情况，对工作所做的预想性部署或安排的文件。计划的目的是"实现目标"，具有较强的预见性和措施的可行性。计划需要预先对工作做出安排部署，内容应包含目标、任务、要求、时限、流程等。

计划按不同的标准分类具有不同类型，具体分类标准如表5-1所示。

表5-1 计划分类标准及类型

分类标准	计划类型
范围	国际计划、国家计划、地区计划、系统计划、部门计划、单位计划等
时限	长远计划、近期计划、短期计划，年度计划、季度计划、月度计划等
作用	指令性计划、指导性计划等
内容	综合计划、专项计划等

2. 写作格式

计划一般由标题、正文、附件、落款四部分组成。

（1）标题

计划的标题一般有以下三种形式：

由制订计划的单位名称、计划内容和文种组成，如"××部生产计划"。

由制订计划的单位名称、时限和文种组成，如"××公司2022年计划"。

由制订计划的单位名称、时限、计划内容和文种组成，如"××公司2022年生产计划"。

（2）正文

计划的正文是计划的主要部分，具体可分为以下5个方面：

前言。说明制订计划的缘由和依据，包括政策、法令、上级的指示精神等。

目标和任务。概括说明计划的最基本内容，明确完成的任务、达到的目标以及具体的要求。

步骤和方法。即实现计划的具体做法、步骤以及如何分工等。要求条理清楚，利于执行，主要解决"怎么做"的问题。

检查措施。检查措施包括执行情况的检查和修订计划的办法。

执行希望。有的计划在正文末尾提出希望或号召作为结语。

（3）附件

若有与计划相关的材料而在正文不便于表达，可在正文结束时附图表；若对计划中的事项加以解释和说明，也可以做成附件置于文末。这也是计划的重要组成部分。

（4）落款

计划的落款包括署名和日期。如果标题中已写明单位，落款时可以不写。日期写在计划正文的右下方。

3. 写作技巧

技巧一：正确使用计划的种类

对未来工作要预先安排时，要对计划种类加以区别，不可混淆。分清所写计划的内容属于哪一类别，它适合用于哪一个具体的计划文种来表达。

技巧二：明确工作内容和时间节点

在编制计划时，应该明确工作内容和时间节点，包括每个任务的具体工作内容、预计完成时间以及所需资源等方面。

技巧三：考虑风险和调整方案

在编制计划时，应该考虑到可能的风险和问题，并制定相应的应对方案，以便在发生问题时及时作出应对。

4. 注意事项

注意一：切实可行

要从实际情况出发定目标、定任务、定标准，既不因循守旧，也不盲目冒进。即使是做规划和设想，也应当保证目标明确、措施可行，要求可达到。

注意二：符合逻辑

在制订计划之前，应对计划实施人员的专业技能与工作经验深入分析和评估，以更为准确的预测计划实施的预期结果与效果。同时计划中不能设立过高或过低的工作目标。

注意三：表述准确

计划要注意表述的准确性，计划的名称、依据、项目、日期等都要规范、准确，计划的语言要简明实用，用简约朴素的语言表述计划内容。

5. 写作示范

××市塑料污染治理行动计划（20××—20××年）

为进一步加强本市塑料污染治理，根据《中华人民共和国固体废物污染环境防治法》《国家发展改革委、生态环境部〈关于进一步加强塑料污染治理的意见〉》（发改环资〔20××〕××号）、《××市生活垃圾管理条例》等法规文件，制订本行动计划。

工作思路：……

行动目标：到20××年，本市塑料污染治理政策标准体系初步建立，重点领域塑料污染治理措施全面实施，一次性塑料制品消费量明显减少，替代产品得到推广，充分发挥××20××年××会和×××会示范引领作用；到20××年，……

一、发挥××××会在塑料污染治理方面的示范引领作用

以举办××20××年××会和×××会（以下简称"××××会"）为契机，全面贯彻"绿色、共享、开放、廉洁"的办奥理念，制定并组织实施××××会落实《关于进一步加强塑料污染治理的意见》的工作方案，进一步细化完善塑料污染治理的具体措施。

…………

责任单位：××××××

完成时限：20××年底

二、禁止部分塑料制品的生产、销售

严格落实国家有关要求，全市范围内禁止生产和销售厚度小于0.025毫米的超薄塑料购物袋、厚度小于0.01毫米的聚乙烯农用地膜；到20××年底，禁止生产和销售一次性发泡塑料餐具、一次性塑料棉签，禁止生产含塑料微珠的日化产品；……

责任单位：市市场监管局、市经济和信息化局、市药监局

完成时限：20××年底、20××年底

三、推动六大重点行业塑料污染治理

…………

5.1.2　规划

1. 基本常识

规划是在某项工作开始之前进行的计划和设计，是对未来整体性、长期性、基本性问题的思考和考量，设计未来整套行动的方案。在特定的领域内，规划通常是该领域的发展愿景，包括该领域的目标、任务、政策、措施等。规划需要结合实际情况，深入调查，充分了解各种因素，提出切实可行的目标、任务、指标和措施。

2. 写作格式

规划一般由标题、正文两部分组成，一般不必再落款，也不用写成文时间。

（1）标题

规划的标题由单位名称、时间期限、内容范围、"规划"二字组成，如"××市'十四五'期间经济发展规划"。

（2）正文

规划的正文通常篇幅较大，大致有以下4个方面：

前言。即相关背景材料，包括制定规划的起因和缘由。

指导方针和目标要求。这是规划的纲领和原则，是在前言的基础上提出的，因此既要写得鼓舞人心，又要写得坚定有力，要用精练的语言阐述。

主要任务和政策、措施。这是规划的主体和核心，是解决"做什么"和"怎样做"的问题，因此任务要提得明确，措施要提得概括有力。

结尾。即远景展望和号召，这部分要写得简短、有力、富有号召力。

3. 写作技巧

技巧一：明确实施计划

规划中需要明确详细、清晰的计划及其实施步骤。同时，在规划中应当兼顾人力、物力、财力等各方面的可行性和可实施情况，并且按照先进的管理思想和实践原则进行细化，以确保完成任务。

技巧二：分析问题和挑战

制定规划时，需要详细分析当前的问题和挑战，包括市场环境、竞争状况、客户需求、技术进步等因素，找出规划的核心问题和发展方向。在分析问题和挑战时，需要有针对性，以便于制定出有效的解决方案。

技巧三：进行实例分析

规划不能仅仅停留在理论层面，还需要结合实际情况进行分析。

4. 注意事项

注意一：充分调研

在制定规划之前，需要充分调研。调研应该包括对组织内外部环境的分析、对竞争对手的了解、对市场需求和趋势的研究等。只有充分了解内外部环境，才能制定出更加符合实际情况的规划。

注意二：合理评估

规划应该包括对实施效果的评估和监测。在制定规划的过程中，需要确定合理的评估指标和评估方法，以便及时发现实施过程中出现的问题，并采取相应的措施进行纠正。

注意三：语言庄重

规划不需要生动形象的语言，也不需要华丽的修辞方法，一般使用扎实庄重的语言。不能似是而非，模棱两可，尤其是任务指标不能含糊，必须清晰准确。

5. 写作示范

"十四五"时期××区轨道交通产业发展规划

第一章　发展成就与面临的机遇挑战

一、"十三五"期间发展成就

（一）产业规模持续扩大，经济效益稳步增长

初步统计，××拥有轨道交通企业×××余家，其中，总收入亿级以上××家，十亿级以上××家，百亿级以上×家。较"十三五"初期，新增××高新工业股份有限公司、××产业投资有限公司、××智慧城市研究设计院有限公司、××××轨道交通技术有限公司等21家规模以上轨道交通企业。……

（二）产业链条日益完善，产业结构不断优化

…………

二、"十四五"时期机遇挑战

…………

第二章　"十四五"时期发展方略和发展目标

一、发展思路

…………

二、发展原则

…………

第四章　保障规划实施

一、加强组织领导

在区级层面，成立轨道交通产业发展工作专班，明确工作机制，定期调度，确保各项工作落实到人。在此基础上，依托区内龙头企业、科研院所和联盟协会，建立轨道交通产业发展的专家智库，在政策制定、项目导入、企业互动等方面充分听取专家意见。

二、抓好任务分解

…………

5.1.3　安排

1. 基本常识

安排是就某一内容单一的活动或工作所制订的临时性的、时间较短的而且又比较具体、切实的计划。安排内容比较单一，往往仅局限于某一项活动、工作内容，安排的时限往往适用于近期工作。安排的措施比较具体，更为切合实际，实施过程中一般变动不大。

安排的内容涉及范围较小或单位内部的工作，所以一般有两种发文形式：其中一种是上级对下级安排工作，要用"文件头"形式下发。"安排"的格式是"标题"和"正文"两部分。如果是单位内部的工作安排，也可直接下发文件，格式就由"标题""正文""落款及时间"三部分组成。

2. 写作格式

安排的结构通常由标题、正文、签署三部分组成。

（1）标题

安排的标题多由发文机关、事由和文种类别（安排）组成，有时可省略发文机关，如"××节放假安排"。

（2）正文

安排的正文和一般计划的写法大体相同，也多由缘由、目的、主体和结束语组成。

①缘由、目的。扼要说明制文的依据、意义等。

②主体。写明任务、要求、步骤、措施等。

③结束语。常用几句希望或号召的语句，也可以省略不写。

（3）签署发文机关、制发日期

如属上级机关对下属单位的工作安排，也可将这部分内容改在标题与题下标示中标明，不必在正文后重复落款。

3. 写作技巧

技巧一：明确目标和任务

在安排中，首先要明确目标和任务，包括时间、地点、人员和内容等方面，以便能够合理地安排和分配资源。

技巧二：措施具体

安排的措施比较具体，更为切合实际，实施过程中一般变动较小。"日"安排、"周"安排、"月"安排形式较多。

4. 注意事项

注意一：统筹兼顾

在安排工作时，需要全局看待问题，统筹兼顾，协调各方利益。不应让一些因小失大的决策影响到更大的目标。

注意二：避免细节不明

安排类文书需要有具体可行的目标和任务。在写作中，需要明确具体的实施方案和措施，使安排具有可行性和可操作性。如果缺乏细节或过于简略，则可能导致安排不够完善或难以实施。

5. 写作示范

×××20××年×月招聘活动安排

为全面贯彻落实"稳就业"工作要求，切实做好企业用工服务，促进劳动者就业，×××人力社保局及各镇、街道公共就业服务部门计划在20××年×月组织开展××场线上、线下招聘活动，具体活动安排如附表所示。

一、企业参加方式

1.网络招聘活动。通过××就业平台（https://jy.××.net/）—招聘会—区级招聘会预约或镇街招聘会预约栏目，预约报名。

2.现场招聘活动。电话联系相关场次现场招聘活动组织单位报名参加。

二、求职者参加方式

1.网络招聘活动。通过××就业平台（https://jy.××.net/）招聘会栏目，查找相关招聘活动及招聘岗位，在线投递简历。

2.现场招聘活动。按照相关招聘活动安排，及时到现场参与招聘对接。

附表：（略）

5.1.4　总结

1.基本常识

总结是对前一阶段或某一阶段的社会活动进行全面回顾、检查、分析、评判，从理论认识的高度概括经验教训，以明确努力方向，指导今后工作的一种机关事务文体。通过全面、系统地回顾、检查、分析和研究，并从中找出经验教训，引出规律性的认识，以明确今后的实践方向的书面材料。

总结的写作过程，既是对自身社会实践活动的回顾过程，又是对思想认识提高的过程。总结写好之后，能为下一个阶段的工作提供依据和经验，以便更好地规划和安排。

2.写作格式

总结的结构一般由标题、正文和落款三部分组成。

（1）标题

总结的标题一般有以下三种形式：

由单位名称、时间期限和文种组成，如"××研究所20××年工作总结"。

由总结的主要内容或主要观点概括而成，如"关于××活动的经验总结"。

由正副标题组成，即用正标题概括总结的内容和基本观点，用副标题标明单位名称、时间期限和文种等，如"走好生产之路——××公司2022年生产工作总结"。

（2）正文

总结大体可以分为基本情况概括、总结成绩、总结失败经验、目前存在的问题和今后努力的方向5方面的内容。

（3）落款

落款中写总结的单位名称（或个人姓名）和时间（时间是指写总结的时间）。

如果标题中写了单位，落款中可以省略，有的署名也可以写在标题下面。

3. 写作技巧

技巧一：实事求是，找出规律

总结的内容要真实可信，列举的情况或引用的数据要准确可靠。要善于从材料中总结规律性的东西，将已知材料分门别类地分析、比较、鉴别。

技巧二：点面结合，重点突出

总结应有点有面，点面结合，既有具体的事例和数据，也有对事实的概括和分析，这样才能更全面、更深入地反映实际情况。

技巧三：结构规范，清晰有序

总结应该采用规范的结构，包括概述、实践活动、分析和评价、结论和建议以及附录等部分，以确保内容清晰有序。

4. 注意事项

注意一：切忌夸大事实

总结应该以客观公正的态度分析实践经验，避免夸大事实或缩小问题，以确保总结结论的准确性和可信度。

注意二：切忌缺乏评价

总结应该对实践经验进行分析和评价，指出问题的性质、原因和影响，提出解决问题的思路和方法，避免缺乏评价的情况。

注意三：切忌空洞建议

总结应该提出具体、可行的建议和措施，避免空洞的建议，以确保阅读人员能够根据总结的内容进行实际操作。

注意四：切忌逻辑混乱

总结应该遵循严谨的逻辑，从实践经验中分析出规律和经验教训，并在此基础上提出有针对性的建议和措施，避免逻辑混乱的情况。

5. 写作示范

××区20××年度工作总结

一、总体情况

20××年，我区坚持……

二、主要做法和工作成效

（一）坚定战"疫"决心，全力以赴抗击新冠肺炎疫情

坚持人民至上、生命至上，第一时间成立区级防控领导小组，72小时搭建日检测××万人的"××"气膜实验室，××天完成区人民医院×村病区改造。百日建起××××××疫苗基地，科学严谨做好××××疫苗研发和生产工作，基地一期已投入使用，实现年产能力×亿剂，年产值××亿元。……

（二）围绕区域功能定位，积聚高质量发展强劲动能

…………

三、存在问题及改进措施

20××年，××区在做好疫情防控基础上认真落实好市委市政府工作要求，较好地完成了全年绩效任务。但是，××区还存在着产业发展基础薄弱、基层治理现代化手段不足、民生保障存在短板弱项等方面问题……

5.1.5　启事

1. 基本常识

机关、团体或者个人，有事情要向公众公开说明，或者请求大家协助，都可以写成简短的文字，张贴出来，这就叫启事。内容重要、涉及面比较广的启事，还可以在报纸上刊登，或通过电台、电视台、网络等媒体发布。

启事可根据内容、性质的不同，分为招领启事、寻物启事、寻人启事、征婚启事、房屋租赁启事、招聘启事、征文启事等。一般情况下，启事不具有强制性和约束力，不要求问题必须解决，也不需要说明处理结果，只需要向公众展示相关信息，以获得社会关注和支持。启事通常需要写明启事的目的、具体内容、要求和联系方式等，使公众了解具体情况并作出相应的响应。

2. 写作格式

各种启事结构大体相同，一般由标题、正文、结尾、落款四部分组成。

（1）标题

启事的标题一般有以下三种形式：

由事项和文种构成，如"寻物启事""征文启事""招领启事"等。

可以不写"启事"二字，直接表明是为了什么事而写，如"失物招领"。

如果事情紧急，还可以在"启事"前面加上"紧急"字样，如"紧急征文启事"。

（2）正文

不同的启事正文内容不同，文中主要介绍以下5种启事：

寻物启事要写明丢失物品的名称、数量、特征、时间、地点等内容。

招领启事可以简要写明捡到物品的时间、地点，或简单说明物品名称，但不要写清具体数量及特征，以防冒领。

寻人启事要具体说明人的相貌特征，最好附上所寻人员照片。

征文启事要写明征文的目的、意义、内容、形式、交稿日期、注意事项等。

招聘启事要写明招聘的具体要求，包括招聘的原因、工作性质、对象、条件、方式、待遇等内容。

（3）结尾

在启事的结尾部分，要写明发布启事的单位名称或个人姓名，注明详细地址联系方式。

（4）落款

署名写在正文的右下方，日期在署名的下方。

3. 写作技巧

技巧一：准确传达信息

启事的语言应当简练、准确，用词要简洁。首先要明确传递信息的目的、内容和对象，然后清晰地表述，传达信息不失重点。

技巧二：注意语言表达

在启事中，要注意语言表达的方式，使用礼貌、得体的语言，同时避免使用过于商业化或者政治化的措辞。

4. 注意事项

注意一：标题准确

不可将"启事"写成"启示"，启示表示启发指示，与"启事"无关。

注意二：考虑受众

撰写启事时，需要考虑受众，采用简单、通俗、易懂的语言，避免使用过于专业或不易理解的术语。

注意三：避免负面语言

启事的内容应该以正面、积极的语言为主，避免使用负面语言和攻击性语言，以免引起不必要的争议和冲突。

5. 写作示范

征文启事

高等教育自学考试被誉为"没有围墙的大学"。作为全国最先建立高等教育自学考试制度的地区，40多年来，××有×××余万人参加了××自学考试，××万余人获得大学本、专科毕业证书，为××现代化建设培养了大批用得上的人才，赢得了社会广泛赞誉，得到国际教育界普遍认可。××教育考试院自考办现与××考试报社联合举办征文活动，投稿将刊登在××考试报自考版上，自考官方微信也会选登图文，欢迎社会各界人士积极参与。

一、征文对象

××自学考试考生、全市自学考试工作者尤佳。

二、征求要求

1. 字数：2000字左右。

2. 文体：不限。

3. 内容：围绕自学考试，特别是终身学习教育，可以是自考成功的喜悦和经验、失败的苦恼与教训，或是对自考工作的心得与感悟、对自考的回顾与展望，以及对自考改革发展的思考等，要求真实可信，不得杜撰抄袭。

4. 提示：请在征文后附作者本人相关简介（包括姓名、性别、工作单位，××自考考生应注明报考专业、首次报考年月、毕业时间等）、生活照1~3张，联系地址、邮编及联系电话。

三、投稿方式

稿件请以电子邮件形式发送至邮箱：×××@bjeea.cn。

××教育考试院高等教育自学考试办公室
20××年×月××日

5.1.6　声明

1. 基本常识

声明是指公开表态或者说明，一般是针对最近发生的一些事情表明自己的态度。若声明中列出有关批文的发文字号，则表明此事具有法律效力，也增添了声明的庄重色彩。

声明可以在报刊登载，也可以通过广播播发，还可以张贴。声明通常有两类：一类是当自己的某种合法权益受到侵害，为维护自己的合法权益、引起公众关注，并要求侵权方停止侵害行为的声明；另一类是在自己遗失了重要凭据或证明文件时，为防止他人冒领冒用而发表的声明。

2. 写作格式

声明的结构一般由标题、正文、结语和落款四部分组成。

（1）标题

声明的标题一般有以下三种形式：

只写文种，即"声明"。

由事由和文种构成，如"遗失声明"等。

由发文机关、授权事由、文种组成，如"××有限公司授权××公司关于××的使用声明"。

（2）正文

声明的正文内容通常由缘由和声明内容构成。

缘由部分需要说明声明的原因、依据、起因等情况，为引言；声明部分是对上述情况说明事实情况，表明态度、立场、主张。

（3）结语

声明可以"特此声明"作为结语，有时也可以省略结语不写。

（4）落款

落款是在正文的右下方书写声明单位名称或个人姓名，注明日期。声明发布者为正式机构组织时一般应加盖公章。

3. 写作技巧

技巧一：态度鲜明，文风庄重

声明是用以表明立场、态度、观点的文书，因此无论是议论还是说明，都应做到态度鲜明。用词须力求规范、严格、简洁，显示出一种庄重的文风，必要时，声明还可以带有强硬的语气。

技巧二：思路严密，条理清晰

声明中明确指出问题的实质、影响的范围、解决方案等，如有需要，提供相关的证明材料或证据。概括周全，表述事项条理清晰，切勿言之无序和虑事不周。

4. 注意事项

注意一：表明立场

声明应该明确表达自己的立场和态度，同时要避免使用含糊不清或似是而非的措辞。

要针对具体事项进行写作，避免空泛、笼统地表述。

注意二：语气正式

声明是一种正式文件，应该使用正式的语言和措辞。避免使用口语化的表述方式，同时注意使用专业术语和行业常用语，以确保声明的准确性和专业性。

注意三：中立客观

声明公文应该保持中立客观的立场，不偏袒任何一方。避免使用情绪化的语言或个人攻击，要以客观的事实和证据为基础来支持声明中的陈述内容和观点。

5. 写作示范

×××网站声明

×××门户网站（http://www.×××.gov.cn，以下简称"本网站"）是××市××区政务门户网站，由××市××区人民政府主办，××市××区科学技术和信息化局承办，网站管理部负责该网站的日常运行和维护。

…………

请用户使用本网站前仔细阅读本法律声明。您一旦使用本网站则表明您已明知并接受这些条款。用户必须按照法律法规的规定和本声明的要求使用本网站的信息和服务，否则本网站将依法追究有关当事人的法律责任。

一、知识产权

域名、标识及专有名称

本网站所使用的www.×××.gov.cn 及本网站的其他注册域名、商标标识及专有名称均受相关法律保护，未经××区信息中心同意，任何单位及个人均不得将上述域名、商标及专有名称进行容易引起混淆或歧义的使用。……

版权

…………

二、网站使用规定

…………

四、免责

本网站对本网站上所有由第三方提供的信息、内容和服务，不提供明示或暗示的担保。本网站对使用上述信息、内容和服务所造成的任何损失不承担责任，包括直接损失和间接损失。

日期： 20××-××-××

5.1.7 工作简报

1. 基本常识

工作简报是机关、团体、企事业单位内部用来汇报工作、反映问题、沟通情况、指导工作、交流经验、传递信息、交流宣传的一种简短的带有新闻性质的文书。与一般的汇报性文书相比，工作简报在内容上更加简洁明了、重点突出，语言上更加简练精准、表达清晰。

工作简报的目的是让上级领导快速了解工作情况，指导基层工作，推动工作进展。工作简报要及时反映工作进展和存在的问题，以便上级领导及时掌握情况并作出决策；还要反映出现的新情况、新问题，让领导了解工作的新动态，为制定新措施、新方案提供参考；还要提出指导性建议和下一步工作计划，以便领导更好地了解工作进展和做出决策。

2. 写作格式

工作简报的结构一般由报头、正文和报尾三部分组成。

（1）报头

报头由以下4部分构成：

简报名称。印在简报第一页上方的正中处，为了醒目起见，一般用套红印刷的大号字体。

期号。位置在简报名称的正下方，一般按年度依次排列期号，有的还可以标出累计的总期号。属于"增刊"的期号，要单独编排，不能与"正刊"期号混编。

编发单位。应标明全称，位置在期号的左下方。

发行日期。以领导签发日期为准，应标明具体的日期，位置在期号的右下方。

（2）正文

①开头

总领全文，或概述全文中心、主要内容；或概述主要成果、主要事迹。目的是引出下文。

②主体

一般以叙述为主，或按时间先后顺序来写，或按逻辑顺序来写。

③结尾

常用简要文字概括小结，或指出努力方向，或提出要求，或发出号召，也可不写结尾语。

（3）报尾

在报身下方间隔横线下方，写明主送、抄送单位，增发单位，印发份数。

3. 写作技巧

技巧一：简洁明了

工作简报应简洁明了，避免冗长和废话。使用清晰简明的语言，尽量删减不必要的修饰词和从句，使读者能够快速理解核心信息。

技巧二：重点突出

将重点信息置于关键位置，使读者一目了然。使用标题、粗体、强调或编号等方式突出关键信息，以便读者能够迅速获取关键内容。

技巧三：结构清晰

工作简报的结构要清晰，内容有条理。撰写时可以按照时间顺序、项目分类、重要性等进行，确保内容的逻辑性和连贯性。

技巧四：客观真实

工作简报中的数据、经验、问题和建议等内容，都必须实事求是，真实客观，不能虚构、夸大、缩小或歪曲事实。

4. 注意事项

注意一：一事一报

一篇工作简报只能写一件事，反映一个问题，即通常所说的"一事一报"。不要在一篇简报中把所有事情、所有问题都罗列上去，只有"一事一报"才能做到迅速反映情况，及时交流经验，有效推动工作。

注意二：审核校对

工作简报写作完成后，要从文字、标点、格式、内容、逻辑等方面认真审核、校对，避免出现错误。

5. 写作示范

专项行动工作简报（第三期）

××省生态环境厅

截至×月××日，全省共出动×××××人次，检查企业（点位）××××个，共发现×××个环境污染问题。其中，涉气污染问题×××个，涉水污染问题×××个，管理制度落实方面问题×××个，涉固（危）废污染问题×××个，其他问题×××个。……

…………

地市动态

【××市】×月××日，××市生态环境局副局长林××到××区调研环境信访和执法工作。他强调，要及时回复信访件的查处和后续整改情况，及时办结，督促落实省督信访件的整改，对违法行为的依法查处到位，对要求整改的落实到位。

…………

【××市】针对辖区内低小散企业面广量大、企业环保设施安全管理薄弱的问题，××市组织第三方开展"废气治理设施安全隐患排查与诊断"工作。……

…………

5.1.8　述职报告

1. 基本常识

述职报告是任职者向所在工作单位的上级主管部门或群众，陈述自己在一定时期内履行职责情况的文书。述职报告应该包括个人工作的主要内容、目标和成果，以及所面临的挑战和解决方案。还可以包括个人的职责履行情况、自我评估、职业发展规划等相关内容。述职报告通常基于特定的时间范围，如每年、每季度或每个项目周期等。确保涵盖所述期间的关键工作和成果。

2. 写作格式

述职报告有个人述职报告和集体述职报告两种类型。从结构上看，一般由标题、称谓、正文和落款四部分组成。

（1）标题

标题一般只写"述职报告"即可，或"××述职报告"。

（2）称谓

称谓是报告者对听众的称呼，应根据报告性质及汇报对象而定，如"各位领导、代表""组织人事部""董事会"等。

（3）正文

述职报告正文包括前言、学习提升、工作实绩、存在的问题及整改措施等内容。

前言。前言是述职报告的开头，一般是介绍基本情况，主要介绍述职者的身份、岗位职责、工作目标、任职时限及总体自我评价等。

学习提升。这部分主要写述职者的学习情况、思想表现、工作态度、敬业精神等情况，代表单位、部门领导集体的述职可省略这一部分。

工作实绩。这是述职报告的重点部分，应尽可能用事实、数据具体说明，同时要突出述职工作的特点。

存在的问题。工作中出现的问题或失误也必须如实汇报，不可避重就轻。

整改措施。针对上述问题提出整改措施并作出调整安排。

（4）落款

全文结束应写明述职者职务、姓名和成文时间。

3. 写作技巧

技巧一：详细阐述工作内容

在述职报告中，应该详细阐述本人的工作内容，包括工作目标、工作计划以及工作流程等，让汇报对象清楚了解自己的工作内容。

技巧二：突出工作亮点

在述职报告中，应该突出述职者的工作亮点和成绩，比如说解决了什么问题，完成了什么目标等等，以增强述职者的证明力和说服力。

技巧三：客观评价自己的工作

在述职报告中，应该积极评价自己的工作，并加以总结。同时，也要指出自己存在的问题，表明自己的反思和反省。

技巧四：使用数据和案例

在述职报告中，应该使用具体的数据和案例来说明自己的工作成效，让汇报对象更加直观地了解自己的工作成果。

4. 注意事项

注意一：实事求是

述职报告要讲真话、讲实话，无论称职与否都要与事实相符，分清功过是非。既不掩盖成绩，也不扩大缺点。

注意二：避免贬低别人

在描述小组成员的合作和团队协作时，忌贬低他人，勿"指名道姓"，根据实际情况公正地评价成员。

注意三：情理相融

述职报告既要讲成绩，也要谈失误；既要说优点，也要道缺点。在陈述失误和不足时，要注意措辞，既不夸大也不缩小，避免引起不必要的误解。

5. 写作示范

李×述职报告

××县住房和城乡建设规划局　李×

（20××年××月××日）

20××年，本人担任××县住房和城乡建设规划局房地产管理科科长、县征迁办主任等职务。一年来，在组织的培养和单位领导同志们的支持帮助下，本人加强学习，踏实工作，认真履职，严格自律，较好地完成了各项工作任务，现将一年来履职情况汇报如下：

一、加强学习，不断提高自身政治素养和工作能力。

树立终身学习理念，做到勤于学习，学有所思、学以致用，坚持把学习贯穿于工作。认真学习党的政策、方针、路线，坚定政治立场，坚持依法行政，坚持理论结合实际，努力学习专业知识，不断提高政治素养和工作能力。

二、勤政敬业，切实完成各项工作目标

……………

三、廉洁自律，努力树立良好形象

……………

一年来，在各位领导和同事们的支持帮助下，取得了一些成绩，但还存在许多不足，如学习还不够深入，征收工作有待进一步开拓创新，工作水平和能力有待提高等等。今后我将进一步努力学习，勤奋工作，争取更大的进步。

以上述职，敬请领导、同志们批评指正。

××县住房和城乡建设规划局　李×

20××年××月××日

5.2　会议类文书写作

5.2.1　主持词

1. 基本常识

主持词，是大型会议或正规会议必备的文字材料，在整个会议过程中起到指挥、引导作用。主持词通常用于各种会议的开场白或致辞，其主要目的是引导现场气氛，介绍嘉宾和会议主题，以及表达主持人个人的意愿和感受。主持词的重点是简短、扼要、生动地介绍会议的背景和目的，并为下一环节做好过渡。

一篇好的主持词，不仅能够保证会议顺利进行，还能深化会议内容、强化会议效果。主持人在编写主持词时，应根据不同场合和不同的听众来运用语言的表达方式和表现力，并在主持过程中注意语音的抑扬顿挫、肢体动作的生动自然，以及与观众的交流互动。

2. 写作格式

主持词主要由标题、称谓、正文和落款四部分组成。

（1）标题

主持词标题一般有以下两种形式：

一般情况下，只需写明"主持词"即可。

比较正式的情况下，需要采用"姓名、事由、文种"组成的方式，如"××在××活动上的主持讲话"等。

（2）称谓

称谓是主持人对听众的称呼。主持人视不同参会人员、不同场合，选用不同的称呼，一般用泛称。如"各位领导""各位来宾""同志们""女士们、先生们"等。

会议开始前要有称谓，主持中间还应适当用称谓。

（3）正文

主体部分应介绍到场的人员情况和活动流程：

首先介绍会议出席人员。

接下来要感谢领导对活动的关怀和支持，对来宾致以敬意，还要感谢为保障活动顺利进行而提供服务的人员。

介绍本次活动的主要流程。

最后，要写结束语，结束语可以总结会议的效果，也可以发出号召、邀请，还可以抒情、祝愿，寄托主持者美好的愿望。

（4）落款

落款位于主持词的最后，在讲话时一般不体现，但是在公开发表时需要，主要包括署名和讲话时间。

3. 写作技巧

技巧一：语言衔接得当

主持词需要具有条理性，可用转折词、连接词串联，在遣词造句时特别要注意，同一词汇不要多次出现，同一意思要选择不同的词汇来表达。

技巧二：紧扣主题

主持词的主题应当鲜明，内容应当与会议或活动的内容相符，避免在主持词中提到与会议无关的内容。

技巧三：语言通俗易懂

主持词应尽量使用通俗易懂的语言，让听众更加易于接受和理解，同时表达亲善和和谐的态度。

4. 注意事项

注意一：避免谈论敏感话题

在写作主持词时，应当尽量避免涉及政治、宗教等敏感话题，保持中立立场，不发表任何有争议或不健全的言论。如无法避免，应确保言论符合相关要求。

注意二：语言准确得体

主持词的语言要准确得体，对待所有听众要平等，不要造成任何观点上的偏差或不公。

注意三：符合场景需求

了解听众的背景、兴趣和期望，以便针对他们的需求来撰写主持词。考虑听众的职业、文化背景和年龄等因素，选择适当的语言和内容。

5. 写作示范

在乡第十六届人代会第一次会议代表培训会上主持词

乡党委书记　郑××

（20××年×月×日）

各位代表、同志们：

在人代会正式召开之前，我们专门安排一次人大代表业务培训，主要目的是：让大家正确领会乡党委、政府的决策部署，全面了解这次人代会的主要任务，进一步增强政治意识、责任意识和履职意识，为充分发挥人大代表的作用、更好地贯彻组织意图、圆满完成大会的各项任务打下坚实的思想基础。首先，我代表乡党委、政府，对大家光荣当选为乡第十六届人大代表，表示热烈的祝贺！

....

今天，我们很高兴请到了县人大代表工委李××主任给我们辅导培训，大家欢迎。……

…………

刚才李××主任给我们各位代表做了一次详细的业务辅导，我们再次感谢李主任。最后我讲三点要求，与各位代表共勉。

一要讲政治，增强责任意识。"十四五"时期，是我乡加快发展、后发崛起的关键时期。开好这次人代会，是顺利实现"十四五"奋斗目标、基本建成惠及全乡人民小康社会的重要保证，也是建设坚强有力、奋发有为的领导班子和干部队伍的重要机会。

二要讲担当，积极建言献策。……

…………

最后，祝各位代表和同志们身体健康、工作顺利、万事如意！

5.2.2　演讲稿

1. 基本常识

演讲稿，是在较为隆重的仪式上和某些公众场所发表的讲话文稿，是演讲的依据，是对演讲内容和形式的规范和提示。演讲稿可以起到整理演讲者的思路、提示演讲的内容、限定演讲速度的作用。

演讲稿可以用来交流思想、感情，表达主张、见解，也可以用来介绍自己的学习、工作情况和经验等，演讲稿具有宣传、鼓动、教育和欣赏的作用，它可以把演讲者的观点、主张与思想感情传达给听众，使他们信服并在思想感情上产生共鸣。演讲稿像议论文一样论点鲜明、逻辑性强、富有特点，但它又不是一般的议论文，它带有宣传性和鼓动性，经常使用各种修辞手法和艺术手法，具有较强的感染力。

2. 写作格式

演讲稿的结构通常包括标题、开场白、正文、结尾四部分。

（1）标题

演讲稿的标题一般有以下两种形式：

标明会议性质、演讲内容，即"关于×××的演讲稿"。

正面提出自己观点，无固定格式，如"生命之花绽放"。

（2）开场白

开场白应做到要言不繁、简明扼要、引领下文，主要有以下四种开场白的形式：

开门见山，一开始就进入正题，直接提示演讲的中心。

开宗明义，一开始就交代演讲的背景，说明演讲的缘由。

从日常生活中的切身体会入手，从而引入正题。

用设问开头，提出问题，引起关注。

（3）主体

正文的主体可用实例和数字，紧紧围绕着一个中心展开，还要增大演讲的信息密度。要突出重点，主次分明。

（4）结尾

结尾不能草率收场，也不能画蛇添足，应使听众感到结尾又是一个高潮的到来。

3. 写作技巧

技巧一：突出主题

演讲要围绕一个突出的主题来展开，主题不要分散，所列举的事例也一定要与主题相关。在写演讲稿的时候，要加入个人的感情，想象演讲时是催人奋进的，是鼓舞人心的。

技巧二：语言流畅

撰写演讲稿时，要做到内容通俗易懂、言语流畅，不可引用过于晦涩难懂的事例，避免冗长和复杂的句子结构，使用清晰的语言和直接的表达方式，使听众能够快速理解和接受演讲者的观点。

技巧三：使用故事和举例说明

通过讲述真实的故事和生动的案例，使演讲更加生动和引人入胜。故事和案例可以用来说明观点、支持论据，以及与听众建立情感共鸣。

技巧四：适当运用修辞

演讲稿中可以使用适当的修辞手法和艺术手法，如排比、对仗、比喻、拟人等，但要避免过于花哨或浮夸。

4. 注意事项

注意一：避免夸大失真

演讲稿应该贴近现实生活，掌握好语气和节奏，避免过于追求高深的语言和技巧，使听众产生隔膜和压力，不利于与听众交流。

技巧二：结构清晰

构建一个清晰的文章结构，使其条理清晰，语句连贯。可以按照问题提出、论证、举例、总结等顺序撰写演讲稿的主要部分，并使用适当的过渡语句将各个部分连接起来。

注意三：避免老生常谈

演讲稿中要避免陈词滥调和老生常谈，要有新颖的观点和见解，让听众有所收获。

5. 写作示范

平凡人是最美的

公共机构节能处　×××

尊敬的各位领导，亲爱的各位同事：

你们好！

很高兴能站在这里和大家交流，我演讲的题目是《平凡人是最美的》。

鲜花美艳且芬芳，如果少了土地的给养，她将会褪去引以为傲的色彩；月亮明亮而皎洁，如果少了星星的环绕，她将会堕入深邃无边的孤寂，我们可以迷恋鲜花的唯美，也可以赞美月亮的朦胧，但是请永远不要忽视，是谁默默地在她们后面，撑起了她们所有的荣耀。

十八大以来，生态文明思想深入人心、生态文明建设备受关注。公共机构节能工作应运而生，茁壮成长。多年来，在处室领导的带领下，在同事们的共同努力下，我市公共机构节能工作蒸蒸日上。

…………

能源资源消耗统计是节能工作的基石，为提高能源资源消耗统计数据质量，××处长多次邀请××××节能科技有限公司就市公共机构能耗监测平台功能升级暨市公共机构能源资源平台项目设计进行开会研讨、现场勘测，力求将平台功能开发使用作为业务工作的重要抓手。

…………

我们节能处的同志确实很平凡，但在这个小家庭里，我却时时感受到一种无私的奉献，就像涓涓细流承载着梦想和责任，尽管前进的道路上还会有许多的坎坷和无法预料的困难，但只要我们团结一心，携手共进，不断发展完善自我，我相信我们一定绽放出属于自己的人生之花！

5.2.3 开幕词

1. 基本常识

开幕词是在大型会议或者重要会议上有关领导人揭开会议帷幕，向会议所作的带有提示性、方向性和指导性的讲话或演说文稿。开幕词对于会议的作用主要体现在四个方面。

（1）郑重宣布会议开幕，营造隆重、热烈的气氛。

（2）阐明会议的主旨，明确会议指导思想。

（3）说明会议的主要议题，提出开好会议应当注意的事项。

（4）提出希望，鼓励参会人员满腔热情地参加会议，努力实现会议的预期目标。

2. 写作格式

开幕词的结构一般由首部、正文和结束语三部分构成。

（1）首部

开幕词的首部一般包括标题、时间、称谓三项：

①开幕词的标题一般有以下四种形式：

由事由、文种构成，如"××会开幕词"。

由致词人、事由、文种构成，如"××在××会上的开幕词"。

采用复式标题，主标题揭示会议的主旨，副标题则由"事由、文种"构成。

只写文种，即"开幕词"。

②时间。一般写于标题之下，用括号注明会议开幕的年、月、日。

③称谓。根据会议的性质及参会人员的身份来确定，如"同志们""同学们""女士们、先生们"等。

（2）正文

①开头

一般直接宣布会议开幕，接下来介绍参会人员的身份、会议的规模等，表达对会议召开的祝贺。开头通常单独列为一个自然段，与其他部分区分开。

②主体

主要阐明会议宗旨、议题等，说明会议要解决的问题和要达到的目的。

③结尾

一般提出会议的任务、要求和希望。

（3）结束语

开幕词的结束语一般单列一段，语言上要简短有力，富有号召性和鼓舞性，多是表示祝贺的句子，如预祝大会圆满成功等。

3. 写作技巧

技巧一：富有情感

开幕词应该富含情感，既要表达官方态度，又要体现讲话者的心情，情感应该真诚而不虚假。

技巧二：开门见山

开幕词需要直接表明活动或会议的主题和目的，尽快将听众的焦点转移到主题内容方面，以便更好地调动他们的参与，并吸引他们的关注。

技巧三：激发兴趣

在开幕词中，可以使用一些生动有趣的语言和例子来激发听众的兴趣，让他们更好地参与到会议或活动中。同时，也可以介绍一些与会议或活动相关的背景信息和历史资料，让听众更好地了解其背景和意义。

4. 注意事项

注意一：明确目标

在开始撰写开幕词之前，要明确活动或会议的目标和主题。明确写作者希望通过开幕词传达给听众的信息和情感。确保开幕词与活动或场合的主题相吻合。通过使用相关的词汇、象征性的比喻或故事，来强调该开幕词与整个活动的联系。

注意二：注意听众感受

撰写开幕词需要了解听众的特点，在开幕词上呈现与他们相关的内容，不仅要涵盖引导听众思考和行动的主题，还需要从多个角度入手，有效引导听众投入。

注意三：注意语调和语气

在开幕词中，需要注意语调和语气。要使用积极、鼓舞人心的语调和语气，让听众感受到活力和热情。同时，也要注意使用礼貌、尊重的语气，以示对听众的尊重。

5. 写作示范

××省首届大学生田径锦标赛开幕词

20××年××月××日

××省教育厅副厅长　×××

各位来宾，运动员、裁判员，老师们、同学们：

“移动杯”××省首届大学生田径锦标赛，今天在××海洋学院隆重开幕了。在此，我谨代表省教育厅和省首届大学生田径锦标赛组织委员会，向全体教练员和运动员表示热烈的欢迎！向长期耕耘在高校体育教育第一线的同志们表示崇高的敬意！向承办此次运动会的××海洋学院表示衷心的感谢！向全力支持本次运动会的××市人民政府和相关部门及企事业单位表示诚挚的谢意！

…………

××省大学生田径锦标赛是继××省大学生运动会之后，我省新增的一项高规格的大学生体育比赛。共有××所高校分×个组别××支代表队共××××余人参加，无论是参赛学校数量还是运动员人数均为全省历届运动会之最。

希望本届大学生田径锦标赛成为各兄弟院校之间互相交流、共同提高的体育盛会；希望运动员牢固树立"友谊第一，比赛第二"的意识，……

同学们，你们是民族的希望，祖国的未来，是明天国家现代化建设的生力军。中华民族复兴的伟大事业不仅要求大家要有高尚的思想道德，丰富的文化知识，而且必须有良好的身体素质。……

最后祝体育健儿取得优秀成绩，祝本届大学生田径锦标赛圆满成功！

谢谢大家！

5.2.4　闭幕词

1. 基本常识

闭幕词是在会议或活动结束时，就其主题、过程等方面发表的具有总结性的一种公开文书。闭幕词的主要内容是对会议作概括性的评价和总结，并向参会人员提出贯彻落实大会精神的要求，向参会人员提出奋斗目标和希望。闭幕词要对会议或活动的内容、意义、影响进行高度概括，具有概括性、简要性、号召性等特点。

2. 写作格式

闭幕词的结构一般由标题、称谓和正文三部分构成。

（1）标题

标题一般有以下两种形式：

直接写"闭幕词"。

由事由、闭幕词构成，如"××会闭幕词"。

（2）称谓

视情况书写，可使用职业、身份、单位等方式作称谓，前面可以加敬语"尊敬的""敬爱的"，后加冒号。

（3）正文

①开头

闭幕词的开头可以对会议的圆满成功表示祝贺；也可以概述会议成功的意义、作用；也可以概括总结会议情况，对会议作简要的评价。使参会人员对会议有一个总体的概括性的认识。

②主体

概述会议取得的成绩，如通过的决议，获得的经验等。论述会议成功的原因、意义及其作用。提出贯彻会议精神的意见，指出今后工作的重点和方向等。

③结尾

向会议承办单位和人员致谢，对参会人员、来宾表示美好祝愿，最后宣布会议闭幕。

3. 写作技巧

技巧一：表达感谢之情

在闭幕词中，应该表达对各方人员的感谢之情，包括主办方、合作伙伴、嘉宾、志愿者和参会人员等。

技巧二：突出主题和宣传效果

在闭幕词中，应该突出活动的主题和效果，让听众清楚地了解到活动的意义和价值以及最终成果。

技巧三：表达感谢

闭幕词应该感谢所有参与活动的人员，包括主讲人、演讲者、组织者、志愿者和观众。表达对他们辛勤工作和付出的感激之情，并赞扬他们的贡献和参与。对一些特别突出的人物或团队可以重点提及，以示对他们的特别赞赏。

4. 注意事项

注意一：前后呼应

要针对会议或活动的中心内容作简明扼要的综述，评价中肯恰当，并与开幕词前后呼应。对会议或活动中没有展开但已认识到的问题可在闭幕词中适当予以强调，作出必要补充。

注意二：总结成果

闭幕词应该对活动的成果进行简明扼要地总结。提及活动中的重要议题、讨论和亮点，并强调取得的进展和成就。概括性地总结活动的收获，让听众能够回顾和体验活动的价值。

5. 写作示范

××省首届大学生田径锦标赛闭幕词

20××年××月××日

××市人民政府副市长　　×××

各位领导、各位来宾，各位裁判员、运动员、大会工作人员，老师们、同学们：

经过四天激烈紧张的拼搏，在大家的共同努力下，"移动杯"××省首届大学生田径锦标赛即将在××海洋学院胜利落下帷幕。在此，我谨代表大会组委会向所有参赛并取得优异成绩的高校代表队和运动员表示热烈的祝贺！向关心和支持本届大赛的各级领导、各高校、××市各有关部门、各企事业单位，特别向大赛的承办单位××海洋学院、向为确保大赛顺利举行而辛勤工作的各位裁判员和全体工作人员表示衷心的感谢！

本届大学生田径锦标赛是迄今为止我省同类大学生赛事中规模最大的一次比赛，它全面检阅了全省高校体育工作创新和发展的成果，充分展示了新世纪我省大学生与时俱进、奋发有为的精神风貌，有利于提高全省高校体育运动水平、推进我省高校体育事业的发展。……

同志们、同学们，本届大赛在××海洋学院成功举办，为××省大学生田径锦标赛今后的继续举行，为××市体育事业特别是我省高校体育事业的发展，积累了经验，提供了借鉴。我相信，本届大赛所表现出来的"团结拼搏、公正竞争"的体育精神也会成为我们学习和工作的动力，激励着我们开拓进取，为构建和谐社会、开创中国特色社会主义事业新局面、实现中华民族的伟大复兴而努力奋斗！

让我们在××省第12届大学生运动会上再次相逢！

谢谢大家！

5.2.5　会议记录

1. 基本常识

会议记录，是记录会议现场发言人姓名、报告内容、讨论问题、参会人员发言、通过的决议等书面材料。它是由会议组织者指定专人，如实、准确地记录会议的组织情况和会议内容的一种应用性文书。会议记录有以下几个特点。

（1）真实性。会议记录人员只有记录权没有修改权，会议记录必须实事求是、真实客观地记录会议的情况和内容，不能随意增删或更改。

（2）原始性。会议记录是会议情况和内容的原始记录，它未经整理、综合、总结等处理，是原始形态的。

（3）完整性。会议记录对会议的时间、地点、出席人员、主持人、议程等基本情况、领导讲话、参会人员的发言、讨论和争议、形成的决议和决定等内容，都要如实记录。

（4）指导性。会议记录集中反映会议主要精神和决定事项的特性，可以向上级汇报或向下通报情况，必要时可作查阅之用。

（5）备查性。会议记录是记载会议基本情况、会议发言、会议议程、会议决定事项等内容，以文字、图表等方式记录的原始档案材料，可以作为日后查考的重要依据。

2. 写作格式

会议记录一般由标题、会议组织情况、会议内容、会议结尾四部分组成。

（1）标题

会议记录标题通常由机关、部门单位或机构名称、会议事由、文种组成，如"××部××会会议记录"。

（2）会议组织情况

会议组织情况主要包含下列内容：

开会时间。要写清楚年、月、日，重要的会议还应有具体的起止时间，如上午8时30分到上午11时30分。

会议地点。要写清楚会议召开的具体地点，如××会议室；必要时还应注明所在地。

出席人。出席人少，需要写清楚出席人员的姓名、职务；出席人多，可以只写出席人员的上下限，如县、处级以上；重要的会议，为了便于日后考查，可另设签到簿，并随同会议记录一并保存。

缺席人。缺席人少时，要具名，并简要注明原因。

列席人。要写明列席人的姓名、职务。

主持人。要写明主持人的姓名、职务。

记录人。写明记录人的姓名、职务，并写明实际参会人数。

（3）会议内容

这是会议记录的主体部分。主要包括：会议议题、领导人的报告、讨论情况、形成的决议和主持人的总结等。

（4）结尾

会议结尾，要提前空两格写"散会"字样。在会议记录的右下方，由会议主持人和记录人签名，以示负责。

3. 写作技巧

技巧一：准确记录

会议记录的内容应当准确无误，不漏字、不错漏，应全面、系统地记录会议的内容，包括议题、发言、建议、决策和行动计划等。

技巧二：概括突出

会议记录的内容应当将会议中的主要信息概括出来，在记录中标识出关键性质的特点，突出决策过程、重点问题以及有效建议，以便后续的工作更加具有针对性。

4. 注意事项

注意一：及时整理

会议记录应当及时整理，以便收集和排序。通过整理，可以梳理出会议流程，收录各位参会人员的意见，明确好下一步的工作方向。

注意二：客观记录

客观地记录会议内容，避免主观解读或添加个人意见。保持中立和客观的立场，准确地记录发言者的观点和意见。如果有争议或不同意见的情况，可以简洁地概括，并记录下不同观点的来源。

注意三：注意时间和顺序

按照时间顺序和议程顺序记录。确保记录中的讨论和决策顺序与会议的实际发展一致。标明每个议题的开始和结束时间，以帮助跟踪会议进展。

5. 写作示范

××社区党支部民主生活会会议记录

时　　间：20××年××月××日　　　地　点：社区办公室

主持人：×××　　　　　　　　　　记录人：××

参会人员：

社区党支部委员会、全体党员、镇党委委派及督导组同志、包片领导、包村干部、第一书记。

应到党员××人，实到××人，因病因事请假×人，上级党委委派×××同志参加。

会议议题及主要内容：

一、学习《关于对××××市×××县×××党委党内政治生活问题不严肃的通报》。

二、党支部书记做20××年党支部工作总结

三、党支部书记××××作对照检查汇报，请各位同志批评：

×××评：在某些事情意识不坚定，存在胆小畏难思想

×××评：有点担当不足

…………

四、请××社区党支部宣传委员×××做个人对照检查汇报：没有起到带头作用，工作不积极；参加党支部会议不积极。请各位同志批评。

×××评：多支持党支部工作，团结一致

…………

五、请各位党员进行对照检查汇报

1.请×××同志汇报：党龄短，相关学习不够，以后多和各位老党员主动学习，请大家批评指正。

批评意见统一：加强学习，和各位老党员积极主动学习相关知识，20××年工作更上一层楼，妇女工作多组织活动。多总结安排工作，严格按照党员义务要求自己，做一位合格党员。

2.……

六、请工作人员发放测评表，请各位党员同志认真填写测评表

请镇党委出席会议的同志进行点评：听了各位党员同志的对照检查材料和其他党员的批评意见，咱们党支部存在很多问题。……

咱们今天的民主生活会召开得很成功，大家都指出了自己的缺点和不足，其他同志也进行了批评。达到了"红红脸、出出汗"的会议目的，希望各位党员对自身存在的问题积极改正。

散会。

主持人签字：

记录人签字：

5.3 礼仪类文书写作

5.3.1 贺信（电）

1. 基本常识

贺信（电）是一种用于向他人表示祝贺、庆祝或赞扬的书信形式，也可用电报形式进行，即贺电，内容基本一致。贺信（电）是对重要事项进行祝贺，具有表示赞扬、联络感情、鼓舞人心的作用。贺信（电）的使用范围比较广泛，适用于所有层级、所有领域。贺信（电）一般篇幅短小、传递快速及时，内容严谨，逻辑性强，用词精练、规范。

2. 写作格式

贺信（电）一般由标题、称谓、正文、结尾和落款五部分构成。

（1）标题

贺信（电）的标题一般有以下两种形式：

由文种名构成，直接写"贺信"。

由事由与文种组成，如"致××获××奖的贺信（电）"。

（2）称谓

顶格写明被祝贺单位或个人的名称或姓名。

写给个人的，要在姓名后加上相应的礼仪名称如"同志"。

称呼之后要用冒号。

（3）正文

简述当前的形势和工作发展情况，说明对方取得成绩的缘由，或者某个重要会议召开的历史条件。

概括说明对方都在哪些方面取得了成绩，分析其成功的主客观原因。这一部分是贺信（电）的核心部分，一定要交代清楚祝贺的原因。

表示热烈的祝贺和殷切的希望。要写出自己祝贺的心情，由衷地表达自己真诚的祝福。除了表示祝贺和希望外，还应该表示自己的决心和态度。

（4）结尾

结尾要写上祝愿的话，如"祝取得更大的胜利"等。

若正文中"希望"的内容写得很详细具体，也可以不用祝愿词作为结尾。

（5）落款

写明发文单位的名称或个人的姓名、名称，最后署上成文的时间。

3. 写作技巧

技巧一：语言真诚

贺信（电）要体现的是祝贺人真诚的祝福，是加强彼此联系、增强双方交流的重要手段。所以贺信（电）要写得感情饱满充沛。

技巧二：内容真实

贺信（电）内容要真实，评价成绩要恰如其分。不可空发议论，空喊口号，语言要精练、简洁，不堆砌华丽辞藻。

4. 注意事项

注意一：个性化

尽量个性化贺信（电）内容，根据祝贺人与收信人的关系，加入一些个人化的元素。回顾共同的经历、提及特殊的时刻或分享共同的兴趣爱好，以增加贺信（电）的亲密感和特殊性。避免语调单调或过于形式化，应该表现出亲切有温度的语言特点。

注意二：适度庆祝

根据场合和关系，适度表达庆祝之情。注意平衡，不要过于夸张或过度庆祝，以免给收信人带来压力或不适。

5. 写作示范

贺　信

××省××高级中学：

欣闻贵校喜迎百周年华诞，谨向贵校全体师生员工及广大校友表示最热烈的祝贺和最美好的祝福！

薪火相传一百年，弦歌不辍奏华章。建校以来，贵校发扬"弘毅致和，追求卓越"的精神，开拓奋进，铸造卓越，各项事业取得长足发展。学校秉持"敦品励学"的校训，坚持先进的教学理念，办学成绩斐然，培养了大批具有深厚家国情怀、综合素质优秀的沭中人！

博雅塔下宜聆教，大师身旁好读书。一百年来，贵校向××大学输送了一批又一批优秀学子，他们在××取得了优异的成绩，为××也为贵校赢得了荣誉！

我们衷心希望，以贵校百周年校庆为契机，进一步加强合作交流，激励更多优秀×中学子考入××、圆梦××，共同为祖国培养更多优秀的担当民族复兴大任的时代新人！

祝愿校庆活动取得圆满成功！祝愿贵我两校友谊长青！祝愿贵校蓬勃发展，事业更辉煌！

××大学

20××年×月

5.3.2 邀请函

1. 基本常识

邀请函主要用于横向性的会议活动，被邀请人是不受本机关职权所制约的单位或个人，也不属于本组织的成员，一般不具有法定的参会权利或义务，是否参加会议由被邀请人自行决定。举行学术研讨会、咨询论证会、技术鉴定会、贸易洽谈会、产品发布会等一般会发邀请函。

邀请函通常是一份正式的文书，需要遵循一定的格式和规范。它需要包含主办方的信息，要清晰明了地表达邀请的目的、时间、地点、内容等信息，以便被邀请人了解邀请项目。

2. 写作格式

邀请函的结构包括标题、称谓、正文、敬语和落款五部分。

（1）标题

邀请函的标题一般有以下三种形式：

由文种组成，直接写"邀请函"。

由事由与文种组成，如"关于参加展览会的邀请函"。

使用个性化的活动主题标语，如"感恩有你·××公司客户答谢晚宴邀请函"。

（2）称谓

顶格写受邀单位名称或个人姓名，后加冒号。

写明受邀人姓名、职务、职称、学衔。也可以用"同志""经理""教授"等称呼。

通常加上敬词之类定语如"尊敬的"。

（3）正文

开头可简单问候被邀请人，位置在称谓下一行，空两格。

中间部分写明举办活动的缘由、目的、事项及要求，写明活动的日程安排、时间、地点，以及邀请方所做的工作等，并对被邀请方发出得体、诚挚的邀请。

若附有票、券等物也应同邀请函一并送给被邀请方。

若有较为详细的出席说明，通常要另附说明。

（4）敬语

末尾一般要写常用的邀请惯用语。如"敬请光临""敬请参加"之类的敬语。有些邀请函可以用"此致敬礼"等敬语。

（5）落款

署上邀请单位名称或发函者个人名称，署上发函日期。邀请单位还应加盖公章，以示庄重。

3. 写作技巧

技巧一：信息准确

邀请函中所包含的信息应当准确清晰，要涵盖活动的时间、地点、主题以及出席人员的名单等内容。所有信息应详细表述，以尽可能避免出现误解或疑惑。

技巧二：语气热情

邀请函的语气应该热情、友善，表达真诚的邀请和期待，热情洋溢的语言能够传递邀请方的热情和诚意。

技巧三：突出亮点

邀请函在写作中应突出活动的亮点，比如重要嘉宾的出席、特殊目的或主题等，以增加活动的吸引力。

4. 注意事项

注意一：写作形式准确

被邀请者的姓名应写全，不应写绰号或别名。在两个姓名之间应该写上"暨"或"和"隔开，不用顿号或逗号。

注意二：避免通知口吻

写邀请函主要是告知被邀请方举办礼仪活动的缘由、目的、事项及要求，所以需要对被邀请方发出得体、诚挚的邀请，切忌以通知口吻向被邀请方行文。

注意三：附加细节

如果需要，可以在邀请函中提供一些额外的细节，例如活动的议程安排、特邀嘉宾或演讲者的信息，或其他与活动相关的重要信息。

5. 写作示范

××省科学技术厅关于出席机器人和人工智能产业技术创新研讨会的邀请函

各有关单位：

为落实《××省科技创新"十三五"规划》，明确我省机器人和人工智能产业技术创新主攻方向，凝练20××—20××年省科技项目申报指南重点内容，推动机器人和人工智能技术在智能制造、智慧生活、现代服务业等领域的深入应用，培育经济发展新动能，××省科学技术厅决定组织召开××省机器人和人工智能产业技术创新研讨会。

一、会议组织

主办单位：××省科学技术厅

协办单位：××省自动化学会

二、时间和地点

20××年××月××日（星期五）上午9:00-12:00。××省×××××酒店（原××省××招待所西院，×××市××东路×××号）五楼报告厅。

三、参会人员

省内相关高等院校、科研机构机器人和人工智能领域专家及学术带头人；

…………

参会人员约50人。

四、相关事项

1.请各位参会嘉宾围绕我省或本园区、本企业机器人和人工智能领域技术创新的现状、发展重点、创新方向及创新需求等做好发言准备，一般每人发言时间10～15分钟，请制作PPT。

…………

诚邀相关专家、学者、企业家、产业园区负责人出席会议并作交流发言。

省科技厅联系人：×××，电话：0311-×××2776

会务组联系人：×××，手机：1393×××465

传真：0311-×××8762　　　　　E-mail：××××

××省科学技术厅

20××年××月××日

5.3.3 颁奖词

1. 基本常识

颁奖词是在某一主题的颁奖典礼上，对获奖对象的事迹所作的一种陈述性评价的礼仪文稿。宣读颁奖词的方式，可以让大众了解获奖对象的事迹以及所传递的一种超乎寻常的人格精神，从而取得一种教育的效果。因此，它必须借助优美的语言文字对获奖对象进行准确地陈述与评价。

颁奖词首先要向获奖者表示诚挚的祝贺和感谢，感谢他们在自己的领域中所作出的杰出贡献；其次要对获奖者的成就进行简要的评价，包括他们的创新、领导力、团队合作等方面；最后要向获奖者表达鼓励和期望，希望他们在未来的工作中继续保持卓越的表现，为社会作出更大的贡献。

2. 写作格式

一般由获奖者的生平事迹的简要概括和人生价值的高度评价构成。

（1）生平事迹

获奖者生平简介。

（2）精神评价

获奖缘由，获奖者人物精神。

3. 写作技巧

技巧一：言简意赅

颁奖词从大处着眼，抓住人物最主要的令人钦敬的事迹，简要概述，以最简洁的笔墨，勾勒出丰满的笔下人物。不需要详尽地交代人物事迹的来龙去脉或细枝末节，人物事迹点到为止。

技巧二：富于文采

颁奖词应契合颁奖活动主题，依据获奖对象的真实事迹，运用得体的语言，长短结合，灵活运用叙述、抒情等多种表达方式，恰当运用修辞手法，文采飞扬，给人美的享受。

4. 注意事项

注意一：连接主题

将颁奖词与颁奖活动或主题相关联。确保词语内容与活动的目的和主题相一致，使得整个颁奖仪式更加具有连贯性和意义。

注意二：避免言辞奉承

颁奖词不要使用过多的奉承言辞，尽量用一些比较客观、中立的词语来描绘被其颁发的奖项，可以增强大众的信任感，避免获奖者产生尴尬或不受尊重感。

5. 写作示范

感动中国20××年度人物×××颁奖词

饿过，所以懂得温饱，

拼过，才更执着收获。

种了一辈子庄稼，现在赶上了好年景。

禾苗在汗水中抽穗，稻麦在农机下归仓，

珍惜陇亩颗粒，心怀天下仓廪，

你是泥土上的黄牛，夕烟下的英雄。

5.3.4　欢迎词

1. 基本常识

欢迎词是国家机关单位或企业在举行隆重庆典、大型集会、欢迎仪式或洗尘宴会上，主人对宾客的来临表示热烈欢迎而使用的讲话稿。欢迎词作为社交礼仪演讲词的一种，使用较多，言辞热情，旨在对来宾表示欢迎和尊重，表达友好交往、增强交流与合作的心愿，营造和强化友好和谐的社交气氛。

2. 写作格式

欢迎词一般由标题、称谓、正文和落款四部分组成。

（1）标题

欢迎词的标题一般有以下三种形式：

由欢迎场合或对象加文种组成，如"在××座谈会上的欢迎词"。

由活动内容和文种共同组成，如"××活动欢迎词"。

以文种命名。即以"欢迎词"为标题。

（2）称谓

用尊称，提行顶格加冒号称呼对象。

面对宾客，姓名前要加上职衔或表示亲切的词语，如"尊敬的""敬爱的"等，后加

"阁下""同志"等。

（3）正文

①开头

开头通常应说明现场举行的是何种仪式，发言者代表什么人，向哪些来宾表示欢迎。

②中间

阐述和回顾宾主双方在共同的领域所持的共同的立场、观点、目标、原则等内容。

较具体地介绍来宾在各方面的成就及在某些方面作出的突出贡献。

要指出来宾本次到访或光临对增进宾主友谊及合作交流所具有的现实意义和历史意义。

③结尾

通常在结尾处再次向来宾表示欢迎，并表达自己对今后双方合作的良好祝愿。

（4）落款

欢迎词的落款要署上致辞单位名称、致辞者的身份和姓名，并署上成文日期。

用于讲话的欢迎词无须署名。

若需刊载，则应在题目下面或文末署名。

3. 写作技巧

技巧一：引入背景

在欢迎词中引入活动或会议的背景。提供一些背景信息，例如活动的历史、重要性和发展情况，以便参会人员更好地了解和体验活动。

技巧二：言辞真诚

欢迎词的正文，语言要朴实、热情，语气要亲切、诚恳，宜多用短句，言辞应力求格调高雅。对主宾的赞颂和评价要热情而中肯，可以有适当的联想与发挥。篇幅不宜过长。

4. 注意事项

注意一：避免内容缺乏

避免时间和具体人物内容的缺乏，欢迎词的内容应该能够展现出特定的时间和人物的参与，以更好地与听众或观众产生共鸣。

注意二：注意敏感话题

欢迎词的内容应当与政治、宗教等敏感问题保持一定距离，尽量不涉及敏感话题，以免产生不必要的争议和不良影响。不可避免时要确保言论的准确性。

5. 写作示范

×××在基层突发事件信息员队伍建设座谈会上的欢迎词

尊敬的×××副主任、各位领导、同志们：

上午好！

首先，我谨代表××省，对国务院应急办和参加基层突发事件信息员队伍建设座谈会的各位领导、同志们来我省指导工作表示热烈欢迎！

××历史悠久，古属×国，公元前×××年秦始皇统一中国后设"××郡"，因地处×××之南，唐××二年（公元×××年）始设××观察使，××名称由此而来。清××三年（公元××××年）设××省，省境至今基本未变，因×江贯穿全境简称"×"。……

××是一个人杰地灵的地方，但同时也是灾害频发的省份，每年发生各类突发事件20多万起，直接经济损失约占同年地区生产总值的1.4%、同年财政收入的11%左右。近几年来，我省高度重视应急管理工作，认真贯彻落实党中央、国务院有关决策部署，全面推进以"一案三制"为核心的应急管理各项工作，县级以上政府和各级部门普遍成立了应急管理领导机构、办事机构和专业指挥机构。……

这次基层突发事件信息员队伍建设座谈会在××召开，是我省进一步抓好基层应急管理工作的有利契机，也是深入开展应急管理各项工作的宝贵学习机会。我们将认真汲取各与会单位的先进经验，研究落实本次会议精神，以更加扎实有效的工作，切实推进基层应急能力建设，全面构建公共应急体系，为加快湖南"四化两型"建设、实现全面建成小康社会提供有力保障。

××山美水美、钟灵毓秀，名胜古迹众多，有世界自然遗产×××、伟人故里××、千年学府××书院、佛教圣地×××山、江南三大名楼之一的××楼等。欢迎大家到××各地走一走看一看，也衷心希望各位领导一如既往地关心、支持我省的应急管理和经济社会事业发展，多来湖南传经送宝。

再次对各位的到来表示热烈的欢迎，也祝此次会议取得圆满成功。

谢谢！

5.3.5　欢送词

1. 基本常识

欢送词是在迎送宾客的仪式上或会议结束时，对宾客的离去表示热情欢送的讲话稿。欢送词表达的是主人对客人的欢送之意，要表达出主人的惜别之情，在语言上要温馨、感人，让客人感受到主人的真挚情感，表示祝福、感谢和告别。

2. 写作格式

欢送词由标题、称谓、正文和落款四部分组成。

（1）标题

欢送词的标题一般有以下两种形式：

由文种命名，即以"欢送词"为标题。

由活动内容和文种组成，如"在××研讨会结束典礼上的欢送词"。

（2）称谓

称谓要求写在开头顶格处。要写出宾客的姓名称呼。如"尊敬的各位先生们、女士们"或"亲爱的各位同仁"等。

（3）正文

①开头

开头通常应说明此时在举行何种欢送仪式，发言人是以什么身份代表哪些人向宾客表示欢送的。

②中间

中间要回顾和阐述双方在合作或访问期间在哪些问题和项目上立场一致、取得了哪些有突破性的进展，陈述本次合作交流中双方的合作和交流给双方所带来的益处，并阐述其深远的历史意义。

③结尾

在结尾处再次向来宾表示真挚的欢送之情，并表达期待再次合作的心愿。

（4）落款

欢送词在落款处要署上致词的单位名称、致词者的身份、姓名，并署上成文日期。

3. 写作技巧

技巧一：言简情真

欢送词是一种礼节性的社交公关辞令，要短小精悍，这样更宜于表达主人对客人的尊重和礼貌。欢送词需要具有感人、真诚的特点，更贴近人心。

技巧二：回顾成就

在欢送词中可以回顾被欢送者的重要成就或贡献。提及他们在工作、学习或服务中的突出表现，分享参会人员共同的回忆和休验。

技巧三：着重表扬

在欢送词中，可以适度表扬宾客，提高宾客的自信和认同感，让宾客感受到温暖和关怀。

4. 注意事项

注意一：注意正式与亲切的平衡

欢送词通常是一种庄重而温馨的公文，所以要在正式和亲切之间取得平衡。避免过于庄重或过于随意，保持一个恰当的语气。

注意二：表达感激与祝福

欢送词的主要目的是表达对被欢送者的感激和祝福。可以回顾一些共同的回忆和成就，表达对其贡献的感激之情，并给予祝福和鼓励。

注意三：个性化

可以根据被欢送者的个人特点和贡献，在欢送词中加入一些个性化的元素，使其更具针对性和特色。

5. 写作示范

××市第×批支援××医疗队踏上支援××的征程的欢送词

××市支援××医疗队队员：

首先我代表市委、市政府和全市人民向全市广大医疗卫生工作者致以崇高敬意。

××发生以来，全市广大医务工作者以良好的职业精神和专业素养，兢兢业业奋战在全市疫情防控一线，正是大家的努力，确保了××人民群众的生命安全和身体健康。一方有难，八方支援，集中力量办大事是中国特色社会主义制度的优势所在，是中华民族的优良传统。××支援××医疗队响应党中央、国务院号召，按照省委、省政府和省××防控指挥部的要求，在××防控的关键时期奔赴××抗击××最前线，逆行而上，舍小家为大家，充分展现了"敬佑生命、救死扶伤、甘于奉献、大爱无疆"的医者情怀。

同时希望医疗队服从组织安排，展现××广大医务工作者良好的专业素养、精神风貌和古都××的文化底蕴，在全力救治患者的同时做好自身防护，健健康康去，平平安安回，圆满完成这一光荣而艰巨的任务。市委、市政府和全市人民始终是大家的坚强后盾，将全力做好各项服务保障工作，与大家共同奋战，为大家排忧解难，消除后顾之忧。凯旋之时，市委、市政府和全市人民将以最热烈的掌声、最美丽的鲜花欢迎大家归来。

××市人民政府

20××年×月××日

5.3.6　祝酒词

1. 基本常识

祝酒词是在酒席宴会的开始，主人向客人表示热烈欢迎，亲切问候，诚挚感谢，并表示衷心祝愿的应酬之辞。祝酒词的内容以叙述友谊为主，一般篇幅短小、文辞庄重、热情、得体、大方。主人在发言时应该有喜悦、鼓励、希望、褒扬的情感，以便使客人感到温暖和愉悦。在祝酒词中，应该恰如其分地表达颂扬与祝贺，避免过于吹捧或使用辩论、谴责、批评等语气和词句。

2. 写作格式

祝酒词由标题、称谓、正文和结尾四部分组成。

（1）标题

祝酒词的标题一般有以下两种形式：

书面型标题可以直接写为"祝词""祝酒词"等。

也可以由讲话者姓名、宴会名称和文种构成，如"×××在××会上的祝酒词""×××在××宴会上的讲话"等。

（2）称谓

称呼一般用泛称，可以根据宾客的身份来定，如"各位女士、各位先生""朋友们""同志们"等。

为了表示热情、亲切、友好之意，前面可以加修饰语"亲爱的""尊敬的""尊贵的"等。

（3）正文

致辞人（或代表谁）在什么情况下，向宴客表示欢迎、感谢和问候；谈成绩、作用、意义；展望未来，联系面临的任务、使命。篇幅简短，语言口语化。

（4）结尾

常用"请允许我，为谁、为……而干杯"。

3. 写作技巧

技巧一：引人入胜的开场白

用一个引人入胜的开场白引起听众的注意，可以是一个有趣的故事，一个引人深思的典故或者是一个热情洋溢的问候。确保开场白与主题和场合相符，并能够吸引听众的兴趣。

技巧二：回顾美好的往事

回顾一些与宾客有关的美好往事，可以是共同经历的时刻、取得的成就或者是独特的特点和品质。这样可以增强人们对庆祝对象的亲近感，并让他们在回忆中感受到欢乐和温暖。

技巧三：恰当地使用幽默语言

适当的幽默语言可以增添欢乐和轻松的氛围，但要确保幽默风趣的同时不会冒犯到宾客。用幽默的方式引发人们笑声和欢笑，使祝酒词更加生动有趣。

技巧四：结尾要简洁有力

在结束时，总结主要观点，并用简洁有力的话语再次表达祝福。可以选择一个经典的引用、祝福语或者简单的感谢之词作为结束。

4. 注意事项

注意一：词语恰当

祝酒词中应避免使用粗俗、不雅或冒犯宾客的词语，用词应恰当、得体，符合礼仪要求。在撰写祝酒词时，词语内容要与所在地区的文化和习俗相符，以免冒犯他人或使用不恰当的言辞。

注意二：风格得当

祝酒词应做到风格得当，不过分张扬、夸张或过于庄重，避免借题发挥和长篇大论，应该根据宴会的性质、主题和宾客的特点选择不同的风格，增强感染力。

5. 写作示范

某企业董事长在公司20周年庆典招待晚宴上的祝酒词

亲爱的各位来宾、各位朋友、各位同事：

晚上好！

在这个美好的夜晚，我们齐聚一堂，共同庆祝我们公司成立20周年。首先，我谨代表公司全体员工，向远道而来的各位来宾、供应商、客户朋友们表示热烈的欢迎和最诚挚的感谢!

　　20年前,我们还是一家名不见经传的小公司,如今已发展成为业界具有一定影响力的公司。这20年的风雨历程,离不开在座各位的大力支持与厚爱。正是因为有了你们的陪伴与信任,我们才能够在激烈的市场竞争中不断壮大。

　　今晚,让我们共同举杯,为过去的辉煌成就喝彩,更为未来的美好前景干杯!让我们携手并进,共创更加美好的明天!

　　谢谢大家!

5.3.7　答谢词

1. 基本常识

　　答谢词通常是在得到他人的帮助、支持、指导、招待、服务或礼物等时进行表达感激之情的一种文书。答谢词的主要内容是在接受别人的帮助或礼物后,表达自己的感激之情,表达自己的诚挚心意以及对日后的发展表示期望等。答谢词也可指在茶会或酒宴上,被欢迎者或被欢送者对别人的帮助或款待表示感谢的致辞,通常针对主人的欢迎而发表,要注意这些致辞在内容上要与主人的欢迎、欢送、祝贺等致辞照应,以表达对主人的尊重。

2. 写作格式

　　答谢词一般由标题、称谓、正文和结语四部分构成。

　　(1)标题

　　一般用文种“答谢词”作标题。

　　(2)称谓

　　另起一行顶格写致辞对方的姓名、头衔,既可以是广泛对象,也可以是具体对象。

　　(3)正文

　　首先,对主人的盛情款待表示感谢,并对对方的优点予以肯定,表达出自己的荣幸与激动。

　　其次,要对对方的情况做较详细的介绍,以示尊重。

　　最后,应提出希望与之进一步发展关系的强烈意欲。

　　(4)结语

　　再一次用简短的语言表示感谢。

3. 写作技巧

技巧一：明确表达感谢之情

写答谢词的目的是表达感谢之情，因此应该明确表达出来，可以在开头直接表达感谢之意，或在结束时进行总结性感谢。

技巧二：避免浮夸

答谢词应该真诚、实在，不使用过于华丽或浮夸的言辞，以免引起反感或疑虑。

技巧三：个性明确

答谢词应该有独特的气息和特色。应该从自己角度出发，用自己的表达方式，表达真挚的感激之情。可以列举具体事例或细节来表达感激之情，增强说服力和感染力。

4. 注意事项

注意一：要有明确的感谢对象

在答谢词中，不仅要明确地表达出感谢的对象，还要具体说明对方给自己提供了哪些帮助或服务。这样可以让对方感受到你的真诚和重视。

注意二：注意表达真诚感激之情

表达感激之情的语言要真诚、恰当，词语不能太过浮夸或虚伪。要以自己的真实情感为前提，综合考虑场合、对象和情感因素进行表达。

注意三：语气要适度

答谢词的语气要体现出诚挚和感激，但不应太过感情用事，避免引起尴尬或不适。需要注意慎重评估语气与情感的平衡。

5. 写作示范

××中学捐赠答谢词

尊敬的各位领导、家长，亲爱的同学们，大家好！

今天是一个很不平凡的日子。在省委、省政府"联村联户 为民富民"行动的政策环境下，我们非常荣幸地迎来了××中学前来捐赠的领导和老师。在此，请允许我代表××村人民、××小学向××中学以及关心支持××村、××小学发展的单位、领导和爱心人士表示由衷的敬意和诚挚的谢意！

××村交通不便，由于历史和客观的原因，经济不够发达，还有不少贫困家庭的孩子，难以正常完成学业，他们需要社会的关爱和援助；近年来，在上级党委政府的正确领导下，我们也在不断加大扶贫攻坚力度。今天，××中学无偿捐赠给我村小学课桌椅×××

套，给予我村教育事业新希望，同时也注入了新的生机和活力，使我倍感社会主义大家庭的温暖。××中学以他们的行动实践着"以人为本"的科学发展观，践行着"桃李满天下"的承诺，构建着"和谐社会"的美丽画卷。

在此，我提议，让我们用热烈的掌声再一次向各位领导、向所有关心和帮助过贫困学生的人们表示我们最诚挚的感谢和最崇高的敬意！

希望各位学子珍惜光阴，树立生活的信心，抓住当下，勤奋学习，以良好的心态和饱满的精神状态投入到学习生活中，秉承自立自强的拼搏精神，正确对待艰苦和磨难，不向命运低头，追求远大理想，用优异的成绩、优秀的品格去开始人生新的起点；刻苦求学，以实际行动回报社会。

最后，请让我向与会的各位献上真挚而美好的祝愿：祝各位领导在新的一年里政通人和、万事如意；祝各位家长、来宾身体健康，工作愉快；祝各位同学学习顺利、健康成长。谢谢大家！

5.3.8　唁电

1. 基本常识

唁电是因吊唁者与丧家相距较远或因故不能亲临吊唁，而向丧家发出的表示哀悼、慰问的吊唁的电话、短信或电报。发唁电的目的是向逝者家属表示真切的慰问，并以此寄托发唁电者的哀思，以告慰生者。唁电的格式较严谨，书写时要注意用词简练，词意恳切，表达出对逝者家属的慰问之情。

2. 写作格式

唁电一般由标题、开头、正文、结尾和落款五部分构成。

（1）标题

唁电标题一般有以下两种形式：

一种是直接由文种名称构成，即直接书写"唁电"二字。

一种是由逝者家属姓名或单位名称和文种名共同构成，如"悼念××先生唁电"。

（2）开头

唁电开头是收唁电方的单位或逝世者家属的称呼。收唁电者是家属的，一般应在姓名后边加"同志""先生""女士""夫人"等相应称呼。

（3）正文

正文通常由以下四项内容构成：

①直接抒写噩耗传来之后的悲恸心情，话无须多。

②以沉痛的心情，简述双方在交往中逝者生前所表现出的优秀品德及功绩。

③表达致电单位或个人对逝者遗志的继承和决心，或表达一定要在逝者优秀品德或精神的感召下奋勇前进等。

④向逝者家属表示亲切的问候和安慰。

（4）结尾

唁电结尾，一般写上"肃此电达""特电慰问"等字样。

（5）落款

落款写在右下方，要写明发唁电的单位名称或个人姓名。在此下方还要署上发电日期。

3. 写作技巧

技巧一：用词深沉

用词要深沉、质朴、自然，并能体现吊唁者的悲痛悼念之情。忌油腔滑调，滥用修饰词语，也避免使用过于冷峻和客套的用语，应该遵循真情实感之原则。

技巧二：语言精练

语言要精练、概括、朴实、安详，对死者生前的品德、情操和功绩的叙述，要实事求是，忌篇幅过长。遵循简单、明了的原则，尽量用简单的词汇和语句，使人更容易理解和接受。

技巧三：情感诚挚

唁电是对死者的哀悼和对逝者家属的慰问，因此写作时应把握好语气，并诚挚地表达出发唁电者的哀悼之情。

4. 注意事项

注意一：简洁而真诚

唁电应该用简明扼要的话语表达哀悼之情。避免使用夸张的修饰词或过多的废话，以显示诚挚和专注。

注意二：避免轻率言辞

避免使用不恰当或轻率的言辞，以免伤害或冒犯被悼念者。确保唁电内容体现尊重和敬意，并与悲痛的氛围相符。在选择词语时要慎重考虑，尽量避免使用过于形容性的词语或刺激情绪的词汇。选择平实、温和而安慰人心的词语，让逝者家属感到安慰和支持。

注意三：注意文化差异

不同的文化在唁电方面也有不同的习惯和规矩，因此，应注意避免因文化差异而引起的误会或冒犯。

5. 写作示范

公安部悼念英雄民警×××唁电

××省公安厅政治部：

惊悉你省××县公安局××派出所副所长××同志在处警过程中遭遇犯罪分子袭击，身负重伤，经医院抢救无效，不幸于20××年××月××日××时××分牺牲，深感悲痛。谨对××同志表示沉痛的哀悼，并向其家属致以亲切的慰问！

中华人民共和国公安部政治部
20××年××月××日

5.3.9　悼词

1. 基本常识

悼词是一种用于悼念逝者的文本，通常由对逝者有感情纽带的人在逝者的葬礼、追悼会、纪念活动等场合发表。悼词的主要作用是表达悼念、缅怀之情，悼词的内容可以包括逝者的生平事迹、品质、爱好、成就、重要经历等，也可以对逝者的家庭、亲友表示慰问和支持。

2. 写作格式

宣读体悼词主要由标题、正文、落款三部分构成。

（1）标题

悼词的标题一般有以下两种形式：

直接由文种名称构成。即"悼词"。

由死者姓名和文种共同构成。如"在××同志追悼会上的悼词"。

（2）正文

①开头

首先，以沉痛的心情说明召开或参加此次追悼会的目的，然后，尽可能全面而准确地说明死者的职务、职称和称呼，以示尊敬，要注意这些称呼之间的先后排列顺序。接着简要地概述死者逝世时间与原因，以及所享年龄等。

②中间

承接开头、缅怀死者。这是悼词的主体部分。该部分主要由两方面组成。

介绍死者的生平事迹，即对死者的籍贯、学历以及生平业绩进展集中介绍，应突出死者的奉献。

对死者的思想、精神、作风、品质、修养等作出综合的评价，介绍其对别人和社会产生的积极影响。

③结尾

主要写明生者对死者的悼念。最后要写上"永垂不朽""精神长存"等词语，悼词的结尾要积极向上。

（3）落款

落款一般只署成文日期。

3. 写作技巧

技巧一：实事求是

在撰写悼词的时候，要做到尊重事实、褒扬得当，但一般不在悼词中讲其错误和缺点，也不能苛求死者。

技巧二：详略得当

在撰写悼词的过程中，要注意选取死者一生中最具代表性的经历，力求突出其优点，但是不需要面面俱到。注意篇幅要适度，记叙详略得当。

4. 注意事项

注意一：注意区分悼词和讣告

悼词是纪念用文，讣告是报丧用文。悼词与演讲稿、致辞相近，讣告与公告相近。悼词对逝者描述详尽，讣告一般对逝者的描述比较简略。

注意二：尊重逝者和家属

在悼词中尊重逝者和家属的感受。避免谈论可能引起争议或不适当的话题，尊重逝者的隐私和家庭的私人空间。

注意三：注意文本结构和组织

悼词应该构建一个明确的文本结构和组织，以便于人们理解和接受。可以按照时间顺序或主题来组织内容，确保流畅而连贯。

5. 写作示范

×××教授悼词

今天，我们怀着无比悲痛的心情，在这庄严肃穆的告别厅里，深切悼念×××教授。我受其亲属的委托主持今天的告别仪式，首先，请允许我代表其亲属向今天前来参加告别仪式的各位来宾表示诚挚的谢意。

×××教授于××××年×月生于××××，××××年毕业于××大学医学院。20××年×月××日××时××分，×××教授因病医治无效，在×逝世，享年××岁。

×××教授是著名××医学教育家、中国××泌尿外科创始人、我国××外科学奠基者之一、第一届亚太地区××泌尿外科学会主席、××医科大学附属××××医院教授。

×××教授一生致力于××外科的临床、科研、教学工作，将毕生精力献给了××医学事业。……

×××教授治学严谨，求真务实。在国内外医学杂志共发表学术论文100余篇。先后主编国内第一本《×××××××》《×××××××××》等著作……

…………

×××教授的逝世是中国医学界特别是×科学界的重大损失！她为我国××健康事业作出的丰功伟绩将永载史册，她的大医情怀和崇高风范将永驻人间！逝者安息，生者奋然。我们要化悲痛为力量，学习和弘扬黄澄如教授的崇高品德和精神风范，继续把前辈开创的健康事业推向前进，共同护佑民族的未来！

星辰陨落精神长存，吾辈伤心更当前行！

×××教授千古！

×××教授治丧委员会
2020年××月××日

第6章
办事人员的素养要求

6.1 素质要求

6.1.1 政治素质——基本前提

政治素质是指一个人的政治态度和思想理念。政治素质是衡量办事人员对政治问题的认知水平和行为表现的标准之一，具备良好的政治素质是办事人员处理好一切事务的基本前提。

以下是提升政治素质的方法。

（1）坚定正确的政治信仰。办事人员要坚定正确的政治信仰，要始终坚信和拥护中国共产党的领导，遵守国家法律法规，保持正确的政治立场和世界观。

（2）学习政治理论知识。办事人员要通过阅读相关的书籍、参加政治课程或者互联网查询等方法来获取政治理论知识。

（3）了解国情和政策。办事人员要加强对国情和政策的深入了解，洞悉国家的发展方向和政策导向，掌握国家和地方政策的实施情况，提升对当前时局的认识和分析能力。

（4）增强社会责任感。办事人员要积极参与社会公益事业，承担起公民的责任和义务。时刻铭记自己的职责和使命，为社会的发展作出积极的贡献。

（5）关注时事热点。了解时事热点，关注国内外的政治、经济、文化、社会等方面的发展动态，有助于提高自身的综合素质和对时事的理解能力。

（6）遵守职业道德规范。办事人员要严格遵守职业道德规范，遵循职业操守，树立优良的职业形象。要保持诚信和廉洁，不谋取私利，不接受贿赂，不违反职业规范。

（7）加强学习和实践。办事人员要不断加强学习和实践，在实践中增强政治意识，不断提升自己的综合素质和业务水平，要了解社会发展的最新动态，不断更新知识和技能，提高自身的竞争力。

6.1.2　文化素质——强大动力

文化素质是指一个人的文化知识和修养水平，包括语言文字、文化常识、人文历史、科学技术等方面的素养。办事人员在办事的过程中，需要与很多人交往，接触大量的文字资料，因此具备良好的文化素质，可以更好地处理文字资料。

以下是提升文化素质的方法。

（1）阅读经典名著。办事人员可以阅读一些经典的文学、哲学、艺术、历史等作品，逐步提高自己的文学修养。

（2）学习人文历史。了解人文历史，学习历史文化知识，可以培养自己的人文情怀和文化品位，提高文化素养。

（3）拓展朋友圈。积极利用互联网，拓展朋友圈，结识更多文化素质较高的朋友，与其交流，分享文化知识和学习心得，还可以关注公众号、加入一些文化交流群、参加网友见面会等。

（4）参加文化活动。积极参加文化活动，如参观博物馆、艺术展览、文化讲座等，丰富自己的文化生活，提高文化素养。

6.1.3　心理素质——重要保障

心理素质是指一个人在应对生活中各种挑战和压力时的心理状态和表现，包括情绪稳定性、抗挫折能力、自我控制能力、适应能力等方面的素养。提高心理素质有助于提高个人心理健康水平、减少心理问题的发生，最终提升工作能力。

以下是提升心理素质的方法。

（1）增强应变能力。办事人员要不断总结经验，增强自身的应变能力，学会应对挫折和困难，适应环境的变化，不断提高个人的抗压能力。

（2）培养社交能力。良好的社交能力有助于提高人际关系的质量，减轻压力，增强适应能力，在工作之余，办事人员可以走出室外，和朋友一起参加各种室外活动，认识更多志同道合的朋友。

（3）保持积极乐观的心态。办事人员要学会处理焦虑、抑郁、愤怒等情绪问题，无论什么时候，都要保持乐观的心态，积极面对生活和工作，这样有助于提高个人的心理韧性。

（4）提升自信。办事总免不了人际交往，而人际交往的作用是相互的，自信的人更容易被人认可，别人的认可会反过来提升自己的自信心，良性循环，提升自信心会使人勇敢、果断、抗压。

6.1.4　品德素质——必要前提

品德素质是指一个人在道德和伦理方面的修养和素养，包括诚实守信、正直公正、勇于担当、尊重他人、谦虚谨慎、爱心关怀等方面的素养。修行先修德，拥有良好的品德素质是办事人员在工作中的必要前提。

以下是提升品德素质的方法。

（1）树立正确的道德观。树立正确的道德观，明确正确的行为准则和价值观念，遵守社会公德、职业道德和个人道德等方面的规范。

（2）建立诚信意识。人无信不立，诚信是人际交往中的重要品质，保持诚信对于维护职业声誉和信誉有着至关重要的作用。办事人员要以诚待人，任何时候，都要坚守诚信的原则。

（3）强化责任意识。办事人员在工作中，要牢记职责，勇于承担责任，做到对工作、对自己、对他人负责，而不是一味找借口逃避责任。

（4）增强协作精神。众人拾柴火焰高，协作精神是在团队合作中表现出的重要品质，办事人员要善于与他人合作，倾听他人的意见，尊重他人的工作，积极为团队目标努力。

（5）注重自我修养。办事人员应注重自我修养，提高自身道德素质，不断学习、反思、进步。

（6）遵循职业道德规范。办事人员要遵循职业道德规范，遵守保密规定，保护组织机密，做到职业操守和职业道德标准的高度统一。

（7）传承和弘扬优秀传统文化。传承和弘扬优良传统文化，培养家国情怀和爱国主义精神，是提高品德素质的重要途径。

6.1.5　专业素质——攻坚利器

专业素质是指一个人在所从事的专业领域内所具备的知识、技能和经验等方面的素质，具备良好的专业素质是办事人员解决问题和困难的攻坚利器。

以下是提升专业素质的方法。

（1）学习专业知识。不断学习专业知识是提高专业素质的基本途径。要善于利用各种学习资源，包括图书馆、网络、研讨会、培训课程等，不断更新自己的专业知识。

（2）掌握专业技能。在学习专业知识的同时，还要注重掌握专业技能，包括计算机技能、文字表达技能、沟通技巧、项目管理技能等，以便更好地完成工作任务。

（3）增强专业意识。办事人员要树立终身学习的理念，要深入了解和认识所从事的行业和领域的特点和规律，形成正确的专业观念和价值取向，保持对专业的敬畏和热爱，从而不断提高专业素质。

（4）参加职业培训。办事人员要多参加各种职业培训，包括组织内部的培训和外部的职业培训课程，提高专业素质，增强工作能力。

（5）积累工作经验。在实际工作中，总结并积累丰富的工作经验，不断提高专业素质和工作能力，增强自己的信心，强化自己的职业认同感。

6.2　能力要求

6.2.1　综合协调能力——运筹帷幄

综合协调能力是指办事过程中的协调指挥才能，是办事人员不可或缺的核心素质。办事人员应深刻领会并遵循领导所确定的方向和规划的框架，以此为基础，设计出一套科学合理的资源调配方案，将原本零乱的人力、物力、财力等资源进行高效整合，进而实现资源的最大限度的利用。

以下是提升综合协调能力的方法。

（1）提升沟通能力。当团队遇见了问题，只有通过良好有效的沟通，才能找准症结，拿出问题解决方案。沟通能力包括口头表达和书面表达能力，其不仅仅是简单地传递信息，还需要能够理解别人的意见、建议和需求，只有提升了沟通能力，才能够在遇到问题时以有效的方式正确地处理矛盾和冲突。

（2）优化团队成员的资源配置。作为一个综合协调者，需要知道团队中不同人员的优势和劣势，扬长避短，将其安排在最合理的位置，还要能够协调不同人员的需求和优先事项，促进团队成员之间的合作和协作，共同达成目标。

（3）增强团队凝聚力。办事人员要意识到自己团队中的一员，需要与其他人配合才能最大效率地完成任务，切忌个人英雄主义。在团队中，团队成员之间的矛盾和分歧，不是两个人的事，而是团队的事，要学会透过现象看本质，着力解决主要矛盾，要从细节入手，关注每一个个体的需求，最终增强团队凝聚力。

（4）学会换位思考。如果想要有效地调和矛盾，那就不能只从旁观者的角度去看待问题。而是从各方的主观视角去看待整个问题，从中感受到个体不同的需求，找到矛盾的根源，只有抓住根源，才能采取有效的措施，制止矛盾进一步激化。

（5）提升问题解决能力。办事人员提升解决问题的能力，需要掌握各种逻辑思维能力，比如逆向思维、剪刀思维、针线思维、发散思维、聚合思维、和田十二法等。运用不同的思维方式，从多个角度考虑问题，并制定解决方案，同时兼具灵活性和创新性，是提升问题解决能力的关键。

（6）管理时间和资源。办事人员需要管理好时间和资源，以便更好地完成任务。需要制订计划、分配任务、跟踪进度，并确保所有资源都得到最佳利用。

（7）掌握应对压力和挑战的技巧。在办事的过程中，难免会遇见各种问题，会面临各种挑战和压力，那么办事人员需要掌握有效的方法和策略，以应对这些压力挑战，并时刻保持积极心态。

6.2.2　贯彻执行能力——身体力行

贯彻执行能力是指办事人员将决策、目标和计划转化为行动并达成预期结果的能力。办事人员是工作任务的具体执行者，只有提高工作能力，身体力行地推进工作，才能实现目标，取得成就。

以下是提升办事贯彻执行能力的方法。

（1）建立清晰的目标和计划。在办事的过程中，办事人员首先需要明确自己的任务目标和工作计划，以便更好地组织和规划工作。要制定明确的时间表和任务目标，根据实际情况，设计不同阶段的目标和计划，按照既定的目标和计划，有条不紊地实现不同阶段的目标。

（2）建立有效的沟通渠道。办事人员需要与同事、上级外部人员建立良好的沟通关系，以确保理解任务要求和期望。在与他人沟通时，应清晰明确地表达自己的想法和意见，分享知识和经验，并倾听他人的反馈和建议，共同解决问题和应对挑战。

（3）注重细节和准确性。办事人员需要养成时刻关注细节的好习惯，并且做好准备工作，以确保任务按照计划顺利进行。需要审查和确认每个步骤，以确保每项任务都得到正确执行。

（4）提高自律性。做好情绪管理，减少冲动的情绪，保持理智的心态，保持持续的动力和耐力，以更好地坚持行动计划。

（5）保持积极的态度。保持积极的态度，增强自身的意志力和决心，尽最大的努力，哪怕最后失败了，也无怨无悔。学会积极思考和表达，培养良好的心态，以便保持动力。

6.2.3　沟通表达能力——能言善辩

沟通表达的目的是达成人与人之间思想的一致和感情的通畅，提升沟通表达能力，能言善辩，是每个办事人员应做到的，只有能沟通，会表达，统一思想，才能提升事务的办理效率。

以下是提升沟通表达能力的方法。

（1）勤练习。沟通表达能力是可以通过不断练习来提高的。办事人员可以走出家门，多参加社交活动，多与不同的人交流，练习自己的表达能力。另外，可以尝试在不同互联网平台上发布文章或评论，提高自己的文字表达能力。

（2）增见识。很多时候，沟通表达能力不行，并不是不懂得技巧或方法，而是见识太少，找不到说的，就渐渐沦为了"沉默的聆听者"。因此，办事人员可以看书、看电影、看新闻资讯、看纪录片等，了解更多的知识和信息，扩大自己的视野和知识面，只有这样，才能在沟通表达时胸有成竹，有话可说。

（3）会用词。在表达自己的观点时，需要注意用词的准确、简洁、有力。避免使用口头语、俚语或者过于复杂的词汇，以免造成沟通障碍。

（4）有逻辑。能言善辩的人往往能够清晰地表达自己的观点，并且能够把自己的观点和逻辑思维清晰地传达给他人。因此，可以通过练习逻辑思维和推理能力来提高自己的表达能力。

（5）学倾听。作为一个沟通者，倾听对方的观点和想法同样重要。学习倾听能够让办事人员更好地理解对方的需求和想法，从而更好地表达自己的观点和建议，另外，倾听别人的话，还要学会听出别人的潜台词。

6.2.4　人际关系能力——和谐相处

人际关系能力是指人际感受能力与人际反应能力的综合能力。办事就是人与事结合，事是被动的，而人是主动的，具备良好的人际关系能力是办成事的关键。

以下是提升人际关系能力的方法。

（1）求同存异。是指承认问题存在矛盾或差别，要学会认识问题的复杂性，在诸多问题的相互依存中，发现主要矛盾、化解主要矛盾，从而达成一致目标、团结合作的一种手段。在办事的过程中，求同存异，找到利益共同点，凝聚共识，是提升人际关系能力的核心。

（2）换位思考。大多数人都是有立场的，有时候站在己方的立场，就难以理解他人，最后难免产生矛盾。在办事的过程中，办事人员应以平等、尊重、理解的心态，将心比心、设身处地地为别人着想，就能够理解别人的观点或难处。同时也要善于引导别人学会换位思考，来理解己方的观点或难处，最终大家相互理解，拧成一股绳，齐心协力办好事务。

（3）学会宽容。人无完人，人际关系中，别人难免会有说错话、办错事的情况，对于人的不足之处，要抱着共同进步、热心帮助的态度去解决，每个人都会有犯错的时候，宽容别人就是宽容自己，与人为善就是与自己为善。

（4）学会沟通。语言沟通是人际关系的桥梁，办事人员要通过各种途径，学会沟通，善于表达自己的想法和观点，同时也要倾听别人的意见。在沟通中，要注意语气和态度，尊重对方的感受，以及避免使用攻击性的言辞。

（5）调节情绪。办事人员要学会调节情绪，遇到问题不要轻易发脾气，给团队传递负能量，要冷静分析问题并寻找解决方案。同时，也要学会理解和接受别人的情绪，不要让情绪干扰工作和人际关系。

6.2.5　应急管理能力——临危不乱

应急管理能力是指在突发事件或紧急情况下，能够快速、有效地做出应对措施，最大限度地减少损失并保护人员、财产安全的能力。在紧急事件和突发情况中做到临危不乱、有效应对，需要每个办事人员拥有极强的应急管理能力。

以下是提升应急管理能力的方法。

（1）学理论。办事人员需要做好应急管理的思想准备，可以花费一些时间，系统学习相关的应急管理理论，如灾害学、应急管理学等。

（2）建预案。凡事预则立，不预则废。办事人员应结合过往经验，根据实际情况，针对可能发生的各种突发事件或紧急情况，建立相应的应急预案，包括风险识别、应急程序、资源调配等，以确保应对措施的快速、有效和有序。

（3）强演练。办事人员应合理安排时间，组建应急队伍，对应急预案进行演练和验证，了解应急响应流程和应急处置方法，发现问题并及时纠正，提高团队的应对能力和适应能力。

（4）多协作。突发事件处理需要多个部门和单位的协作，办事人员应积极与其他部门和单位建立良好的沟通和协作关系，提高应对突发事件的能力。

易错提醒

当办事人员能力不足时，可能会出现以下一些工作错误。

①错误地判断和决策。由于缺乏必要的知识和技能，办事人员可能会做出错误的判断和决策，导致失败的行动和结果。

②信息处理不准确。能力不足可能导致办事人员在处理信息时出现错误，例如误解或错误理解重要信息，导致工作出现偏差或错误。

③工作失误和疏忽。办事人员可能因为能力不足而出现工作失误和疏忽，从而会遗漏重要的细节，错误处理文件或遗忘任务等，导致工作不完整或不准确。

④沟通问题。能力不足可能影响办事人员的沟通能力，导致信息传递不清楚或误解，造成工作上的混乱或错误。

要避免办事人员因能力不足导致工作失误，可以采取以下措施。

①学习和提升专业能力。办事人员应积极主动地学习和提升自己的专业知识和技能。参加相关培训课程、研讨会和工作坊，利用不同学习资源来提升自己的能力。

②寻求指导和支持。与经验丰富的导师或同事建立良好的关系，向他们请教并寻求指导。

③提前规划和组织工作。办事人员应提前规划和组织工作，确保任务和时间的合理分配。制定详细的计划，并遵循优先级和截止日期，以避免时间管理问题和工作延误。

④审查和验证工作。办事人员在完成工作后，应进行审查和验证，确保工作的准确性和完整性，检查文件、数据和细节，以防止错误和疏漏。

⑤寻求反馈和改进。办事人员应主动寻求他人的反馈，包括同事、上级或客户的意见。从他人的反馈中吸取教训，并持续改进自己的工作表现和能力。

6.3   意识要求

6.3.1   依法办事意识——遵纪守法

法律是道德的底线，做任何事情都要在遵纪守法的前提下做事，提升依法办事的意识。学法、知法、懂法、守法、用法是提升依法办事意识的关键。

以下是提升依法办事意识的方法。

（1）增强法律意识。提升法律意识是依法办事的基础，办事人员要深入学习法律法规和相关政策，提高对法律的认识和理解，以便正确地运用法律来解决问题。

（2）完善规章制度。办事人员应依据法律法规结合实际情况，协助领导建立并完善各种规章制度，例如内部制度、工作程序、工作标准、责任制度等，以确保工作行为符合法律法规的要求。

（3）营造法治文化氛围。办事人员要在组织内部营造浓厚的法治文化氛围，推动法制观念深入人心，增强依法办事的意识。

（4）推进法治宣传。不管是在工作中，还是生活上，都要加强法治宣传工作，提高公众的法律素质和法制观念，推进依法办事的良好氛围。

6.3.2　尽职尽责意识——勇于担当

在办事的过程中，当大家面临困境时，需要办事人员尽职尽责，勇于担当，勇于带领团队走出困境，完成任务。而不是互相推诿、诘难，最终导致团队沦为一盘散沙。

以下是提升尽职尽责意识的方法。

（1）立责任。办事人员要时刻认识到自己所从事的工作的重要性，树立强烈的责任感，明确自己的工作目标和责任范围。

（2）强自信。办事人员在面对工作中的挑战时，要保持积极乐观的态度，增强自信心，勇于承担工作所带来的压力和风险。

（3）防风险。办事人员在工作中要不断地分析和预判可能出现的风险和问题，并制定相应的应对措施，防患于未然。

（4）找问题。办事人员在工作中要积极发现问题，并及时采取措施加以解决，避免问题越积越大，影响工作进展。

（5）多反思。办事人员在工作中要不断反思总结，查找问题并提出改进措施，从而不断提升自己的工作水平和能力。

6.3.3　团结协作意识——同心协力

团结友善是一个组织中最重要的特征，办事的过程中，往往需要不同的人一起协作才能成功，只有提升团队协作的意识，大家同心协力，才能出色地完成任务。

以下是提升团结协作意识的方法。

（1）调整心态。在团队中，办事人员要学会尊重他人、接纳不同意见，不要轻易产生竞争心理，而是以建设性的态度与他人合作。

（2）积极沟通。沟通是解决问题的桥梁，在工作和生活中，办事人员应积极地与他人沟通交流，听取他人的意见和建议，提出自己的想法，让团队成员彼此了解和信任。

（3）互相帮助。在工作中，办事人员要互相帮助，协调工作，分享经验，共同攻克难题，促进工作的开展。

（4）加强合作。办事人员应在工作和生活中积极与同事建立良好的合作关系，以促进团队的凝聚力，使成员更加关注团队的利益和荣誉，发挥协同效应。

（5）共担责任。在团队工作中，每个成员都应该肩负起自己的责任和义务，做到共同承担责任，共同奋斗，实现团队目标。

（6）尊重差异。在团队合作中，成员有不同的背景、观点和思维方式，办事人员应做到求同存异，理解和尊重差异，从多元化的角度考虑问题，使团队更加充满活力。

6.3.4 创新进取意识——勇攀高峰

所谓创新，就是不能故步自封、墨守成规，要敢于直面矛盾，解放思想，善于打破常规，想别人没想到的方向，并在实践上努力把事情干成、干实、干好。

以下是提升创新进取意识的方法。

（1）接受新思想。办事人员要敢于接受新思想和新观念，保持开放的心态，积极吸收和学习先进的理念和经验，才能更好地办理领导交代的各项事务。

（2）走出舒适区。办事人员要敢于挑战自己的舒适区，尝试新的方法和思路，勇于面对挑战和失败，从中吸取经验教训，不断提高自己的创新能力。

（3）推崇改进精神。在办事的过程中，要推崇改进精神，不断优化工作流程和工作方法，提高自己和团队的工作水平。

（4）培养创造力。办事人员要培养自身的创造力，注重发散思维和创意的产生，鼓励团队伙伴提出新的想法和方法，不断推陈出新，推动团队的创新发展。

6.3.5　预防危机意识——居安思危

具备预防危机意识，就是要做到在工作处于计划阶段时，具备对危险因素的防控意识。未雨绸缪，居安思危，在开展工作之前，具备危机意识，做好预案，以应对工作中突发的紧急情况，这样才能确保成功地完成任务。

以下是提升预防危机意识的方法。

（1）了解危机类型。通过调查分析，了解办事过程中常见的危机类型和危机发生的原因，例如自然灾害、技术故障、人为事故等，有助于更好地预测和避免危机的发生。

（2）建立危机管理机制。办事人员应建立危机管理机制，明确责任分工，制定应急预案和应对措施，提前预演危机处理方案，保障办事过程中组织和人员的安全和稳定。

（3）加强安全教育和培训。办事人员应加强安全教育和培训，增强安全意识和应对能力，为危机处理提供保障。

（4）建立风险监测机制。对于一些重大且耗时长的事务，办事人员应建立风险监测机制，加强对内部和外部环境的监测和预警，及时掌握和处理潜在风险和危机。

（5）加强协调合作。办事人员可以加强内部协调和外部合作，建立信息共享机制，与政府、社会组织和其他单位建立合作关系，提高危机处理的整体效率和应对能力。

（6）持续优化改进。在办事的过程中不断总结经验，持续优化和改进危机管理机制，根据实际情况不断调整和完善应急预案和应对措施，提高预防危机的能力和水平。

易错提醒

当办事人员意识不足时，可能会出现以下一些工作错误。

①缺乏工作责任感。意识不足可能导致办事人员对工作缺乏责任感，对任务完成和完成质量造成影响。

②忽视工作细节。意识不足可能导致办事人员对工作细节漠视，或不注意细节的准确性，导致工作出现严重失误或疏漏。

③没有明确的工作目标。意识不足可能使办事人员没有明确的工作目标或方向，导致工作抓不住重点，工作效率低，不利于任务的完成

④缺乏灵活性和应变能力。意识不足可能使办事人员缺乏灵活性和应变能力，无法及时调整工作计划和应对变化，导致工作出现问题或延误。

要避免办事人员在意识方面出现工作错误，可以采取以下措施。

①培养工作责任感。办事人员应明确工作的重要性和自身责任，理解自身工作对组织和他人的影响，从而激发对工作的责任感和敬业精神。

②注重工作细节。办事人员应注重工作细节，重视准确性和完整性。应该仔细阅读工作文件、任务要求和指示，并确保理解和执行正确。

③设定明确的工作目标。办事人员应设定明确的工作目标，包括长期目标和短期目标。设定工作目标有助于指导办事人员工作的方向和行动，提高工作效率和成果。

④善于使用提醒工具。办事人员可以使用提醒工具，如日历、闹钟、待办事项列表等，帮助自身记住重要的任务和截止日期，减少遗忘和失误的发生。

⑤自我反思和持续改进。办事人员应定期进行自我反思，回顾自己的工作表现和错误，并从中吸取教训，制订改进计划，寻找学习和培训机会，不断提升自己的能力和意识水平。

第 7 章

办事的工作规范与工作程序

7.1 办事的原则

7.1.1 忠于决策

忠于决策是指办事人员在执行某个决策或者指令的过程中，始终保持对决策或指令的忠诚，并积极地贯彻执行，不受外界干扰和诱惑，不偏离决策的方向和原则。只有忠于决策，才能够确保办事过程的高效和公正。

以下是做到遵循忠于决策原则的工作程序。

（1）充分理解决策。在领导决策的制定阶段，办事人员就应尽可能多地了解决策背景、意图、目的、原则、规范和流程，确保充分理解决策的合理性、科学性和合法性。

（2）接受决策。在接受领导的决策时，办事人员要尽量消除自己的个人情感和偏见，客观评估决策的重要性和影响，理性、接受决策，并认真执行决策。

（3）充分履行职责。在执行决策时，要始终保持高度的责任心和敬业精神，全力以赴地履行自己的职责，确保决策的有效实施；要坚持正确的原则和价值观，不受个人情感和利益的干扰，始终秉持忠诚、真诚、敬业、负责的态度，确保决策的高效执行。

（4）反馈决策效果。在决策执行过程中，办事人员要认真观察决策执行的实际效果，及时反馈决策执行的成果和存在问题，向领导汇报，提出意见和建议，为决策的持续优化和改进提供参考。

7.1.2 合规守法

守法合规是指办事人员在办事的过程中，遵守法律法规和相关规定的要求，遵守社会道德，积极地履行社会责任，促进社会的健康发展。守法合规是一个法治社会的基本要求，是维护公平正义和社会稳定的基础。

以下是办事人员遵循合规守法原则的工作规范。

（1）了解法律法规和行业规范。在办事的过程中，办事人员首先要了解相关的法律法规和行业规范，深入了解其中的要点和内容，提升对自己工作的法律法规和行业规范的了解。

（2）培养合规守法的意识。办事人员在工作和生活中，要始终把合规守法当成一种信念和行为准则，建立正确的法律观念和风险意识。

（3）制定合规守法的制度。办事人员要积极协助领导在组织和个人层面，建立合规守法的制度，包括监督机制、风险防范机制、内部控制机制等，确保遵守相关的法律法规和行业规范。

（4）接受培训和教育。在组织中，定期开展相关的培训和教育，增强员工的法律意识和法律素质，使其能够在工作中自觉遵守法律法规和行业规范。

（5）加强风险管理和控制。在办事的过程中尽可能规避潜在的风险和问题，避免违反法律法规和行业规范的行为。

（6）遵循诚实守信原则。确保在工作和生活中遵守合同和承诺，不做出欺上瞒下、侵犯他人权益等不道德行为。

7.1.3 照章办事

照章办事是指办事人员在事项审批、文件处理、公文传递、信息查询等各项事务办理的过程中必须遵守相关的法律法规、规章、制度和程序，以达到公正、公平、公开和高效的目的。照章办事可以保证事务办理的合法、高效，可以防止违规操作和腐败行为的发生。

以下是办事人员、遵循照章办事原则的工作规范。

（1）了解相关规章制度。办事人员首先要了解相关的法律法规、政策规定、程序要求、标准规范等，特别是与自己工作相关的规定。

（2）认真审阅和执行。在办理事务的过程中，要认真审阅相关文件，了解规定的要求和程序，严格按照规定的内容和要求执行。

（3）严格执行程序。在办理事务的过程中，要按照规定的程序和流程进行，不得违反规定或越权操作。

（4）保持科学、客观的态度。在办理事务的过程中，要以客观、公正、科学的态度，综合考虑各种因素，进行决策和处理，不偏私、不枉法、不随意妥协。

（5）加强沟通和协调。在办理事务的过程中，要加强与相关部门和人员的沟通和协调，及时解决遇到的问题和疑惑。

7.1.4　分清主次

分清主次是指在处理问题或任务时，明确事务的轻重缓急、先后顺序和重要程度等，将任务、事项、工作等按照重要性和优先级排序，确定优先处理的事项，避免被次要的事情所干扰，从而提高工作效率和工作质量。

以下是办事人员遵循分清主次原则的工作规范。

（1）制定清晰的工作计划。为了分清主次，办事人员首先可以制定一个清晰的工作计划。在计划中，列出所有的任务和目标，然后按照重要性和紧急程度对它们排序。

（2）确定优先级。确定每个任务的优先级，这样可以帮助办事人员集中精力处理最重要的任务，同时也可以避免耽误重要事项。

（3）集中精力处理主要任务。为了确保工作的高效性，需要集中精力处理最重要的任务。具体可以遵循80/20原则，即80%不重要的事项可以通过20%的工作完成，将80%的时间和力量投入到最重要的20%的任务中。

（4）时刻关注任务进度。办事人员要时刻关注任务的进展情况。统计每个事项的截止日期，并制定具体的时间表，根据时间表制订工作计划，以确保所有事项在截止日期前完成。如果发现任务进度落后，需要及时采取措施来调整计划。

（5）灵活适应变化。在办事的过程中，可能会遇见一些突发问题，导致影响计划的实施，在这种情况下，办事人员需要适应变化，并且重新调整任务的优先级。

（6）提升执行力。分清主次不仅仅是制定计划和排列任务的优先级，更关键的是要有执行力，只有把计划付诸实践，才能真正做到分清主次。

经验分享

在具体工作中，可以采用以下有助于分清主次的方法。

①关键绩效指标（KPI）。通过设定关键绩效指标，将组织的战略目标转化为可衡量的指标，以便于评估和调整。

②思维导图。通过绘制思维导图，将任务或目标分解成各个子任务或子目标，并标明它们之间的关系，以便于分清主次。

③倒推法。将计划倒推回去，找出为了达到计划所需完成的各项任务，并标明它们之间的关系，以便于分清主次。

7.1.5　守时守信

良好的开端是成功的一半，成功的开端始于守时。在办事的过程中，办事人员应遵循守时的原则，养成守时的美德。若想赢得别人的信任，首先就是要做一个信守承诺的人。

以下是办事人员遵循守时守信办事原则的工作规范。

（1）制定详细的计划。在开始办事之前，要制定一个详细的计划，并确保它是切实可行的。将任务拆分成多个小的步骤，并为每个步骤设定一个明确的截止日期，以确保按时完成任务。

（2）尽早告知相关方事项延误或更改的原因。如果办事人员不能按时完成任务，应及时通知相关方，并告知可能影响任务完成的原因。当出现任何延迟或更改时，应立即与相关方沟通，并尽力减小影响。

（3）保持沟通。与相关方保持沟通，以确保对方了解任务的进展情况，并及时沟通问题或难点，确保双方都明确任务要求和期望。

（4）遵守承诺。在办理事务时，应遵守自己的承诺，并确保按照时间节点完成任务。如果出现任何问题或困难，应及时与相关方沟通，以寻求支持或解决方案。

（5）留出余地。在制定计划和时间表时，应留出适当的余地，以应对意外情况和任务延迟的情况。以减少不必要的压力和焦虑，并确保任务按照计划完成。

（6）提高效率。要提高守时守信的能力，需要不断提高自己的工作效率和管理能力。学习并使用时间管理工具，优化自己的工作流程，不断寻找提高工作效率的方法和技巧。

7.1.6　求真务实

所谓"求真"，就是要学会发挥主观能动性，透过现象看本质，办事人员要善于发现隐藏在现象之下的主要矛盾，将主要矛盾揭示出来。所谓"务实"，就是要在"求真"的基础上去做实事、去实践。

以下是办事人员遵循求真务实办事原则的工作规范。

（1）确保目标清晰。在任务开始之前，要明确任务的目标和要求，确保理解任务的本质和意义。这有助于确保任务的求真性和务实性，并使任务更有意义和价值。

（2）注重实际效果。要强调实际效果，而不仅仅是形式或表面上的成果。评估任务的效果，并考虑如何将任务的结果转化为实际价值和利益。

（3）制订可行的计划。要制定可行的计划和时间表，确保任务可以按计划完成。考虑到任务的实际情况和可行性，避免过于理想化或过于简单化的计划。

（4）保持开放和灵活。要保持开放和灵活，以应对任务中可能出现的任何变化或困难。对反馈或建议学会接受和反思，以帮助优化任务和提高工作效率。

（5）坚持原则和价值观。要坚持正确的原则和价值观，保持真诚，避免虚伪和虚张声势。在处理任务时，要遵循职业道德和准则，确保任务的真实性和可靠性。

7.1.7　注重细节

注重细节是指在办理事务的过程中，关注细节，确保每一个环节和细节都得到妥善处理，以达到提高工作效率，保障工作质量的目的。作为一名办事人员，要将工作做到精益求精、无可挑剔，才能让上级觉得你是一个靠谱、可堪重任的人。

以下是办事人员遵循注重细节办事原则的工作规范。

（1）确认任务要求。在任务开始之前，办事人员要确保理解任务的细节要求，并将其记录下来，这可以帮助办事人员在执行任务的整个过程中都能遵循任务细节要求。

（2）制订清晰的计划。制订清晰、具体和符合实际要求的计划和时间表，包括任务的每一个细节，有助于确保任务不会遗漏任何细节，并按时完成。

（3）关注细节。在完成任务的过程中，要注意每一个细节，包括文件、记录、日期、时间、人员等，检查所有任务的关键点，确保每个细节都得到了妥善处理。

（4）保持良好的工作环境。保持工作环境的整洁、有序，可以帮助办事人员更好地关注细节。清理桌面、保持工具和文具的归位、定期清理电子邮件和文件夹等，都可以帮助办事人员保持工作环境的整洁和有序。

（5）养成注重细节的习惯。注重细节是一种习惯，可以通过不断重复来养成。定期检查和审核自己的工作，反思自己的工作习惯，并加以改进，可以帮助提高注重细节的能力。

7.1.8　经费合理

经费合理是指在使用经费时，合理规划和分配经费，确保经费的使用符合合理性、合法性和效益性原则，避免经费浪费或滥用，实现经费的最大化利用。办事人员应讲求成本效益，遵循经费合理的原则，用最低的成本去获取最大的效益。

以下是办事人员遵循经费合理办事原则的工作规范。

（1）合理规划和使用经费。办事人员需要在开始办理事务前，根据工作需要和实际情况，制订详细的经费预算计划，并在使用经费时按照计划进行。要注意不超过经费限额，不违反相关财务规定，不浪费公共财产。

（2）选择合适的供应商或服务商。在采购物品或选择服务商时，办事人员需要综合考虑价格、质量、服务等因素，选择性价比最高的供应商或服务商。

（3）严格执行采购程序。办事人员需要严格按照相关的采购程序采购，不得违反相关规定，避免存在"小金库"或其他不规范的经费使用行为。

（4）节约资源。在办事过程中，办事人员要注意节约用水、用电、用纸等资源，避免浪费和过度使用。

（5）审慎使用公务用车。如果需要使用公务用车，办事人员要根据工作需要和路程安排，合理规划路线，严格遵守公务用车管理规定，避免私人使用和滥用公务用车。

7.1.9　安全保密

安全保密是指在办理事务过程中，要保护涉及的机构、组织、人员、设备、资料等重要信息和财产的安全和保密，避免遭受破坏、泄露或造成损失。办事人员在工作中需要处理一些涉及个人隐私、商业机密或国家安全的敏感信息，因此遵循安全保密的原则至关重要。

以下是办事人员遵循安全保密办事原则的工作规范。

（1）了解保密政策。办事人员应该了解其工作单位的保密政策，并遵守相关规定，确认授权或审批方式，防止未经授权的人员访问涉密电子设备或办公设备；

（2）安全销毁文件。对于一些包含敏感信息，但不再需要保存的文件，办事人员应该使用安全的销毁方法销毁。

（3）参加安全培训。办事人员应该参加安全培训，了解如何识别安全漏洞，以及应对安全事件的步骤。

（4）分类标识信息。将信息按重要性和敏感程度分级，并分类标识。有些信息可能需要较高的安全级别，采用更高级别的安全措施。

（5）安全存储敏感信息。确保敏感信息妥善存储，只有经授权人员才能访问它们。敏感信息应该存储在受控的系统中，并且定期备份和恢复。

（6）限制信息共享。只有必须要知道特定信息并经授权的人员才能访问信息。禁止通过电子邮件或其他不安全的方式共享敏感信息。

7.2　办事的方法

7.2.1　求助的方法

在办事的过程中，办事人员难免会遇见一些棘手的问题，需要寻求领导或同事的帮助，求助别人是一项非常重要的沟通技巧，掌握求助别人的正确方式或注意事项，可以帮助我们更快速、更准确地解决问题。

以下是一些求助别人的方法或注意事项。

（1）明确问题。在向别人求助之前，应先明确问题的相关情况。办事人员应该尽可能具体、明确地描述问题，以方便他人能够更好地理解并给出有效的建议，而不是别人问起，一问三不知，这会让别人认为你没有诚意或是你单纯是想把问题抛给他。

（2）选择合适的时间。在向别人求助时，要选择安静的环境和对方较为轻松的时候，向他寻求帮助，清楚地阐明自己的问题，切忌在吵闹复杂的环境中求助别人，切忌在别人繁忙和疲惫不堪的时候求助别人。

（3）表达感激。当别人给出有效的建议或帮助时，我们应该及时表达感激之情。这不仅可以表达我们的谢意，也可以让别人感到自己的努力和付出得到了认可和肯定。

（4）做好记录。当别人给出有效的建议时，我们应该及时做好记录，这样可以避免遇到类似问题时重蹈覆辙。同时，记录也可以让别人感到自己的建议被重视和有用。

7.2.2　拒绝的方法

赠人玫瑰，手有余香，有时候，帮助别人就是帮助自己，办事人员应该互帮互助，才能事有所成，但是这并不意味着要无差别地接受别人的请求，而是要有所选择，对于别人不合理的请求，或是办事人员自身非常繁忙时，应当予以拒绝。

如何做到高情商地拒绝别人，以下是几点建议。

（1）态度要真诚。真诚地说出自己无能为力的原因，而不是以敷衍的态度打发别人。

（2）说话有分寸。对于别人的请求，要注意拒绝的分寸；在拒绝的同时，充分体现礼貌和同理心。

（3）直观地展示自己很忙。怎么才能做到直观？就是在别人请你帮忙的时候，别说"我很忙""我很累""我还有事啊"之类的抽象的话，可以直接把手上正在做的事情——向别人展示和描述，甚至可以把一些以后要做的事提前搬出来充当借口。

（4）帮对方找第二种解决方案。有时候，当局者迷，旁观者清，对于别人的困难，虽然自己的能力有限，无法为其解决实质的问题，但可以引导其换个思路思考问题，抑或向其推荐其他能解决该问题的人。

（5）适当拖延。在不便直截了当拒绝的情况下，适当拖延，暗示别人自己做不到，拖延是一种拒绝的艺术，运用好了也会取得良好的效果。

7.2.3　赞美的方法

恰到好处地赞美别人，可以增进人与人之间的情谊，为办事过程增添润滑剂，促进事务的办成。高手赞美人，会让人如沐春风，心旷神怡，而笨拙、不合时宜的夸奖则会令人感到尴尬，最终把好事变成坏事，因此，作为一名合格的办事人员，应当学会正确赞美方法。

以下是一些赞美别人的方法或技巧。

（1）诚实赞美。赞美应该是真诚的，而不是虚伪的，只有当赞美是真诚的时候，才会让他人感到被认可和鼓励。

（2）具体赞美。赞美应该是具体的，而不是泛泛而谈，具体的赞美可以让他人更清楚地了解自己的优点和长处。

（3）肯定成就。肯定别人的成就是一种非常有效的赞美方式，可以让他人感到自己的工作得到了认可。

（4）鼓励成长。在赞美的同时，也应该鼓励别人不断成长和进步，这可以让他人感到自己的工作得到了认可，同时也有动力不断提高自己的水平。

（5）公开赞美。公开赞美可以让他人感到更受重视和认可，当有机会时，可以在公共场合赞美别人的工作和表现。

7.2.4　批评的方法

办事的过程中，办事人员也应当掌握正确、恰当的批评方法，才能帮助同事或下属改正错误，弥补缺陷，提升团队的执行力，更好地完成任务。批评别人不是居高临下地以一副说教的样子去说"你错了""你有问题""你不该那样做"之类的话，而是要采取一定的方法和技巧，以免引起别人的逆反、厌恶，最后争吵起来，严重影响人际关系。

以下是一些批评的方法。

（1）前后赞美，中间批评。人都是害怕被别人否定，而渴望被认可的。在批评别人之前，应明确批评的目的是解决问题、帮助别人，促进事务的办成，而不应该是责难，可以前后赞美，中间批评，在前后肯定别人的同时，指出其问题，这样别人会更乐于接受。

（2）责人先责己。人是容易受到感召的，办事人员哪怕自身没有问题，但也可以通过严厉的自我批评，同时注意语言上的艺术，使他人受到感召，主动地认识到自身的错误。

（3）设问暗示。办事人员可以通过提前设置好一系列具有递进关系的含蓄问题，用问答的方式与别人沟通，潜移默化地暗示并启发对方，让对方恍然大悟，明白其错误所在和改正的方向。

（4）营造轻松的氛围。批评别人应当以一种温和的态度、建议的方式进行。批评别人时容易造成非常紧张、尴尬的气氛，因此可先与别人在一个容易让人放松的环境下闲聊，先聊一些幽默诙谐的话题，营造出轻松愉悦的氛围后，再以建议的方式指出别人的问题，为别人寻找解决措施，达到批评别人，使其改正错误的目的。

（5）直言批评。对于自己的直系下属，若采取上述方式，他还认识不到自身错误，甚至明知有错而不想改正的，就应该直截了当地提出批评，帮助其改正自己的错误行为。

7.3 办事的技巧

7.3.1 事前准备，事后总结

成功不是无缘无故的，机会总是留给有准备的人。作为身处基层的办事人员，要想办好事，事前准备，事后总结是重要的技巧，主动去准备，主动去总结，并长期坚持，迟早会有所成就。

1. 做好事前准备工作的要求

（1）确定目标和计划。在开始工作前，应该先确定工作的目标和计划。这样可以帮助办事人员更加明确自己要完成的任务，并且有条不紊地推进工作。

（2）收集信息和材料。在开始工作前，应该先收集相关的信息和材料。这样可以帮助办事人员更加全面、准确地了解问题，也可以避免工作过程中出现不必要的错误和漏洞。

（3）准备工具和设备。在开始工作前，应先准备必要的工具和设备。这样可以保证工作顺利进行，并且避免因为缺乏必要的工具和设备而浪费时间和精力。

（4）制定时间表和安排优先级。在开始工作前，应该制定时间表并安排优先级。这样可以帮助办事人员更好地控制时间，合理分配精力和资源，并且避免因为时间不足而无法完成任务。

2. 做好事后总结工作的要求

（1）总结经验和教训。在完成工作后，应该总结办事过程中的经验和教训。这样可以帮助办事人员更好地了解自己的优点和不足，从而更好地提高自己的工作能力。

（2）分析原因和解决问题。在总结经验和教训时，应该分析问题的原因并找出解决问题的方法。这样可以帮助办事人员更好地避免同样的错误和问题再次出现，并提高自己的工作质量。

（3）记录和整理资料。在总结经验和教训时，应该记录和整理相关的资料。这样可以帮助办事人员更好地掌握自己的工作经验和教训，并且在今后的工作中更好地应用和发挥。

（4）反馈和改进工作。在总结经验和教训时，应该及时向上级和同事反馈自己的工作情况，并寻求改进意见。这样可以帮助办事人员更好地发现自己的问题和不足，从而提高自己的工作能力和工作质量。

7.3.2　态度端正，积极主动

态度端正，就是在办事的过程中要做到细致入微、脚踏实地，杜绝粗心大意、敷衍了事、随心所欲。积极主动就是在办事的过程中要积极主动地与领导沟通，和同事交流，杜绝闭门造车，杜绝个人英雄主义，要积极主动地直面问题，解决问题。

以下是办事人员做到态度端正，积极主动的要求。

（1）明确工作目标和职责。在开始工作之前，办事人员需要清楚地了解自己的工作目标和职责，以确保能够准确地完成工作任务。同时，也需要时刻牢记自己的工作职责，以保持工作中的专注和高效。

（2）积极主动承担责任。在工作中，办事人员应该始终保持积极主动的态度，主动承担责任，及时解决问题。当出现问题时，应该主动采取措施，而不是等待别人来指导或解决问题。

（3）保持专注和高效。在工作中，办事人员可以通过制订清晰的工作计划，使用时间管理技巧来帮助自己提高工作效率。另外，需要注意避开不必要的打扰和分心的因素，以确保能够集中精力完成工作任务。

（4）建立良好的工作关系。办事人员应该与同事和上司建立良好的工作关系，通过沟通和协作来促进工作的顺利进行。与同事合作时，需要学会倾听他们的建议，并尊重他们的意见。

（5）不断学习和提高。办事人员应该通过不断学习来提高自己的专业技能和知识水平，以适应快速变化的工作环境。可以通过参加培训课程和学习新的工作技能来实现这一点。同时，也需要不断地反思和总结自己的工作经验，以便在以后的工作中更好地应对各种情况。

（6）保持乐观和积极的态度。面对工作中的各种挑战和压力时，办事人员需要学会保持冷静和乐观，以克服困难并取得成功。

7.3.3　把握原则，兼具灵活

把握原则，兼具灵活，就是要求办事人员要认识到原则性与灵活性的对立统一性，原则性即在工作中要严格按照政策法规、规章制度办事，要有底线思维；灵活性即在工作中要解放思想，充分发挥主观能动性，善于在不违反原则的前提下，创新办事方法、调和矛盾。

以下是办事人员做到态度端正，积极主动的要求。

（1）灵活应变。当面临特殊情况时，要灵活应变，考虑采取不同的措施，以适应不同的情况。

（2）保持沟通。在办事过程中，要及时向上级反映有关情况，并寻求上级的建议和指导。

（3）借鉴经验。在处理问题时，要积极向其他人学习经验，借鉴别人的成功经验，以便更好地处理问题。

（4）深入思考。在处理问题时，要深入思考，形成自己的判断，以便在应对变化时，能够更好地解决问题。

（5）及时调整。在办事过程中，要评估工作的效果，并及时调整，以确保最终的结果符合规定和标准。

7.3.4　轻重缓急，权衡利弊

事有先后，用有缓急。办事的过程中，分清事情的轻重缓急，学会权衡利弊，是一个合格的办事人员的智慧之道，只有这样，才能做起事来井井有条，做完事后的效果也是不同凡响。

以下是办事人员做到注意轻重缓急，权衡利弊的要求。

（1）确定优先级。根据任务的重要性和紧急程度，确定任务的优先级。通常情况下，优先处理紧急且重要的任务，其次是不紧急但重要的任务，然后是紧急但不重要的任务，最后是不紧急也不重要的任务。

（2）评估风险。在权衡利弊时，要评估不同选择的风险和后果，从而确保自己做出的决策是正确的。

（3）考虑影响因素。在做出决策时，要考虑不同选择对各方的影响，包括组织、员工、客户和利益相关者等。

（4）寻求反馈和建议。在做出决策之前，寻求他人的反馈和建议，以帮助自己更全面地了解问题和不同选择的利弊，并且在做出决策之后也可以让自己有所调整。

（5）制订计划。根据自己的决策，制订相应的计划和行动方案，明确目标和时间表，以帮助自己更有效地管理时间和资源。

（6）审视决策。在做出决策之后，要及时审视自己的决策，看是否达到了预期的效果，如有需要，可以及时调整自己的决策和计划。

7.3.5　有礼有节，不卑不亢

有礼有节，不卑不亢。是体现在外在语言表达上的办事技巧，办事人员言谈举止做到有礼有节，不卑不亢，会让人觉得办事人员是一个逻辑清晰、有分寸、办实事的人，一个人只有做事有准备、胸中有墨水、思维有逻辑，才能在外在的表现上做到有礼有节，不卑不亢。

以下是办事人员做到有礼有节，不卑不亢的要求。

（1）确定自己的立场和观点。在与别人沟通之前，先确定自己的观点和立场，明确自己的态度和要表达的意见。

（2）掌握沟通的技巧。在与别人沟通时，要注意掌握一些基本的沟通技巧，比如积极倾听、回应对方的观点、尊重对方的意见等。

（3）沟通语言要得当。在沟通交流时，要注意自己的语言表达要得当，既要有逻辑性，又要表达清晰，避免歧义。

（4）深入了解问题。在表达自己的观点之前，要深入了解相关的问题，掌握更多的信息，以便更好地表达自己的观点。

（5）保持冷静。在与他人沟通时，不要情绪激动，冷静地思考问题，冷静地表达自己的意见。

（6）尊重对方。不论对方的观点和立场是否与自己相同，都要尊重对方的意见，避免用语过激，造成对方不必要的反感。

（7）不失礼貌。在沟通交流时，要注意言辞得当，不要用过于强硬或咄咄逼人的语言，避免给对方造成不必要的压力或冒犯。

7.3.6　审时度势，因势利导

审时度势，因势利导。就是要求办事人员要顺应时势作出正确的判断，作出最佳的选择。万事万物是在不断发展变化的，问题也是在不断变化的，在办事的过程中，问题的发展会随时间、地点而发生变化，因此，需要办事人员掌握审时度势，因势利导的技巧。

以下是办事人员做到审时度势，因势利导的要求。

（1）关注时事。及时了解和掌握当前政治、经济、社会、文化等方面的最新动态和发展趋势，从中发现机遇和挑战，为工作提供参考。

（2）灵活调整思路。根据形势变化和任务需求，灵活调整工作思路和方向，调整相应的工作计划和策略。

（3）审时度势。对当前形势进行全面、客观的分析和评估，发现问题和矛盾，确定工作重点和难点，及时调整工作进度和方法。

（4）因势利导。根据形势和任务的不同特点，采取不同的工作方式和方法，实现工作的有效推进。

（5）顺势而为。利用外部环境和资源，调整工作方向和手段，最大限度地发挥自身优势和特点，实现工作的高效完成。

（6）强化协作。在变化多样的环境中，加强与各方面的联系和协作，汇聚各方力量，共同应对挑战和机遇。

（7）不断学习。对于新情况、新问题、新挑战，要及时学习和吸收，不断提高自己的工作能力和水平。

7.3.7 找准时机，相机行事

找准时机，相机行事。就是要在事情陷入僵局的时候，善于在静中找动，在面中找点，在显性中找到隐性，然后，巧妙地打破僵局，成功地扭转局面，促进事情的办成。这就要求办事人员看见别人看不见的问题，找出别人所不能找到的关键点。

以下是办事人员做到找准时机，相机行事的要求。

（1）掌握时机。办事人员在做事之前，先了解一下事情的背景、现状和趋势，找准时机，及时采取行动。

（2）确定优先级。办事人员在众多任务中，找出最紧急、最重要的任务，先行处理，避免时间和精力浪费。

（3）善于观察。办事人员要时刻关注身边的事物和环境的变化，对情况的变化及时作出调整和应对。

（4）抓住机会。办事人员要善于发现和利用机会，在适当的时候采取行动。

（5）沟通交流。办事人员在处理事情时，要注意与相关人员进行充分的沟通和交流，了解各方意见，做到胸中有数。

（6）风险评估。办事人员在采取行动之前，要评估可能面临的风险和难度，制定应对措施，避免出现意外。

（7）灵活变通。办事人员在行动中，要保持灵活性，根据情况及时做出调整，找到最适合的方案。

7.3.8 体恤人情，换位思考

过分重视人情，则人情可能会破坏原则，公平公正会受到大众的质疑。只重视原则而不讲人情，则会被认为不懂人情世故，做事容易受到阻碍。对于人情社会，办事人员不但要看到其积极的一面也要看到其消极的一面，学会扬长避短，换位思考，在不违反原则的情况下，体恤人情。

以下是做到体恤人情，换位思考的要求。

（1）先了解对方。在与他人交流前，先试着了解对方的经历、观点、处境、需求等情况，了解对方的情况有助于更好地与对方交流，并体现出对对方的尊重。

（2）换位思考。在与他人交流时，试着站在对方的角度去思考问题，以理解对方的需求和处境。这不仅可以提高沟通效果，还可以加强双方之间的理解和信任。

（3）倾听和尊重。在与他人交流时，积极倾听对方的观点和需求，并在回应时尊重对方的意见。即使你不同意对方的观点，也要尊重对方的意见，不要用贬低、指责的言语攻击对方。

（4）知道何时道歉。如果你的言行对他人造成了伤害，要及时道歉并表达对对方的关心和尊重。

（5）避免冲突。在交流的过程中，要避免使用可能引发冲突的语言，同时也要防止争吵或争执的发生，以维护与他人之间的良好关系。

（6）用感性语言。在表达时，用感性语言而非理性语言来交流。这样有助于更好地传达情感，获得理解，从而提升交流的效果深度。

（7）鼓励和支持。在与他人交流时，可以表达鼓励和支持，让对方感到自信并更有动力去完成任务。

7.3.9 防微杜渐，防患未然

很多时候，大错误都是从小错误开始的，因此，办事人员要牢牢守住纪律底线，抵抗住诱惑，管住欲望，从思想上筑起拒腐防变的防线，始终保持对权力的敬畏，做到真正的防微杜渐，防患未然。

以下是办事人员做到防微杜渐，防患未然的要求。

（1）增强风险意识。了解工作中可能出现的各种风险和不良的后果，提高对风险的警觉性。

（2）完善制度规范。建立健全制度规范，对工作程序、操作规程等进行明确的规范，减少人为失误和疏漏导致的不良结果。

（3）认真仔细、耐心细致。在工作中要认真细致、一丝不苟，不放过任何一个细节，同时也要有耐心，对事情要有充分地思考和分析。

（4）积极主动，勇于担当。在发现问题或者疑点的时候，不要推脱和回避，要积极主动地解决问题，并且勇于承担自己的责任。

（5）预见风险，预案备好。提前预测可能出现的问题和风险，并且制定应对措施和预案，以便在出现问题的时候能够及时应对，降低损失。

7.4　办事的分寸

7.4.1　说话的分寸

办事离不开说话，说话是一门高深的艺术，一个说话有分寸的人，说出话来准确得体、巧妙恰当，让人听后如沐春风，能够促进事务的办成，反之，一个说话不懂分寸、不识深浅、不知厚薄的人，就会惹人厌烦，四处碰壁，最终事没办成，还得罪了人。

如何把握说话的分寸呢？以下是一些建议。

（1）尊重他人。始终以尊重他人为前提，无论对方是谁，无论他们的地位或背景如何。避免使用冒犯性的语言或表达方式，保持礼貌和谦逊。

（2）了解情境。在说话之前，仔细了解当前的情境和环境，考虑到场合和对方的感受，如果有必要，适当地调整语气和措辞。

（3）言简意赅。在沟通中，尽量使用简洁明了的语言表达自己的意思，避免使用过于复杂或难以理解的词汇或术语，清晰简洁的表达方式可以避免产生歧义或误解。

（4）注意语速和音量。适当地控制说话的语速和音量，确保对方能够清晰地听到和理解你的讲话内容，不要过于急促或喧嚣，也不要过于缓慢或低声细语。

（5）倾听和沟通。说话的分寸不仅仅是关乎自己的表达，也涉及倾听和理解他人的需求和意见，积极倾听他人的观点，与他们进行良好的沟通，并尊重他们的意见。

（6）控制情绪。在办事过程中，可能会遇到一些挑战或困难，但要学会控制情绪并保持冷静，避免使用情绪化的言辞或过度激动，以免影响到工作的进行或与他人的关系。

（7）适当的幽默。在适当的时候使用幽默的语言可以营造良好的沟通氛围，但要注意幽默的界限，避免使用冒犯性或不适当的笑话，确保幽默的语言不会伤害到他人或引发误解。

7.4.2　感情的分寸

办事就是人与事的结合，免不了人与人之间的交往，办事的过程中，需要把握情感的分寸，正确处理人与人之间的关系。

如何把握情感的分寸呢？以下是一些方法。

（1）保持冷静和客观。不管遇到什么情况，都要尽量保持冷静和客观的态度，不要让自己的情绪左右决策和行动。当办事人员遇到令人困惑或者激动的事情时，先停下来，深呼吸，思考如何采取合适的措施。

（2）善于倾听和理解。在与他人交往时，倾听和理解别人的情感十分重要，要关注他人的表情、语气和言辞，了解他们的情感和意见，然后进行回应。

（3）不要过于亲近或疏远。在办事的过程中，与别人保持适度的距离和亲近程度非常重要，过于亲近可能会导致情感用事，而过于疏远则会让人感到冷漠和不关心。办事人员要根据情况选择适当的亲近程度，并尽量保持一定的距离，避免过于情感化。

（4）维持心理状态平衡。办事人员如果在工作中遇到压力或者困难，可以通过休息、锻炼、娱乐等方式来释放压力，调整情绪。保持良好的心理状态可以更好地掌握感情分寸。

（5）学会说不。有时候，我们会因为希望取悦别人或者因为无法拒绝而做出不合理的决策或者承诺，学会礼貌拒绝或者坚定地说不，可以帮助办事人员保持情感平衡，掌握感情分寸。

7.4.3　应变的分寸

"明者因时而变，知者随事而制"。在办事的过程中，如果陷入了困境，穷则思变是我们所提倡的，但是也要掌握其中应变的分寸。万物有度，过犹不及，在法律法规、规章制度的尺度下去应变，方为科学且有分寸的应变。

如何掌握应变的分寸呢？以下是一些方法。

（1）灵活应变。面对突发事件或计划变更时，应该保持冷静并立即考虑新情况下的解决方案，这要求办事人员具备灵活性和适应性，及时做出相应调整。

（2）善于沟通。在应对计划变化或出现问题时，办事人员需要与相关人员沟通，了解问题的细节和影响，然后共同制定解决方案。

（3）充分准备。做好应变工作需要充分的准备，包括提前预知可能出现的情况，制订相应的计划，并在执行计划时注意及时更新计划。

（4）审时度势。在应变的过程中，需要审时度势，根据不同情况采取不同的方法，避免盲目跟随既定计划，导致错误。

（5）掌握应对压力的技巧。在面对复杂局面和压力的时候，要保持冷静，分析和解决问题，可以运用自我调节的技巧，例如深呼吸、闭目冥想、放松肌肉等来缓解情绪。

（6）保持乐观态度。在任何时候都要保持乐观和积极的态度，这样可以帮助办事人员克服困难和挑战，同时也需要保持谦虚，认识到自己的能力和局限性，不要盲目自信。

7.4.4　态度的分寸

态度决定一切，这固然有一定的绝对，但是也从侧面说明了态度的重要性，态度是指人们的心理倾向，心理倾向影响行为倾向，也就是说，不同的态度造就不同的人生，有什么样的态度就会做出什么样的行为，从而产生不同的结果。

如何把握态度的分寸呢？以下是一些方法。

（1）保持平和心态。无论面对什么事情，都要保持平和的心态，不过于激动或失落。在处理问题时，应该冷静地分析情况，并采取适当的解决方法。

（2）注重言辞。言辞是表达态度的重要方式，要注意措辞，避免使用过激、攻击性的言辞，同时也不要过于客气和含糊。

（3）尊重他人。在与他人交流和合作时，要尊重对方的权利和意见，避免过于强势或不尊重他人，同时也要注意表达自己的看法和需求，不要过于妥协。

（4）保持专业。无论遇到什么事情，都要保持专业的态度，不要因个人情绪或利益影响工作，同时也要遵循职业道德和行业规范，避免违规行为。

（5）保持积极的态度。在处理问题时，应该保持积极的态度，寻找解决问题的办法，并努力实现目标，同时也要注意给予他人鼓励和支持，共同推动事情的进展。

7.4.5　行为的分寸

一个人在行为举止上有分寸，能够反映出其自身良好的修养。办事人员在办事的过程中，要注意行为的分寸，否则可能会造成一些不良的影响，导致办不成事。自然端庄的行为举止会让人觉得办事人员是一个为人沉稳、做事靠谱的人，会给人舒适的感觉。

如何把握行为的分寸呢？以下是一些方法。

（1）保持冷静。在面对突发事件或者紧急情况时，不要慌乱失措，保持冷静和清醒，这有助于办事人员更好地掌握行为和感情的分寸。

（2）理性思考。在做决策或处理问题时，要保持理性，不要让情绪左右自己的思考和判断，要从多个角度去思考问题，寻找最合理的解决方案。

（3）尊重他人。在与他人交往时，要尊重他人的感受和意见，不要随意伤害别人的自尊心，要以和平、友好的态度与他人相处。

（4）善于沟通。在与他人交流时，要善于沟通，听取他人的意见和建议，不要一味地坚持自己的观点，要学会站在别人的角度去思考问题。

（5）注意言谈举止。在公共场合或者与上级、同事、客户等人交往时，要注意自己的言行举止，不要过于张扬或者过于谨慎，要根据不同的情况和场合选择合适的行为方式。

7.5　办事的禁忌

7.5.1　心理禁忌

办事人员在办事的过程中，应该避免以下心理上的禁忌。

（1）贪婪。指办事人员对金钱、物质、权力、地位等的过度追求。

（2）自私。指办事人员只考虑自己的利益，而忽略他人的感受和需要。

（3）虚荣。指办事人员过分追求表面的虚荣、荣誉、地位等，而不愿意付出努力。

（4）猜疑。指办事人员对他人的动机、行为产生怀疑，并且不信任他人。

（5）嫉妒。指办事人员对他人的成功、幸福等感到不满、怨恨，从而产生破坏、排斥他人的行为。

（6）自卑。指办事人员对自己的能力、品质等感到不满、自责、自我否定等情绪。

（7）侥幸。指办事人员认为自己的运气很好，即使不用付出很大的努力也不会遭遇失败。

（8）妄自尊大。指办事人员过分自信，认为自己无所不能，轻视他人的意见和建议。

（9）急功近利。指办事人员追求短期内的快速、直接的回报，而忽略长期的发展和风险。

（10）好大喜功。指办事人员过分追求表面上的荣誉、成就、名声等，而忽略了实际的工作效果和社会价值。

经验分享

规避办事心理禁忌，可以从以下方面入手。

①自我反省和提升自信。办事人员应该正视自身的自卑情结，进行自我反省并努力提升自己的自信心。可以通过培养积极的心态、参加相关培训和学习、与他人交流合作等方式来实现。

②建立合作与分享意识。办事人员可以通过与他人合作，相互支持和学习，建立积极的工作氛围，来树立合作与分享的意识，摒弃嫉妒和虚荣心态。

③强调公共利益和团队合作。办事人员明确自己的工作是为了公共利益而服务，而不是个人私利，应该注重团队合作，摒弃自私和个人主义，以整体利益为出发点，为共同目标而努力。

④责任意识和团队精神。办事人员应该树立责任意识和团队精神，尽职尽责地完成自己的工作，互相支持和帮助，避免过河拆桥的行为。

7.5.2　态度禁忌

办事人员在办事的过程中，应该避免以下态度上的禁忌。

（1）懒散拖沓。指办事人员在工作中，态度不积极、拖拉、不及时，缺乏紧迫感。

（2）置之不理。指办事人员对待某个问题或事情不予理睬、不予关注，放任不管。这种行为可能会导致问题的进一步恶化或延误。

（3）姿态傲慢。指办事人员的态度或表现出的姿态高傲自大、目中无人。这种态度可能会影响到人际关系的建立和维护，也可能会导致自己在他人眼中的形象受损。

（4）蛮横无理。指办事人员的行为或态度粗暴、不讲道理、强制他人执行自己的意愿。这种行为可能会导致矛盾、冲突和伤害他人的后果。

（5）冲动易怒。指办事人员的情绪不稳定，易于冲动，缺乏自控力，容易被激怒而做出不理智的决定或行为。这种行为可能会对自己的情绪和身体健康造成负面影响。

（6）拒绝沟通。指办事人员的言语或行为表现出拒绝交流、不愿意倾听他人意见和想法的态度。这种行为可能会导致对方产生误解或双方关系疏离。

（7）看人下菜。指办事人员根据不同人的社会地位、职位高低、外貌等因素来判断对方的价值，从而采取不同的对待方式。这种行为可能会使双方产生矛盾。

（8）感情用事。指办事人员的情感因素在决策和行为中占据主导地位，而忽略了理性和客观因素的影响。这种行为可能会导致决策的失误和对结果的不良影响。

（9）曲意逢迎。指办事人员为了讨好他人或达到自己的目的，采取虚伪、奉承、迎合的态度和行为。这种行为可能会损害自己的诚信和尊严，也可能会导致他人对自己产生误解和反感。

（10）倚老卖老。指办事人员因为年龄、资历或经验等因素而自认为比他人更有权威或优越性，从而表现出傲慢自大、不尊重他人的态度和行为。这种行为可能会引起他人的反感和厌恶。

（11）优柔寡断。指办事人员的行为或决策缺乏明确的判断和坚定的执行力，容易犹豫不决、拖延时间，导致机会错失或事情失败。这种行为可能会影响到工作的效率和结果。

7.5.3 行为禁忌

办事人员在办事的过程中，应该避免以下态度上的禁忌。

（1）违反程序。指办事人员违反工作的正常流程或规定，导致任务无法完成或结果不符合预期，更甚者还可能引发法律责任。

（2）破坏规则。指办事人员违反规章制度、规则、协议等具有约束力的规定，导致不良后果或受到惩罚。

（3）泄露机密。指办事人员泄露关于组织内部的机密信息，导致安全隐患或影响正常工作。

（4）损人利己。指办事人员以自己的利益为先，忽略他人的权益和感受，可能会导致不公平的结果。

（5）过河拆桥。指办事人员在完成任务或达成目标后，不顾及前期的贡献和合作，抛弃了合作伙伴，导致信任危机或被孤立。

（6）不择手段。指办事人员为了达到目的而不择手段，包括采用欺骗、威胁、诽谤、滥用职权等不道德手段，可能会导致负面影响或受到法律制裁。

（7）故设障碍。指办事人员设置障碍或阻碍，以达到自己的目的，可能会导致合作伙伴的不满或导致工作无法顺利进行。

（8）恶意中伤。指办事人员以恶意的方式攻击他人，造成对方的名誉损害或精神伤害，可能会导致双方关系破裂或产生矛盾。

（9）欺上瞒下。指办事人员在上级面前谎报工作情况或者隐瞒真实情况，以达到自己的目的，可能会导致信任危机或工作失误。

（10）出尔反尔。指办事人员作出了某个承诺却在后期违背了自己的诺言，可能会导致信任危机或者被视为不诚信的人。

（11）信口雌黄。指办事人员说话没有根据或者不负责任地胡乱言论，可能会导致名誉受损或者被视为不诚信的人。

（12）朝令夕改。指办事人员对于政策、规定、计划等经常进行临时修改或变更，可能会导致工作计划混乱或无法按时完成。

（13）投机取巧。指办事人员通过不正当的手段获取利益，缺乏诚信和道德观念，可能会导致不良后果或被视为不诚信的人。

（14）敷衍了事。指办事人员对于任务或者工作不认真负责，只是表面上完成，缺乏工作态度和责任心。

（15）互相推诿。指办事人员推卸自己的责任或者找借口来回避责任，影响团队协作和效率。

（16）抢功推责。指办事人员在完成任务或者达成目标后，争着争抢功劳或者推卸责任，可能会导致团队内部矛盾和不公平的结果。

（17）主观臆断。指办事人员没有充分考虑客观实际情况，仅凭个人主观想象做出决策，可能会导致决策失误或者错误判断。

（18）轻信他人。指办事人员过于相信他人的话语或者承诺，没有充分调查和核实事实真相，可能会导致失误或受骗。

（19）胡搅蛮缠。指办事人员无理取闹、不讲道理、纠缠不休，以获取关注或者满足自己的需求，可能会导致关系破裂或者工作受阻。

（20）触犯众怒。指办事人员的行为或言论侵犯了大多数人的利益或者感受，引起公愤和谴责，可能会导致工作上的麻烦或者被孤立。

（21）一意孤行。指办事人员没有考虑其他人的意见或者建议，单纯地按照自己的想法行事，可能会导致工作失误或者其他严重后果。

（22）将错就错。指办事人员面对错误的决策或者行为，不愿意及时改正，而是"将错就错"，可能会导致更加严重的后果。

（23）斤斤计较。指办事人员对无关紧要的事过分计较导致决策过程过于烦琐或者无法达成共识。

（24）铺张浪费。指办事人员为了达到某种目的而造成浪费，包括金钱、时间、资源等方面的浪费，可能会导致资源浪费或者不必要的损失。

7.6　办事的程序

7.6.1　第1步：领会办事意图

办事的要义在于领会领导的意图。领会旨在心领神会。"心领神会"的释义就是"心里要知道对方未明说的意思"，这里的"对方"也即领导。

以下是领会领导真实的办事意图的一些方法。

（1）沟通和倾听。办事人员应积极地与领导沟通，确保对任务和目标有清晰的理解。聆听领导的交代，注意领导在对话中的语气、重点和表达方式。

（2）不懂就问。如果办事人员对领导的指示或意图有任何疑问或不确定之处，应当及时提出问题并寻求解答，以避免误解和错误地执行。

（3）阅读和分析文件。办事人员应仔细阅读与任务相关的文件、备忘录或其他书面指示，理解其中的关键信息和具体要求。

（4）留心观察。办事人员应观察其所在的工作环境和组织文化，了解领导的工作风格、偏好和决策方式，这有助于办事人员更好地理解领导的真实意图。

（5）思考领导的目标。考虑领导所追求的目标和优先事项，这可以帮助办事人员对领导的决策和指示进行合理的解释和解读。

（6）学习领导的工作方式。观察领导在工作中的行为和做事方式，领导可能有某些习惯或模式，通过了解和适应这些习惯或模式，办事人员可以更好地理解领导的意图。

（7）与同事交流。办事人员应与同事交流并分享对领导意图的理解，同事可能有不同的视角和见解，可以帮助办事人员更全面地理解和解读领导的意图。

7.6.2　第2步：做好事前准备

凡事预则立，不预则废。在办事的过程中，做好事前准备，可以提高办事效率，避免出现意外情况，即使出现意外情况，也要有相应的预案。

以下是做好事前准备的具体要求。

（1）明确目标。根据领导的交代，领会领导的意图后，明确办事的目标和目的是什么，以确保在办事过程中不偏离目标。

（2）制订计划。根据任务目标的复杂程度、紧急程度，制订详细的计划，包括任务的分解、时间表、所需资源等，即使是简单的任务，也要在心里盘算好，做好计划，千万不要轻视简单的任务而不去制订计划。

（3）收集资源。收集和整理与任务相关的所有资源，包括所需的材料、信息、人员、资金、工具等，然后做好归纳整理。

（4）评估风险。根据以往的经验教训，结合当下形势和条件，全方面对任务中可能遇到的问题或难点进行评估，制定相应的风险应对策略，以应对可能出现的问题。

（5）组织资源。根据任务计划，组织配置所需的资源，包括人员、设备、资金等。

（6）分配任务。根据参与任务的人员的不同特点和技能，分配任务。

（7）检查准备。在任务开始之前，进行一次全面的检查，确保所有准备工作都已完成，以及所有必需的资源都已准备妥当。

（8）制订沟通计划。制订一个有效的沟通计划，确保所有相关人员都了解任务目标、进度和要求，以避免误解和信息不畅通的情况。

7.6.3　第3步：控制办事过程

控制是保障目标实现必不可少的活动，控制的目的在于通过采取纠正的措施，使实际工作符合原定的计划目标。

以下是控制办事过程的具体程序。

（1）设定控制标准。按照规章制度兼具灵活性，设定相应的标准，确保总体任务和每个分项任务都有明确的目标和标准，以便在执行过程中进行评估。

（2）采取数据控制。用数据的形式，将预算、时间表、资源分配、进度表、任务分配等工作量化出来，并设置各个阶段的目标参数。

（3）收集数据。收集执行过程中的实际数据，将其与目标数据对比，以便能够评估工作的质量和效果。

（4）评估和分析。对数据进行评估和分析，以确定工作是否能达到预期目标，发现问题和潜在风险，以便能够采取适当的措施。

（5）调整计划。根据评估和分析结果，对计划进行必要的调整，以确保任务能够达到预期目标。

（6）跟踪进展。调整计划后，还要跟踪工作的进展，以确保任务在规定时间内完成，并符合标准达成目标。

（7）采取纠正措施。若后续仍然出现其他问题，继续对问题进行评估与分析，对出现的问题和风险采取纠正措施，以确保工作能够顺利进行。

经验分享

监督和监控是办事过程中至关重要的环节，它涉及对办事进展的密切观察和跟踪，以及及时发现和解决可能出现的问题。通过建立监控机制和反馈机制，可以确保办事进展符合预期，并及时采取必要的纠正措施。

例如，政府部门负责批准建筑许可，在办事过程中，政府办事人员可以采取以下措施。

①监测审批进度。建立审批进度的监控机制，定期更新并跟踪审批进展。例如，可以使用项目管理软件或电子表格来记录每个申请的状态、进度和所涉及的部门。

②定期报告和会议。定期向上级领导或利益相关者汇报办事进展情况。例如，可以举行定期会议或提交进度报告，以确保各方了解项目的最新状况，并提供反馈和指导。

③预警系统。建立预警系统，及时发现潜在的问题或延迟情况，并采取纠正措施。例如，如果某个申请的审批时间超过预期时间，系统可以自动触发警报，并通知相关责任人进行调查和解决。

7.6.4　第4步：反馈最终结果

办事人员在办事过程中要以结果为导向，做到有始有终，及时向上级反馈最终结果。以下是反馈最终结果的具体程序。

（1）确定反馈对象。首先需要确定反馈的对象是谁、有谁，切忌越级上报或漏报。

（2）确定反馈方式。根据反馈对象的需求和任务的实际情况，选择合适的反馈方式，例如面对面沟通、电话通知、邮件、报告、工作情况说明或召开会议等。

（3）表述清晰。在反馈中，要做到数据准确、简明扼要、条理清晰，具体要包括任务的进展情况、完成情况和成果质量等，避免模棱两可、含糊其词瞒报漏报等。

（4）强调成果。在反馈的过程中，要注意语言的艺术，实事求是地反馈所达成的成果，既不邀功，也不诿过。

（5）接受领导反馈意见。虚心地接受领导的意见和建议，适时目视领导和点头，并在笔记本上简要地做好记录，以帮助自己不断改进工作方式，提高工作效率和质量。

（6）向下层传达反馈结果。如果存在下级办事人员，还需要将领导的反馈结果向下层传递，让下属了解项目的最终结果和意义。

经验分享

在反馈的过程中，做到以下几个方面，可以提升反馈的效率和效果。

①强调解决社会问题。在反馈中，强调项目如何有助于解决社会问题或满足公众需求，以突出项目的价值和影响。

②提供经济效益和投资回报。在反馈中，强调项目的经济收益、就业机会、产业发展等方面的成果，以证明项目的可行性和回报。

③引用专家评估和研究。在反馈中，可以引用专家评估和研究的结果，来证明项目的科学性和可行性。

④突出合规和法律依据。政府单位必须遵守法律和法规，确保项目的合规性，在反馈中，强调项目的合规性和符合法律法规要求的特点，以确保政府单位对项目的支持和认可。

7.6.5　第5步：总结经验得失

总结经验得失能够帮助办事人员发现自己的优点和不足，从中总结经验教训，从而在未来的工作中不断改进，使今后少犯错误，提高工作效率，取得更大的成绩。

以下是总结经验得失的具体程序。

（1）明确总结目标。首先需要明确办事人员想要总结的事情是什么，以及办事人员希望从总结中得到什么样的收获。这个目标可以是总结经验、改进流程或提高工作效率等。

（2）收集并分析数据。从反馈最终结果的文件资料中收集相关数据，对数据进行分析。这一步可以采用多种方式，例如通过图形、表格等形式来展示数据，并从中分析出问题和成果。

（3）总结经验。根据分析的结果，总结经验得失。将分析结果转化为可行的建议或行动计划，比如调整工作流程、改进团队沟通、提高个人技能等。

（4）设定行动计划。总结就是为了更好地指导以后的工作，根据总结的经验得失，设定改进的目标和具体的行动计划，包括需要采取的具体措施、时间表和实施过程中的评估等。

第 8 章

常见事务办理工作程序与工作规范

8.1 领导事务的办理

8.1.1 请示/报告

请示和报告是行政文秘工作中一项重要的日常工作，请示是下属人员在工作中遇到问题，需要上级领导给予答复和审批；报告是下属人员向上级领导汇报工作、反映情况、答复询问等。请示报告的程序、规范如下所示。

1. 请示/报告的程序

请示报告的程序如图8-1所示。

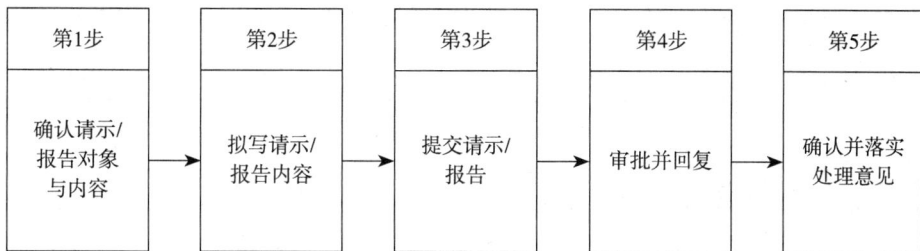

第1步	第2步	第3步	第4步	第5步
确认请示/报告对象与内容	拟写请示/报告内容	提交请示/报告	审批并回复	确认并落实处理意见

图8-1 请示/报告的程序

（1）第1步：确认请示/报告对象

办事人员需要确定要向哪位领导或者部门请示/报告，并确保该对象对该请示/报告事项具有决策权或者经授权决策权。

（2）第2步：拟写请示/报告内容

办事人员根据上级领导请示/报告事项的指示和问题的具体要求，准备相关的材料，包括背景介绍、问题说明、对策建议等。

（3）第3步：提交请示/报告

请示/报告拟写完成后，可由主管领导审核，审核通过后，将报告提交给请示对象审批。

（4）第4步：审批并回复

请示对象对请示/报告事项进行审核、审批、打回修改等处理，直到问题得到解决或者决策达成。

（5）第5步：确认并落实处理意见

办事人员根据最终决策，实施相应的措施，并及时反馈执行结果，以便请示对象跟踪反馈和调整决策。

2. 请示/报告的规范

请示报告的规范如表8-1所示。

表8-1　请示/报告的规范

规范内容	具体标准
工作要求	1.请示事项要核实清楚。通过多种途径对信息的合理性、来源的可靠性进行确认 2.表述清晰。将主要观点、具体事例、意见建议等表述准确、明白 3.符合程序。请示报告工作须严格按照规定程序进行
注意事项	1.避免材料冗杂，逻辑混乱。请示/报告应突出主题、立意深刻、简明扼要 2.避免越级请示。问题要逐级请示和报告，不能越级请示，越级报告 3.避免多头请示。不能在请示一个领导不同意后，又去请示另一个领导，且不告知，使领导之间产生矛盾和隔阂 4.避免多变请示。不能在请示事项没有批准后，又另找理由再行请示，导致领导无法给出意见

8.1.2　汇报工作

汇报工作是将本部门的工作全面、及时、详细、准确地向上级领导反映，是上下级之间一种良好的沟通方式，可以使上级了解下级的工作，使下级明白上级的意图。汇报工作的程序、规范如下所示。

1. 汇报工作的程序

汇报工作的程序如图8-2所示。

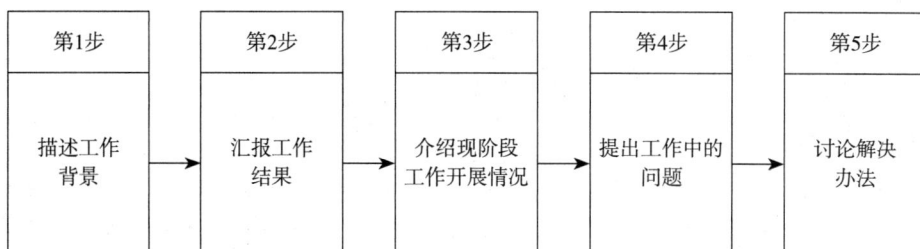

图8-2 汇报工作的程序

（1）第1步：描述工作背景

汇报工作时，首先要和上级领导做好背景描述，告知为什么汇报，可以帮助上级领导了解汇报背景。

（2）第2步：汇报工作结果

向领导汇报工作时，不管结果好与坏都需要客观呈现结果，这是领导最关注的。

（3）第3步：介绍现阶段工作开展情况状况

汇报现阶段工作情况，说明现状让领导更好掌握时局，控制场面。

（4）第4步：提出工作中的问题

做汇报时要敢于提出工作中遇到的问题，并与领导一起讨论解决办法。

（5）第5步：讨论解决办法

汇报要做到有理有据地找出事实背后的本质问题，得出结论，形成解决方案或建议，供领导选择。

2. 汇报工作的规范

汇报工作的规范如表8-2所示。

表8-2 汇报工作的规范

规范内容	具体标准
工作要求	1.语言精练。汇报时措辞要繁简适当，不用模糊词语汇报工作，例如"还行、还可以"等 2.突出工作重点。提前想好汇报的目的和核心要点，分条列出重点，还要注意将重要的事情放在最前面说 3.逻辑清晰。在开始汇报之前，明确汇报主题，并在确定了主题后，制定一个简单的纲要，在汇报中严格按照纲要展开
注意事项	在汇报时，应深入分析各个问题的深层原因，避免掩盖或忽略重要的问题。及时汇报，在讨论问题的过程中，积极提供解决方案和建议，尽可能准确预测未来可能出现的问题

操作提示

做好汇报工作，可以从以下几个方面入手。

①提前演练。事先针对汇报内容做模拟练习，从把控时间、汇报语言、逻辑框架等方面准备，做到熟练掌握。

②多用数据。汇报工作要多用数据来说话，特别是汇报相关结果性的工作内容时，数据图表无论从完成结果还是趋势都能非常直观地呈现出来。

③给出选择。在提出问题的同时，给出多种解决建议或方案，以及每种方案的优劣势，以备领导选择。

8.1.3　上报情况

上报情况是向领导反映本单位或本部门在建设和运营过程中发现的一些问题，或是某一方面的情况。有些是上级领导或部门明确要求上报的，有些是单位或部门需要主动反映的。做好情况上报工作，有利于上下级沟通，争取领导的支持。上报情况的程序、规范如下所示。

1. 上报情况的程序

上报情况的程序如图8-3所示。

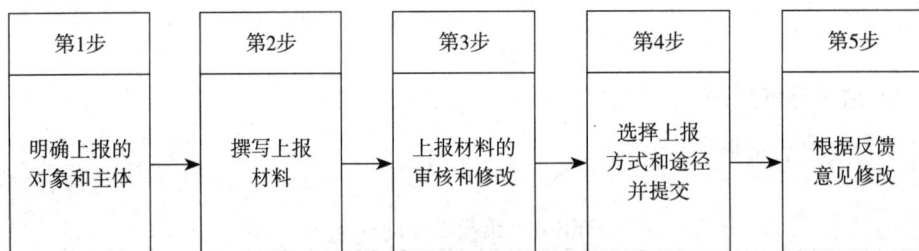

第1步	第2步	第3步	第4步	第5步
明确上报的对象和主体	撰写上报材料	上报材料的审核和修改	选择上报方式和途径并提交	根据反馈意见修改

图8-3　上报情况的程序

（1）明确上报的对象和主题

上报情况需要明确上报的对象和主体，以便选择合适的上报方式和途径。一般来说，上报对象一般是上级部门、领导或其他相关人员，主题可以是特定任务、重大事件或其他需要上报的事项。

（2）撰写上报材料

根据具体情况，撰写上报材料。上报材料一般包括事件的时间、地点、人员、相关证据等具体信息，以便上级部门或领导了解事件的全貌并作出正确判断。

（3）上报材料的审核和修改

上报材料撰写完成后，上级部门或领导需要对材料审核和修改。确保材料的信息真实可信、内容清晰、格式规范、符合机关文书的要求。

（4）选择上报方式和途径并提交

根据具体情况选择合适的上报方式，包括书面报告、口头报告、电话沟通等。提交材料时，需要在班子会议或领导办公室等正式场所中，由相关负责人向上级部门或领导上报。

（5）根据反馈意见修改

上级部门或领导在收到上报材料后，会审核和反馈。在接收到反馈结果后，需要尽快处理和改进，并做好记录，以备后续查阅。

2. 上报情况的规范

上报情况的规范如表8-3所示。

表8-3 上报情况的规范

规范内容	具体标准
工作要求	1.上报的情况要真实准确。对于上报的情况，一定要认真核实，保证信息准确无误 2.上报要及时。有情况要及时上报，不能拖延，方便上级随时掌握情况 3.重点要突出。根据实际情况，突出重点，有选择性地提供信息 4.选准上报时机。上报情况时一定要精准地把握时机，除非是必须立刻上报的突发事件，否则领导身边有人时、正在忙碌时，或者在大庭广众之下，最好不要上报
注意事项	1.不随意上报。不要盲目求快，导致报告内容不经思考，没有广度与深度 2.分清主次。要根据有关要求和实际情况，明确哪些是必须报的"规定动作"，哪些是反映特色亮点的"自选动作" 3.不要凡事都报。上报情况不需面面俱到，以工作思路为牵引，将重点工作着重阐述，普遍开展的工作简而言之，不要片面追求将所有工作细节都呈现

8.1.4 传达上级指示

在日常工作中，上级领导经常要做出一些重要指示，传达到相关对象，并贯彻到实际工作中。上级指示相当于是一道命令或者是一项工作的具体内容，传达上级指示要到位，不能有任何一点遗漏，否则下级在开展相关工作时容易出现问题。传达上级指示的程序、规范如下所示。

1.传达上级指示的程序

传达上级指示的程序如图8-4所示。

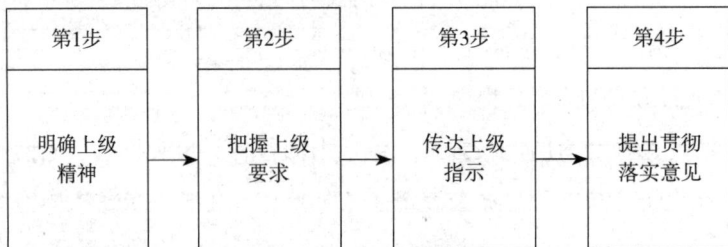

第1步	第2步	第3步	第4步
明确上级精神	把握上级要求	传达上级指示	提出贯彻落实意见

图8-4　传达上级指示的程序

（1）第1步：明确上级精神

使用正确的沟通方式与上级领导沟通，保证能够完全理解上级领导的意图和指示精神，这样才能够正确地传达上级精神，否则传达过程中可能会有偏差，导致最终的工作结果不尽如人意。

（2）第2步：把握上级要求

在传达上级指示的过程中对于上级决议的目的、要求、执行方法要有一个精准地把握，才能更好地向有关工作人员传达工作方法、流程以及注意事项，确保工作顺利进行。

（3）第3步：传达上级指示

①向组织机关传达上级指示应态度温和、及时准确、点清重点。

②向下属传达执行指令时，要先了解每个下属此时此刻的工作状态和工作内容，并且在传达过程中，采用和谐融洽的方式，态度平稳地向下属传达。

（4）第4步：提出贯彻落实意见

传达上级领导和机关的指示，不是简单地当"传声筒"，最终目的是把上级的指示要求贯彻落实到工作中去。因此，在传达上级指示过程中，既要领会领导精神，又要结合本单位、本部门的工作实际，有针对性地提出贯彻落实的具体意见。

2.传达上级指示的规范

传达上级指示的规范如表8-4所示。

表8-4　传达上级指示的规范

规范内容	具体标准
工作要求	1.全面准确。在传达上级指示的过程中，一定要准确无误，不能凭个人的理解自由发挥，随意添加或删减内容，更不能曲解，避免经传达后使上级的指示"走样""变味" 2.快速及时。上级的指示要求，一般都有时效要求，需要尽快传达贯彻，以更好地促进工作 3.贯彻落实。上级的指示传达后，办事人员应根据职责要求，抓好贯彻落实，搞好检查督导，确保上级指示落到实处
注意事项	1.捕捉上级指示的关键信息。例如上级对时间、优先级、重要性等方面的要求。这些关键信息对下一步行动至关重要，需要做好笔记或记录下来，确保信息的正确性和完整性 2.将上级指示转化为行动计划。上级指示传达完成后，需要将其转化为具体的行动计划，制定相应的时间表或进度表，并明确相关责任人和执行人。行动计划应该是可操作性强，衡量标准明确的，可以确保工作的顺利进行

操作提示

注意根据传达对象身份的不同，选择不同的传达方式。

①如果是对下级传达领导的指示，可以采取开会等比较严肃的形式进行，但是也要注意不能用居高临下，发号施令的口吻。

②如果是向自己的领导传达上级的指示，则应采取汇报的形式，语气上注意舒缓，转述话语中多讲"请"少讲"要"，以免造成向领导下达指示的嫌疑。

③如果是向同级传达指示，以叙述的方式为好。

8.1.5　听取情况汇报

上级领导或工作人员到下属单位调查研究、检查工作时，往往都要听取该单位的领导或业务部门的领导进行情况汇报，这是了解下属单位情况、掌握工作信息资料的重要途径之一。听取情况汇报的程序、规范如下所示。

1. 听取情况汇报的程序

听取情况汇报的程序如图8-5所示。

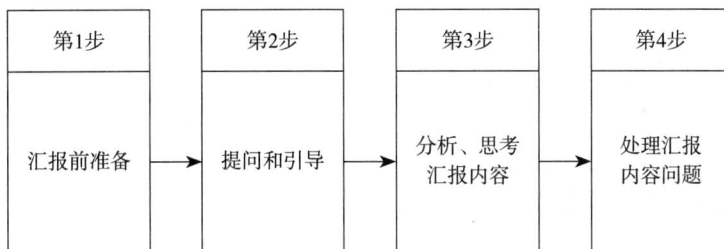

第1步	第2步	第3步	第4步
汇报前准备	提问和引导	分析、思考汇报内容	处理汇报内容问题

图8-5　听取情况汇报的程序

（1）第1步：汇报前准备

听汇报前，要认真准备两点：一是明确自己为什么要听汇报，根据自己的目的列出调查纲目；二是提前通知汇报单位，以便汇报单位事先做好准备。

（2）第2步：提问和引导

在听取汇报的过程中，要适时围绕自己的目标提问和引导。避免由于汇报者准备不充分，或了解情况不全面等原因，不能清楚地叙述事情的经过、阐明经验和问题。

（3）第3步：分析、思考汇报内容

在听取汇报时，不仅要用耳去听，还要用脑去想，保持思维的高度敏锐，做到边听边想，边听边思考，边听边判断。

（4）第4步：处理汇报内容问题

听完汇报后，可对工作中存在的未解决问题提出建议与看法。

2. 听取情况汇报的规范

听取情况汇报的规范如表8-5所示。

表8-5　听取情况汇报的规范

规范内容	具体标准
工作要求	1.提出问题和建议。在听取汇报之后，可以对汇报内容进行梳理与分析，并提出问题和改进建议，帮助汇报人更好地了解问题，解决问题 2.专注倾听。避免分神、打断和偏离主题，认真聆听汇报人的陈述，并积极提问、了解相关情况 3.适当引导。适当发问并引导汇报人深入分析，推动问题解决，同时也让汇报人感受到重视和尊重
注意事项	1.关注关键信息。在听取汇报时，需要关注关键信息、事实和数据，并记录这些信息，如时间安排、进度、质量、成本等关键数据。这些数据是决策、分析和计划的重要依据 2.确认行动计划。在听取汇报之后需要确认行动计划，即将聆听的汇报转化为具体的措施和行动。这些措施和行动应该合理、可实施、可验证，并要分明责任人和注意点等

8.1.6　向领导提建议

为促进组织决策的科学化和民主化，相关工作能够更好地开展，办事人员有必要适时向领导提建议，其程序、规范如下所示。

1. 向领导提建议的程序

向领导提建议的程序如图8-6所示。

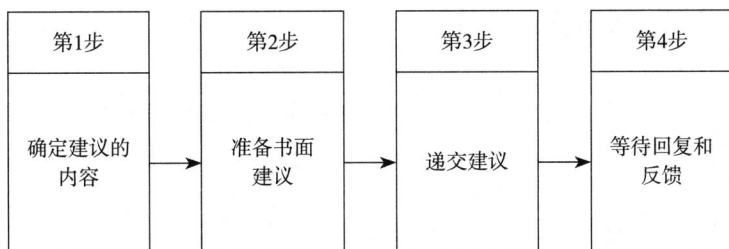

图8-6 向领导提建议的程序

（1）第1步：确定建议的内容

在提建议之前，需要仔细思考和研究建议内容。确保建议内容与组织的发展和改进相关，并且有助于解决现有问题或提高工作效率。

（2）第2步：准备书面建议

将建议书面化，包括详细说明建议的理由。在书面建议中，可以列出问题的描述、建议的解决方案、实施的可行性分析以及预期的效果等。确保建议清晰、简明，并能够帮助领导理解问题，提供解决方案。

（3）第3步：递交建议

将书面建议递交给领导。可以采用当面提交、发送邮件、正式信函等方式。确保建议以适当的方式递交给领导。

（4）第4步：等待回复和反馈

提交建议后，需要耐心等待领导的回复和反馈。领导可能需要时间来评估建议，并与相关部门进行讨论。在等待期间，应该继续履行日常工作职责。

2. 向领导提建议的规范

向领导提建议的规范如表8-6所示。

表8-6 向领导提建议的规范

规范内容	具体标准
工作要求	1.科学分析。提建议前要有充分的调研和分析，通过搜集和分析大量的相关数据和信息，以便确定问题的根源 2.提供解决方案。提建议时，要有明确的解决方案和可行性措施，不能只是简单地提出问题，缺乏具体的解决思路和方法 3.突出重点。建议的重点和要点要明确，不能遮遮掩掩，要让领导能够清晰地理解问题的本质和影响
注意事项	1.选择合适的时机。不宜在领导情绪低落或工作繁忙时提建议，以免影响领导对建议的接受度。最好在领导比较轻松、能够专注听取建议的时候提出 2.不能跨越职责范围。在提建议时，要明确自己的职责范围，并避免提出超出职责范围的建议，以免涉及其他部门或领导的权限和职责

8.1.7 代领导传话

代领导传话通常是指在某些情况下，领导无法亲自出面或不能亲自传达信息，需要下属人员代为传达的情况，代领导传话的程序、规范如下所示。

1. 代领导传话的程序

代领导传话的程序如图8-7所示。

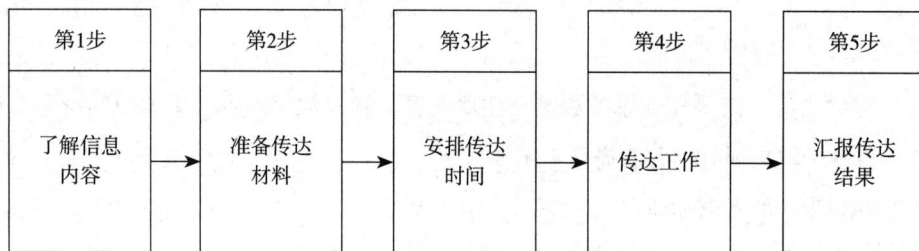

第1步	第2步	第3步	第4步	第5步
了解信息内容	准备传达材料	安排传达时间	传达工作	汇报传达结果

图8-7　代领导传话的程序

（1）第1步：了解信息内容

了解领导要传达的信息内容，确保清楚明确，并充分了解相关要求。

（2）第2步：准备传达材料

准备好相应的传达材料，例如会议材料、讲话稿、文件等。

（3）第3步：安排传达时间

需要和领导或其他相关人员协调好传达的时间，确保传达及时、准确。

（4）第4步：传达工作

在传达过程中，要遵循相关程序和规定，严格执行传达任务，确保信息准确。

（5）第5步：汇报传达结果

完成传达任务后，需要向领导汇报传达结果，总结传达效果。

2. 代领导传话的规范

代领导传话的规范如表8-7所示。

表8-7　代领导传话的规范

规范内容	具体标准
工作要求	1.准确性。代领导传话需要确保所传达信息的准确性和完整性，避免产生任何误解或误导 2.清晰易懂。代领导传话需要使用简单易懂、清晰明了的语言，避免使用复杂的词汇或术语，使接收方能够准确理解信息 3.保密性。代领导传话时，需要严格保密，确保传达的信息不会被泄露

续表

规范内容	具体标准
注意事项	1.管理冲突和抵触情绪。在代领导传话时，可能会遇到接收者的抵触情绪或冲突。在处理这种情况时，保持冷静、专业和客观，避免情绪化的反应 2.不得过度解读或歪曲信息。代领导传话时不能过度解读或歪曲信息，必须按照原意传达信息

经验分享

　　在代领导传话之前，可以先与领导核实要传达的要点，避免传达过程中出现偏差或遗漏。根据接收方的情况和需求，可以采用口头、书面等多种传达方式，提高信息的传达效果。

8.1.8　陪同领导出行

　　陪同领导出行是指在领导外出公务、考察、访问等活动中陪同领导一同出行，协助领导完成出行任务，其程序、规范如下所示。

1.陪同领导出行的程序

　　陪同领导出行的程序如图8-8所示。

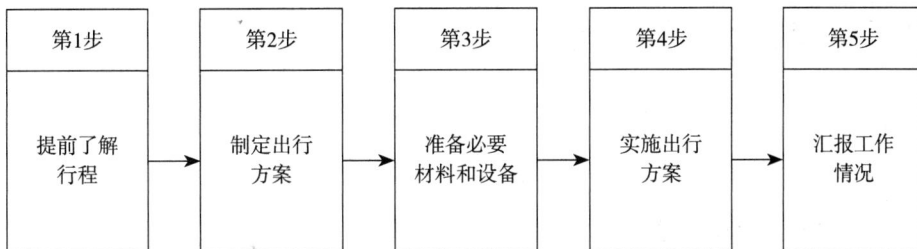

第1步	第2步	第3步	第4步	第5步
提前了解行程	制定出行方案	准备必要材料和设备	实施出行方案	汇报工作情况

图8-8　陪同领导出行的程序

　　（1）第1步：提前了解行程

　　提前了解领导的出行行程，包括出行地点、时间、路线、交通方式等信息，为出行做好准备。

　　（2）第2步：制定出行方案

　　根据领导的出行安排，制定出行方案，包括出行路线、交通工具、住宿和餐饮等安排，确保领导出行的安全和便利。

　　（3）第3步：准备必要材料和设备

　　根据出行安排准备必要的材料和设备，如证件、行李、通信设备等。

（4）第4步：实施出行方案

按照出行方案执行陪同出行任务，协助领导处理出行中的各种问题和突发情况，确保领导的出行任务圆满完成。

（5）第5步：汇报工作情况

在出行结束后，向上级主管领导或相关部门汇报出行情况和成果。

2. 陪同领导出行的规范

陪同领导出行的规范如表8-8所示。

表8-8　陪同领导出行的规范

规范内容	具体标准
工作要求	1.良好的沟通与协调。陪同领导出行时，需要与领导和其他相关人员进行良好的沟通与协调，包括行程安排、活动安排、与其他单位或人员的联络等 2.保密与谨慎。具有高度的保密意识和谨慎态度，不得泄露领导的行程安排 3.具备一定的组织和安排能力。陪同领导出行需要对行程、活动和会议等进行合理的组织和安排，确保行程的顺利进行
注意事项	1.尊重领导的隐私和安全。作为陪同人员，应充分尊重领导的隐私和安全需求，避免在未经许可的情况下擅自发布领导的个人信息或行程安排，以保护领导的安全和权益 2.不得违反财经纪律。应当严格遵守有关财经纪律的规定，不得超范围、超标准使用公款，不得违反报销限额等要求

8.1.9　应对领导间分歧

领导间分歧是指在组织或团队中，不同领导对于某个问题或决策存在不同的看法，无法达成一致意见，需要下属人员应对的情况，应对领导间分歧的程序、规范如下所示。

1. 应对领导间分歧的程序

应对领导间分歧的程序如图8-9所示。

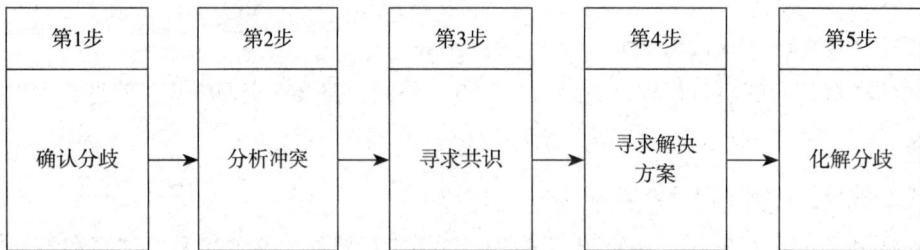

第1步	第2步	第3步	第4步	第5步
确认分歧	分析冲突	寻求共识	寻求解决方案	化解分歧

图8-9　应对领导间分歧的程序

（1）第1步：确认分歧

充分了解领导间分歧的性质、背景和影响，以便可以有更清晰的思路来分析应对该问题。

（2）第2步：分析冲突

需要对冲突进行分析，以确定每个领导的观点和主要关注点，并理解他们的立场。

（3）第3步：寻求共识

尝试找出大家都关注的共同点。通过这种方式，建立一个共同的基础，以便在讨论其他问题时能够更容易地找到心理共同点。

（4）第4步：寻求解决方案

在理解每个领导的观点想法后，尝试寻找一种双方都可以接受的妥协方案。

（5）第5步：化解分歧

需要根据解决方案确定每个人的角色与责任，以便最终化解分歧。

2. 应对领导间分歧的规范

应对领导间分歧的规范如表8-9所示。

表8-9　应对领导间分歧的规范

规范内容	具体标准
工作要求	1.尊重各方领导的分歧。不论领导的意见和立场是否与自己相同，都需要尊重领导的观点和利益诉求 2.保持公正。不能偏袒任何一方，要客观公正地分析和评价各方意见和利益，以组织的利益为最终目标 3.坦诚沟通。要开放、坦诚地沟通，倾听领导的意见和建议，避免对立、封闭的态度，以便更好地达成共识
注意事项	1.避免在公共场合讨论领导分歧。避免在公共场合，尤其是在外部或与外部人员交往时，讨论领导之间的分歧，损害团队合作和组织形象 2.不传播谣言或恶意揣测。在面对领导分歧时，不应散布谣言、恶意揣测或无根据地猜测。避免引发恶劣的后果，煽动情绪，加剧矛盾

操作提示

面对领导间分歧，应该以合作调节的态度，积极应对不同情况下的领导分歧，并通过有效的经验方法，寻求共识和解决方案。

①分歧发生在同级领导之间时，要了解不同领导的立场和意见，并尽可能客观地评估各种观点的优缺点。也可以寻求中立的第三方协调，如其他同级领导或专业部门的意见。尽可能通过合作和讨论，寻求共识并达成妥协。

②分歧发生在不同层级的领导之间时，要尊重上级的决策和指示，并积极执行上级的决策。如果有合适的机会，向上级领导提供自己的意见和建议，但要注意表达方式，避免与上级对立。如有必要，可向自己的直接上级寻求指导和建议，以更好地应对不同层级领导之间的分歧。

③分歧发生在不同层级的领导之间且涉及重大问题时，如分歧关乎重大决策或政策，可能需要寻求更高层级的协调或决策。建议向人力资源部门、纪检监察部门或其他独立机构报告问题，以便调查和处理。

8.1.10　整理领导讲话意见

整理领导讲话意见是指对领导在会议或其他场合发表的讲话内容进行归纳总结的过程，将其主要和重点内容记录下来并汇总，整理领导意见的程序、规范如下所示。

1. 整理领导讲话意见的程序

整理领导讲话意见的程序如图8-10所示。

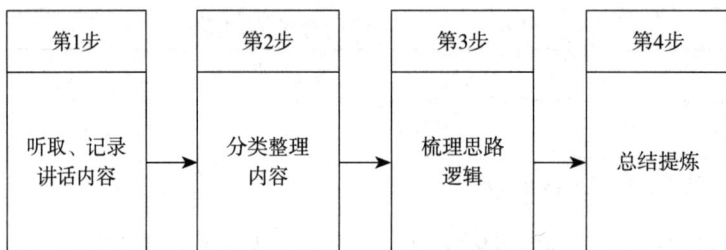

第1步	第2步	第3步	第4步
听取、记录讲话内容	分类整理内容	梳理思路逻辑	总结提炼

图8-10　整理领导讲话意见的程序

（1）第1步：听取、记录讲话内容

在领导讲话时，办事人员认真聆听其讲话内容，并用笔或其他方式记录下来。

（2）第2步：分类整理内容

将记录下来的内容分类整理，将主要观点、重点论述、关键词等分类汇总。

（3）第3步：梳理思路逻辑

根据领导讲话内容，厘清其讲话内容的结构和逻辑关系。

（4）第4步：总结提炼

将讲话中的核心内容、主要观点、重点论述和关键词等提炼出来，并进行概括和归纳。

2.整理领导讲话意见的规范

整理领导讲话意见的规范如表8–10所示。

表8–10　整理领导讲话意见的规范

规范内容	具体标准
工作要求	1.全面记录。记录讲话的主题和重点内容，包括领导提到的所有要点，特别是具体要求和建议，以及重要的时间、节点和数据等 2.精练简洁。尽量简明扼要地记录要点，避免冗长、累赘的语言表述 3.按照结构整理。将整个讲话按照主题、段落或者时间顺序分类，便于后续整理和使用
注意事项	1.不加个人观点或评论。整理领导讲话时，应保持中立和客观，避免在整理过程中加入个人观点、评论或偏见。应尽量还原领导的原始意见，不对其进行武断解读或加入个人情感 2.不得擅自发布或传播讲话内容。整理领导讲话内容后，不得擅自发布或传播讲话内容，除非得到领导或组织的明确授权

经验分享

在整理领导讲话的过程中，可以将领导讲话中的重点内容、要点或者关键信息标记出来，方便后续整理和使用。除此之外，可以使用一些录音设备或者文字记录工具来帮助记录整理领导讲话意见，提高效率和准确度。

8.2　公共关系事务的办理

8.2.1　组织活动

组织活动的目的在于加强组织的行为文化建设、制度文化建设与精神文化建设。组织活动往往涉及多个部门，工作人员需要调动各方面的积极性，充分发挥"综合、协调"的职能作用，统筹兼顾，周密计划，精心组织，确保活动的成功。组织活动的程序、规范如下所示。

1.组织活动的程序

组织活动的程序如图8–11所示。

第1步	第2步	第3步	第4步
活动策划	提交领导审批	召开活动协调会	活动准备工作

第8步	第7步	第6步	第5步
活动总结表彰	活动效果评估	活动后续工作	组织活动实施

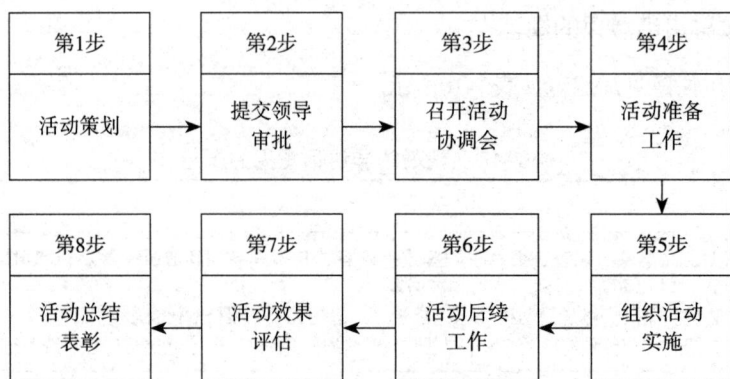

图8-11　组织活动的程序

（1）第1步：活动策划

提前制作活动策划书，包括地点、主要参与人、活动目的、活动名称、活动目标、活动开展程序、经费预算等。

（2）第2步：提交领导审批

活动策划书完成后，应提交领导审批，争取得到领导的支持。

（3）第3步：召开活动协调会

活动策划书经领导同意后，活动组织人员应及时召开活动协调会，商定分组与人员安排，部署任务分工，明确相关责任，规定各项工作完成的时限，分析活动过程中可能存在的问题与困难，并协调解决方案。

（4）第4步：活动准备工作

活动准备工作主要包括布置场地、联系媒体、发送活动邀请函、检查设备、资料准备等。

（5）第5步：组织活动实施

①拟订详细接待计划，做好接待工作；

②制定预备方案，做好临时事项的处理工作；

③制定整个活动期间的警卫方案，做好安全警卫工作。

（6）第6步：活动后续工作

活动结束后，工作人员应做好参与人员的返回工作，活动现场与物品的清理工作，并结算活动经费。

（7）第7步：活动效果评估

对活动效果进行评估，包括参与人员的反响、现场参与状况、工作人员的执行情况等。

（8）第8步：活动总结表彰

各项收尾工作结束后，活动组织人员应及时召开总结会，查找不足，分析原因，对表现突出的单位和个人进行表彰。

2. 组织活动的规范

组织活动的规范如表8-11所示。

表8-11　组织活动的规范

规范内容	具体标准
工作要求	1.制订详细计划。根据活动的目的和实际需求制订详细的计划，包括活动的流程、用餐、差旅、场地租赁等，以及组织会议和社交活动的细节计划 2.确定预算。制定合理的预算，预估活动的所有费用，并提前与参与者沟通预算，避免因费用不足而影响整个活动的质量和进度
注意事项	1.规范活动礼仪。礼仪是组织活动的基本要求，组织活动人员都要具备基本的礼仪规范，确保组织活动文明有礼 2.制定备用方案。活动策划书做出来后，活动组织人员还需考虑特殊情况，预测在哪些环节上可能出现问题，以及遇到问题时应该采取怎样的备用方案解决 3.监督合作方。对于活动涉及的合作方，需给出足够的细节要求，如在什么时间完成什么工作，最好写在合作协议里面，或以书面的形式让对方确认

经验分享

　　在组织活动时，领导人员应时刻关注活动走向，保证其在整体操作过程中的规范化的管理，如果领导不能把握住活动全过程的走向，不能把新颖独特的构思付诸实践，形成整体合力，也会使活动效果欠佳。

8.2.2　签字仪式

签字仪式是机关单位、部门、企业之间通过谈判，就政治、军事、经济、科技等某一领域缔结条约、协定或公约时举行的仪式。签字仪式的程序、规范如下所示。

1. 签字仪式的程序

签字仪式的程序如图8-12所示。

第1步	第2步	第3步	第4步	第5步
准备签字文本	确定签字人员	布置签字现场	签字仪式执行	组织有序退场

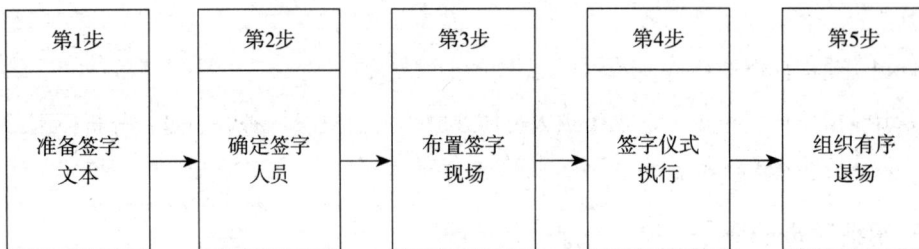

图8-12　签字仪式的程序

（1）第1步：准备签字文本

准备签字仪式所用待签协议或合同，仔细核对其内容，并与对方确认，确保不出现由于文本内容错误而造成误会的情况。

（2）第2步：确定签字人员

签字仪式应确定主签人员和助签人员，主签人的身份应大体相当，助签人员应熟悉签字仪式程序，负责为主签人翻揭签字文本，并指明签字位置。

（3）第3步：布置签字现场

①签字现场总体应庄重、整洁、安静，设置长桌并铺设台布，室内铺设地毯。

②签字现场还应准备横幅、饮用水、签字笔、双方旗帜（如有）等。

（4）第4步：签字仪式执行

签字仪式的程序主要有双方入场、双方介绍、签署文本、交换签署文本等。

（5）第5步：组织有序退场

签字仪式结束后工作人员须组织到场人员有序退场，并可根据实际情况举办宴会招待来宾。

另外，如果是重大的、有影响的或有新闻价值的签字仪式，在签字仪式结束后还要举行新闻发布会，回答记者的提问。

2.签字仪式的规范

签字仪式的规范如表8-12所示。

表8-12　签字仪式的规范

规范内容	具体标准
工作要求	1.规范签字仪式礼仪。仪容整洁，服饰规范；遵守时间，言而有信；表情庄重，态度友好；行为自律，发言简短 2.严格核对待签文本。除了核对谈判内容与文本的一致性以外，还要核对各种批件、附件、证明等是否完整准确、真实有效，以及译本、副本是否与样本正本一致

续表

规范内容	具体标准
注意事项	1.签字应遵守"轮换制"。签字者先在自己一方的文本左边首位处签字，然后再交换文本，在对方的文本上签字。这样可使双方都有一次机会首位签字 2.文本交换。在对方文本上签字后，应自己与对方签字者互换文本，而不是由助签者代办 3.签字场所选择。签字场所无论怎样选择，都应是双方协商的结果。任何一方自行决定后再通知另一方，都属失礼的行为

经验分享

　　参加签字仪式的人员主要是双方参与谈判的人员，人数应大体相同。如果一方邀请未参加会谈的人出席，另一方一般不要拒绝。有时为表示对谈判结果的重视，可邀请一些有关的高层领导出席，对这部分嘉宾双方应灵活对待，不要机械地坚持"对等""相当"的要求。

8.2.3　慰问活动

　　慰问活动一般有两种情况：一种是惯例性的慰问，主要是节日慰问；另一种是特殊情况慰问，如执行重大任务出征前或返回后，某些人员生病住院时等。通过开展慰问活动，可以使慰问对象切实感受到组织和领导的关怀，使机关工作人员提高认识，并进一步密切党群、干群关系。慰问活动的程序、规范如下所示。

1.慰问活动的程序

　　慰问活动的程序如图8-13所示。

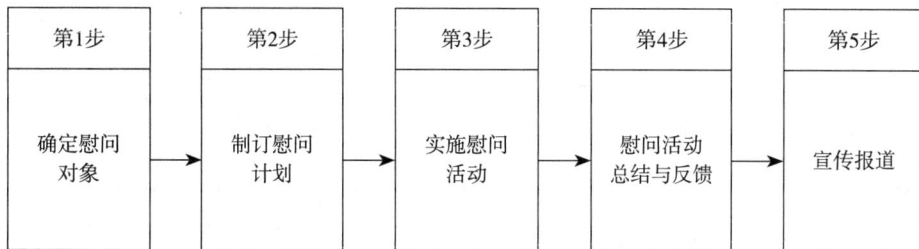

第1步	第2步	第3步	第4步	第5步
确定慰问对象	制订慰问计划	实施慰问活动	慰问活动总结与反馈	宣传报道

图8-13　慰问活动的程序

　　（1）第1步：确定慰问对象

　　进行慰问时，与哪些人员见面，牵涉到整个慰问活动的组织协调，应提早做出安排。

（2）第2步：制订慰问计划

做好慰问活动相关安排，确定相关人员慰问职责、慰问时间、慰问参加人员、慰问活动实施流程等。

（3）第3步：实施慰问活动

按照慰问计划组织活动实施，一般的慰问流程有到达现场、表达慰问、互动交流、了解需求、合影留念。相关工作人员要按照计划一丝不苟抓好落实，确保慰问活动圆满周密。

（4）第4步：慰问活动总结与反馈

慰问活动结束后，组织慰问小组对慰问活动进行总结和反馈，评估慰问活动的效果和成效，提出改进意见和建议，为今后的慰问活动做好准备。

（5）第5步：宣传报道

组织宣传部门进行慰问活动的宣传和报道，通过单位内部刊物、单位网站、社会媒体等渠道宣传慰问活动的举办情况，弘扬慰问活动的正能量，激发单位职工的凝聚力和向心力。

2. 慰问活动的规范

慰问活动的规范如表8-13所示。

表8-13　慰问活动的规范

规范内容	具体标准
工作要求	1.周密部署，合理安排。各责任人要了解走访慰问对象的具体情况，明确职责任务和具体分工，确保慰问活动落到实处 2.慰问方式要细致周密。各责任人要登门入户，与慰问对象推心置腹地交谈，树立单位的良好形象。坚决杜绝应付差事，走过场现象的发生 3.及时反馈慰问活动情况。慰问活动结束后，各单位及时将慰问活动开展情况报告上级领导
注意事项	1.调查慰问对象需求。在策划慰问活动之前，要调查慰问对象的需求，了解慰问对象的生活和工作状态，使慰问活动更符合慰问对象的期望和要求 2.慰问时机合理。慰问活动要选取合理的时机，不能影响慰问对象的工作和生活，避免对慰问对象产生负面影响

经验分享

慰问活动开展期间，各参与人之间要加强沟通协调，合理安排慰问活动，保证按照活动的时间安排做好各项慰问工作，努力使慰问活动成为密切党群干群关系、凝聚党内同志共同奋斗的一次生动实践。

8.2.4　舆情处理

舆情就是以某种渠道表达、传播具有主观倾向性的情感、态度、意见、观点等，并具有一定的、广泛的后续影响力。机关单位应对舆情加以重视，善于利用正面舆情，妥善回应处理负面舆情。舆情处理的程序、规范如下所示。

1. 舆情处理的程序

舆情处理的程序如图8-14所示。

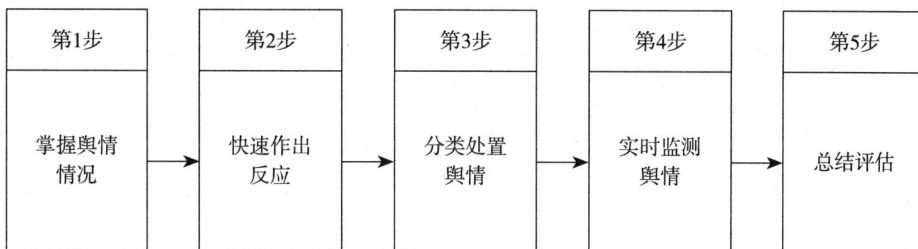

第1步	第2步	第3步	第4步	第5步
掌握舆情情况	快速作出反应	分类处置舆情	实时监测舆情	总结评估

图8-14　舆情处理的程序

（1）第1步：掌握舆情情况

众多社会舆情的产生和发酵，自媒体往往占据了发声的第一时间和话语主动权，而涉事部门和单位则处于被动的状态。在这种情况下，需要对公众所关注的事件及焦点有一个全面地了解。

（2）第2步：快速作出反应

各部门、各单位发现重大舆情，或接到主管部门舆情通报后，要按照应急管理规定时限和报告要求，及时将情况报告给网络舆情应急处置人员和相关领导。

（3）第3步：分类处置舆情

对网络媒体出现的舆情，在严格遵守保密规则、法律法规、新闻宣传纪律等规定的基础上，按相关标准分类处置。

（4）第4步：实时监测舆情

对互联网上公众的言论和观点进行监视和预测，实时关注舆情真伪性与态势走向。相关单位要安排专人落实对舆情及处置后的事态进行动态跟踪，适时采取应对处置跟进措施。

（5）第5步：总结评估

在网络舆情被消除或趋于平稳后，涉事部门或单位要根据舆情的发生、传播与处置情况及时进行总结、梳理、反思。

2. 舆情处理的规范

舆情处理的规范如表8-14所示。

表8-14 舆情处理的规范

规范内容	具体标准
工作要求	1.分类处理标准： ◆ 属于对推动单位改革、发展、稳定工作有重要意义类的，要积极采纳建议，并按要求予以回复 ◆ 属于询问、质疑、诉求类的，安排相关职能部门、单位依法依规办理，提出答复意见，经领导小组办公室审定后统一回复 ◆ 对涉及某一突发事件或社会热点、敏感问题恶意传播或炒作类的，要依法告知事实真相或事件处置情况。对于造成重大负面影响或严重损失，告知事实真相、事件处置情况后仍继续恶意传播或炒作的，商请执纪执法部门依纪依法查处 ◆ 属于捏造、歪曲或夸大事实，恶意攻击、诽谤机关单位声誉，煽动网民闹事或涉嫌网上违法犯罪活动类的，要依法澄清事实真相，并商请执纪执法部门依纪依法查处 2.理性分析是非： 不能以职业、地域、身份、单位等的异同作为辨别是非的基础立场，而是要依据党的理论、路线、方针、政策，依据国家的法律法规，依据社会主义核心价值观，依据公众的主流认知来做考量 3.分级负责，依法处置： 按照涉事单位负责和谁主管谁负责的原则，依法依规组织实施网络舆情应对处置工作和应急处置工作
注意事项	1.注重引导、注意保密。在处理舆情工作中，要注重引导网民提供真实身份，通过合法途径、合理方式实事求是地反映有关问题、表达利益诉求，相关部门及网络舆情网评员要严格遵守《中华人民共和国信访条例》《中华人民共和国机关单位信息公开条例》及相关保密制度等有关规定，不得泄露国家机密和不宜公开的信息 2.陈述客观事实。公众首先关注的是事实，而后才是是非。不谈事实的"回应"，只会引来更多的质疑

经验分享

网络舆情工作是一项全新的工作，也是一项长期的任务。机关单位要注重实践，勇于创新，不断总结办理经验，探索办理规律，完善信息技术平台，建立长效工作机制，用制度和机制保障办理工作的规范化、程序化。

8.2.5 危机公关

危机公关能力是机关单位人员必备的能力之一，机关单位作为当地公共危机管理的主要承担者，科学应对公共危机是机关单位管理能力的体现也是必然要求。危机公关的程序、规范如下所示。

1. 危机公关的程序

危机公关的程序如图8-15所示。

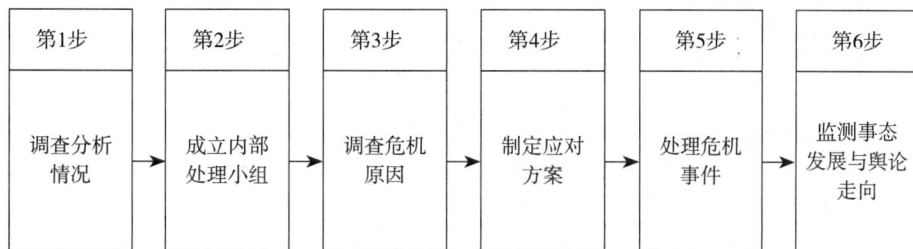

图8-15 危机公关的程序

（1）第1步：调查分析情况

迅速对单位面临的状况进行全面而周密的调查研究，其目的在于全面了解事件的性质及与单位的关系，评估危机事件的后果。

（2）第2步：成立内部处理小组

危机爆发后，机关单位应立即成立由领导人、公关人员和部门负责人组成的危机处理小组，为危机事件的有效处理提供强有力的组织保证。

（3）第3步：调查危机原因

为了查清原因，确定对策，公关人员必须深入现场，了解事实，这是危机处理中最关键的一步。

（4）第4步：制定应对方案

在查清原因的基础上，根据危机事件的性质、特点、起因等的不同，迅速制定危机处理方案，包括如何对待投诉公众、如何对待媒体、如何联络有关公众、如何具体行动等。

（5）第5步：处理危机事件

根据危机处理方案，采取一定的措施和方法，对公共关系危机事件作出具体妥善处理，其一般做法有协商对话法、思想工作法、舆论引导法、损失补偿法、权威意见法、法律调制法等。

（6）第6步：监测事态发展与舆论走向

对外发布回应声明后，应继续观察事情发展及舆论方向，以便进一步回应，最后改进相应的问题。

2. 危机公关的规范

危机公关的规范如表8-15所示。

表8-15　危机公关的规范

规范内容	具体标准
工作要求	1.承担责任。在危机发生后，必须勇于承担该承担的责任，否则组织的信誉就会受损，在公众心目中的形象也会大打折扣 2.诚恳地沟通。要诚恳地表明自己的立场，有诚意地与公众和媒体沟通，说明事实真相 3.迅速反应。危机发生时立即对危机事件进行全面评估，严格落实一系列的保障措施 4.信息应及时公开化、透明化。机关单位应该在第一时间查明事件真相，并通过各种信息传播媒介详细、透明地向公众公开 5.落实问责。对在公共危机事件中存在违纪违规情况的部门及其工作人员要根据相关制度的规定严格追究其责任
注意事项	1.注重与媒体的沟通。处理危机事件时，应注重与媒体的沟通，切实减少危机事件所造成的负面影响 2.组织动员社会力量。很多危机事件单靠机关单位的力量很难从根本上解决，因此，机关单位要根据实际需要，积极动员和组织社会力量参与到危机事件的处理过程中来，重视发挥社会力量在处理危机事件中的作用

8.3　基层事务的办理

8.3.1　基层调研

基层调研是指前往基层（如农村、城镇社区等）实地调研、了解基层情况的活动，基层调研的程序、规范如下所示。

1.基层调研的程序

基层调研的程序如图8-16所示。

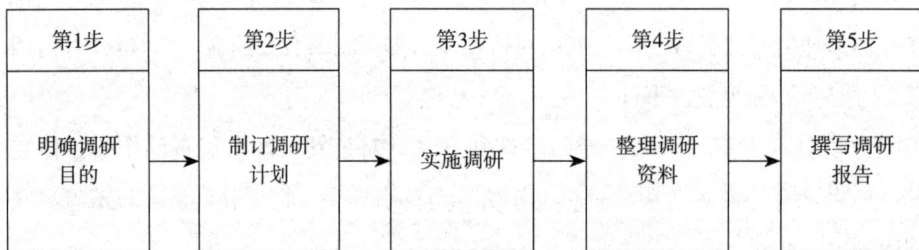

图8-16　基层调研的程序

（1）第1步：明确调研目的

明确调研的目的，知晓需要了解的问题，以及需要调查的基层单位和受访对象。

（2）第2步：制订调研计划

需要制订详细的调研计划，包括调研的时间、地点、调研方式、调研对象、调研问题等内容。

（3）第3步：实施调研

根据调研计划，在基层单位和受访对象中进行实地调研。

（4）第4步：整理调研资料

需要将调研中获得的信息和资料进行整理和分类，包括文字记录、图片、音视频资料等。

（5）第5步：撰写调研报告

根据调研结果撰写调研报告，明确问题、分析原因、提出建议。

2. 基层调研的规范

基层调研的规范如表8-16所示。

表8-16　基层调研的规范

规范内容	具体标准
工作要求	1.遵守法律法规。在进行基层调研时需要遵守相关法律法规，尊重受访对象的合法权益 2.确保调研客观性。在进行基层调研时需要保持客观公正的态度，不得随意引导受访对象的回答，也不得刻意选择只能证实特定结论的调研对象 3.注重保密。在进行基层调研时需要注重保密，对调研过程中获得的机密信息要保守秘密
注意事项	1.关注调研对调研对象的影响。调研过程中，可能对调研对象的工作和生活产生一定的影响，如耽误工作时间、打扰日常工作等，调研人员应关注这些影响并尽量减少不必要的干扰 2.尊重调研对象的知情权和自愿参与权。调研人员应在调研前向调研对象充分说明调研目的和可能的风险与利益，并确保其知情权和自愿参与权得到尊重和保障

> **经验分享**
>
> 　在进行基层调研前，可以对该地区的基本情况进行了解，确定调研的目的和重点，同时准备好相应的调研工具，如问卷、录音笔等。另外，尊重当地的风俗和文化会更容易展开调研工作。

8.3.2　基层走访

基层走访是指定期到社区、村庄、街道等基层单位，与基层群众进行交流，了解基层情况，解决实际问题的一种工作方式，其程序、规范如下所示。

1. 基层走访工作的程序

基层走访的程序如图8-17所示。

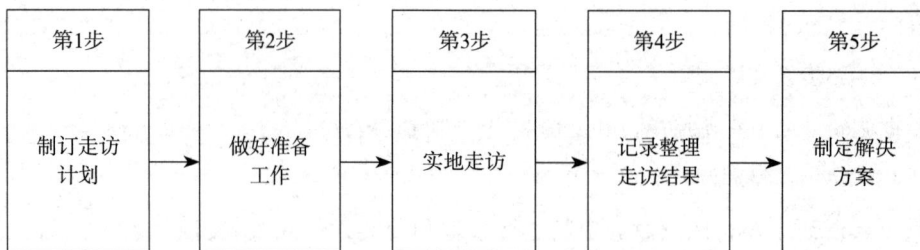

图8-17　基层走访的程序

（1）第1步：制订走访计划

根据走访目的和任务，制订走访计划，包括走访时间、路线、走访对象、走访方式和注意事项等，以确保走访的顺利实施。

（2）第2步：做好准备工作

需要提前做好走访准备工作，包括了解基层情况，准备宣传资料和问题解决方案等。

（3）第3步：实地走访

到达走访地点后，需认真倾听走访对象的意见和建议，了解他们的需求和困难，同时向他们介绍相关政策和措施，提供解决问题的建议和意见。

（4）第4步：记录整理走访结果

需要在走访过程中记录走访对象的意见和建议，并及时整理和归纳。

（5）第5步：制定解决方案

将走访结果进行分析和总结，提取问题和需求，制定解决方案。

2. 基层走访工作的规范

基层走访工作的规范如表8-17所示。

表8-17　基层走访的规范

规范内容	具体标准
工作要求	1.尊重基层群众。在走访过程中，要尊重基层群众的意见和感受，避免强行灌输观点和方案，要倾听并理解群众的需求和期望 2.严格遵守程序。走访前要制订走访计划和名单，按照规定的程序走访，避免越权行为和随意更改走访计划 3.保护基层群众权益。走访过程中，要尊重基层群众的合法权益，避免干扰群众正常生产和生活
注意事项	1.关注社会敏感问题。在基层走访中，可能会涉及一些社会敏感问题，如宗教、民族、性别、人权等，走访人员应慎重处理这些问题，避免引发争议或冲突 2.避免过多承诺和干预。在进行基层走访时，应避免过多承诺或干预当地事务，以免产生无法实现的期望或干扰当地正常工作秩序，应保持客观中立的态度，真实记录当地情况

经验分享

　　选择合适的时机进行基层走访，避免在工作繁忙或高峰期走访，以确保基层人员和群众有足够的时间和精力交流。可以采取互动的方式与基层群众交流，例如开展问卷调查、组织座谈会、设立咨询日等，促进与基层群众的互动和交流。

8.3.3　基层信访

　　基层信访是指基层群众通过书信、电话、网络等方式向相关单位或组织表达不满、提出诉求或反映问题，工作人员进行解决和反馈的行为，其程序、规范如下所示。

1. 基层信访的程序

　　基层信访的程序如图8-18所示。

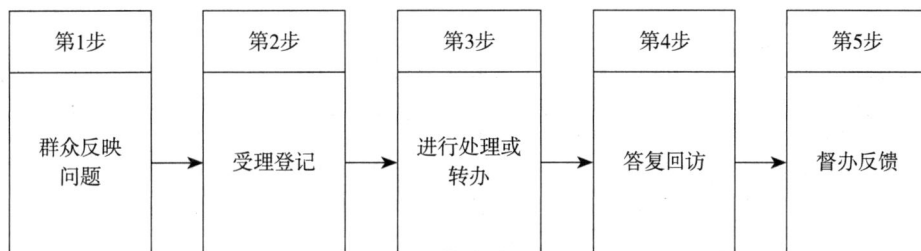

第1步	第2步	第3步	第4步	第5步
群众反映问题	受理登记	进行处理或转办	答复回访	督办反馈

图8-18　基层信访的程序

　　（1）第1步：群众反映问题

　　群众遇到问题后通过书信、电话、网络等方式进行反映，说明问题的性质、具体情况、希望解决的方式等信息。

　　（2）第2步：受理登记

　　接到信访后，工作人员应及时进行受理登记，并分析问题的性质和属地，进行初步调查和核实，判断是否属于基层范畴的问题。

　　（3）第3步：进行处理或转办

　　对于属于基层范畴的问题，应当及时处理，制定相应的解决方案，解决问题；对于非基层范畴的问题，应当及时转办到相关部门或组织处理。

　　（4）第4步：答复回访

　　解决问题后，应当及时向群众反馈处理结果，说明问题的解决情况，并听取群众的意见和建议。在需要回访的情况下，应当积极回访，确认问题是否得到解决。

（5）第5步：督办反馈

对于未能及时解决的问题，应当积极反馈督办情况。

2. 基层信访的规范

基层信访的规范如表8-18所示。

表8-18　基层信访的规范

规范内容	具体标准
工作要求	1.合法合规。信访内容不得含有虚假、诽谤、谩骂等不良信息，不得破坏社会稳定 2.保密措施。在处理信访过程中，有关部门和组织应当保护群众的个人隐私，确保反映问题的内容和相关信息不被泄露 3.公开透明。有关部门和组织应当公开信访工作相关政策和规定，确保信访工作的公开透明，保障群众知情权和参与权
注意事项	1.避免干预或介入当地事务。在处理基层信访时，应避免干预或介入当地事务，不得越权处理问题，应尊重当地自主解决问题的能力和方式，遵循当地的行政管理和决策程序 2.避免干预和操控。在基层信访调研中，可能会存在一些干预和操控的现象，例如干部干预、舆情炒作等。应保持独立、客观和公正的立场，不受外界干预和操控，真实记录和反映信访人员的意见和诉求

经验分享

　　信息化技术的应用可以提高基层信访处理的效率和准确性。例如，建立信息化信访受理平台，实现信访信息的实时录入、分析和管理，有助于更好地掌握信访问题的情况，提供更加科学的处理方案。

8.4　日常事务的办理

8.4.1　值班工作

值班是机关工作人员的一项重要工作，做好值班工作对确保机关安全、正常公务及突发事件的处理、密切机关内部协作有重要意义，值班工作的程序、规范如下所示。

1. 值班工作的程序

值班工作的程序如图8-19所示。

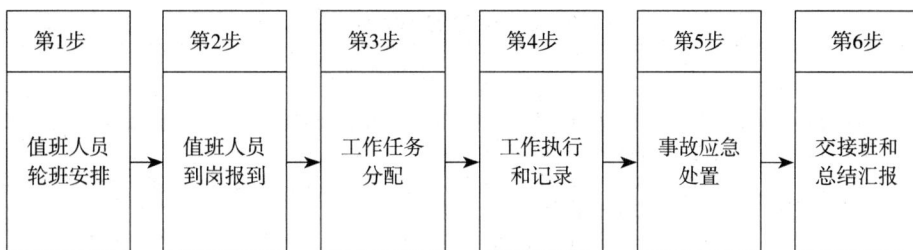

图8-19 值班工作的程序

（1）第1步：值班人员轮班安排

根据工作需要和人员情况，制订轮班计划，并事先通知相关人员。

（2）第2步：值班人员到岗报到

值班人员按照值班安排按时到达值班岗位，并与前一班值班人员交接工作。

（3）第3步：工作任务分配

按照工作要求和紧急程度，将待处理的事项和任务分配给负责的值班人员并进行必要的安排和指导。

（4）第4步：工作执行和记录

值班人员按照任务分配和工作要求，认真执行工作，并严格按照规定的程序和标准进行记录和报告等工作。

（5）第5步：事故应急处置

如发生突发事件，值班人员应按照应急预案和程序，及时组织相关人员处置，并向上级报告。

（6）第6步：交接班和总结汇报

当值班时间结束时，值班人员应将工作交接给下一班值班人员，并做好记录和汇报工作，及时反馈有关情况。

2. 值班工作的规范

值班工作的规范如表8-19所示。

表8-19　值班工作的规范

规范内容	具体标准
工作要求	1.做好来电记录。值班人员应在《来电记录本》中记录清楚来电情况并将电话内容及时报送值班领导，由值班领导做出相应的处理 2.妥善处理突发事件。值班人员接到突发事件的报告后，应及时报告领导，根据领导指示做相应处置，并做好处置情况的后续汇报工作 3.做好接待工作。值班期间如遇上级领导检查工作，值班人员应负责接待；如遇群众来访，应认真听取来访者的意见，做好记录，做好思想工作，不得推诿不办 4.完成收文发文。值班期间如收到上级寄发给领导的紧急公文或紧急信函，值班人员要设法完成公文或信函的发送任务
注意事项	1.注意信息筛选。该报的信息要"快、准、全"报送上去，及时为领导决策提供参考；不该报的信息要扣下，以免打扰领导工作 2.要塑造良好的自身形象。值班人员担负着上情下达、下情上传、左右沟通和内外联系的重任。人们往往通过值班人员来看待和衡量整个机关工作人员的作风。因此，值班人员必须树立起良好的自身形象

操作提示

工作人员值班时，熟知以下操作提示可以帮助值班人员高效地履行职责。

①了解任务。了解当前班次的工作任务，并对相关事宜进行必要的准备，熟练掌握操作流程，以确保工作的顺利进行。

②保持警觉。随时关注工作环境和周围情况，及时处理异常情况，确保工作的安全性和稳定性。

③保持沟通。与同事、领导及其他相关人员及时沟通和联系，如有问题及时反馈和处理，确保工作的协调性和高效性。

8.4.2　接打电话

接打电话是行政文秘人员重要的日常事务之一，正确接打电话可以正确处理公务、树立机关形象、创造友好气氛、提高工作效率。接打电话的程序、规范如下所示。

1. 接打电话的程序

接打电话的程序如图8-20所示。

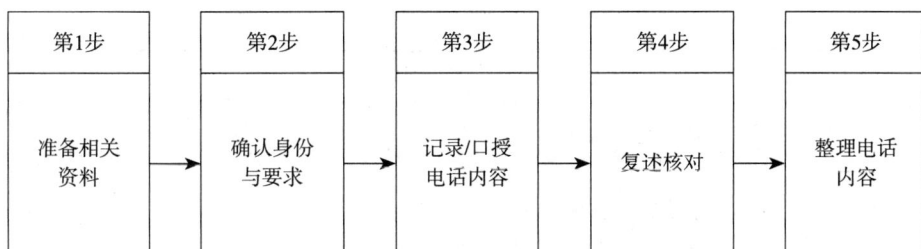

图8-20　接打电话的程序

（1）第1步：准备相关资料

接电话前，应准备好纸和笔，以便记录来电内容。

打电话前，要准备好相关资料，以便能准确、清晰地表述打电话的目的。

（2）第2步：确认身份与要求

为了确保信息的安全性和准确性，工作人员在接听电话时需要先确认对方的身份，例如通过确认对方的姓名、电话号码或者其他信息来确认对方身份。

（3）第3步：记录/口授电话内容

工作人员应该认真倾听对方的问题或者要求，并记录下来，以便进行后续的处理和回复。

（4）第4步：复述核对

在结束电话之前，双方应就重要信息进行复述核对，确认达成共识。

（5）第5步：整理电话内容

结束电话后应对电话内容进行整理，如有需要应相关部门或人员，以便后续跟进。

2. 接打电话的规范

接打电话的规范如表8-20所示。

表8-20　接打电话的规范

规范内容	具体标准
工作要求	1.突出重点，避免啰嗦。接打电话语言要精简易明、重点突出，避免啰嗦重复和长篇大论 2.讲究礼貌、礼节。在打、接电话过程中，要使用文明用语。如"您好，请问贵姓？""您找哪一位？""您是哪一位？""请稍等"等 3.态度负责、严肃对待。无论是接、打电话，还是处理电话内容，都要以对工作高度负责的态度，认真严肃地对待，防止误传漏记、马虎处理 4.遵守保密规定。《电话记录本》要妥善保存，做好交接，防止丢失；接、打电话时，音量适当，防止泄密。同时，在与外界的接触中，不要泄露内部的电话号码，防止有人通过有线电话窃密

续表

规范内容	具体标准
注意事项	1.注意挂断顺序。如果是上级电话，一般在对方放下电话后，自己再放电话 2.解释关键词。对于重要的电话内容要复述和核对。向下级打得比较重要的电话内容，除了口齿清楚外，对关键词句要加以解释 3.电话转达。有些一般的电话，一时接不通或找不到人，而自己又要处理其他事情，必须指定代理人代为转达，但是事后要有检查，有落实，防止遗忘

经验分享

　　接到要求找本单位领导或同事的电话，应先问明对方的单位、职务、姓名。但是不要问对方有什么事。如对方要找的领导和同事不在，则可以问对方能否让自己转告，或者说，要不要等他回来后再给对方打电话。

8.4.3　印章管理

　　印章管理是行政文秘人员日常重要工作之一，这项工作关系到机关单位的对外形象以及印章使用过程中可能发生的法律风险，因此，行政文秘人员应当始终保持清醒的头脑，将印章管理工作做到位、做精细，成为上级主管领导的得力助手。印章管理的程序、规范如下所示。

1.印章管理的程序

　　印章管理的程序如图8-21所示。

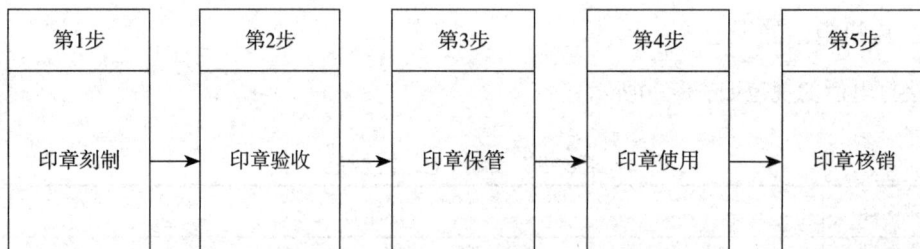

第1步	第2步	第3步	第4步	第5步
印章刻制	印章验收	印章保管	印章使用	印章核销

图8-21　印章管理的程序

　　（1）第1步：印章刻制

　　刻制印章应当严格履行审批手续，新成立或更改名称的单位刻制印章，需填写书面申请，经领导批准后，由办事人员持单位介绍信、机构设置批件及印章式样到相关单位办理刻印手续，并到指定的刻字社刻制。

（2）第2步：印章验收

机关单位收到印章后，应按照用印通知书核定的内容验收，如符合标准，则记录在册，以备查阅。

（3）第3步：印章保管

机关单位各类印章由各级和各岗位专人依职权领取并保管，并建立印章管理卡，专人领取和归还印章情况在卡上予以记录。

（4）第4步：印章使用

需要使用印章的文件材料应严格履行审批及登记手续，发文一律凭领导签发、审阅的原件用印，其他文字材料需经领导审阅同意后用印。

（5）第5步：印章核销

机关单位应当根据工作需要和管理要求，及时核销不再使用的印章，清退印章使用登记卡、证明书及样张等材料，并如实填写相关记录、表格和报表，并上报相关部门审核备案。

2. 印章管理的规范

印章管理的规范如表8-21所示。

表8-21　印章管理的规范

规范内容	具体标准
工作要求	1.严格的审批制度。未经相关领导批准，印章管理人员不得启用机关印章。违者将承担相应的法律责任 2.认真负责、严格管理。负责管印章的人员必须认真负责、严格管理，按照管理程序办事，认真核对有关内容 3.合规使用。印章必须在保证安全的环境下使用，实体印章必须在特定地点由专人保管，电子印章必须由保管人在有保障的专用的电脑上使用 4.盖章位置要准确、恰当，印迹要端正清晰，印章的名称与用印件的落款要一致（代用印章除外），不漏盖、不多盖
注意事项	1.注意审核。印章管理人员根据授权使用机关印章时，要按照有关规定，认真审核用印内容。对手续不全、内容不符合规定的，不准用印 2.登记备查。使用机关印章必须在印章使用登记本上登记备查，并由用印人签字登记，内容主要有：用印单位、报送单位、用印材料名称、份数、审批领导、经办人、用印人、用印日期及其他特殊情况说明 3.印模使用。在外印制较大数量公文，需要使用印模的，必须按机关印章的使用程序履行审批手续。在印模使用完毕后，必须由印章管理人员现场监督销毁

操作提示

规范的印章管理可以确保印章使用的流程明确、简化和标准化。这将提高工作效率，减少错误和纠正的需要，并确保印章使用的准确性和一致性。

①单位内部应设置专人负责印章的保管和使用审批，并定期核对印章的数量和编号与登记簿是否一致。

②单位间或个人之间的印章交接，要进行严格的认证和登记，并在完成交接后进行及时注销。

8.4.4 接待工作

接待工作承担着组织的窗口展示作用，一方面，可展示地方机关单位形象；另一方面，在展示地方机关单位形象的同时，实际上也增强了当地的吸引力，为地方争取更多的投资机会、塑造更好的城市形象等，从而营造良好的地方发展软环境，间接推动了地方经济和社会的发展。接待工作的程序、规范如下所示。

1. 接待工作的程序

接待工作的程序如图8-22所示。

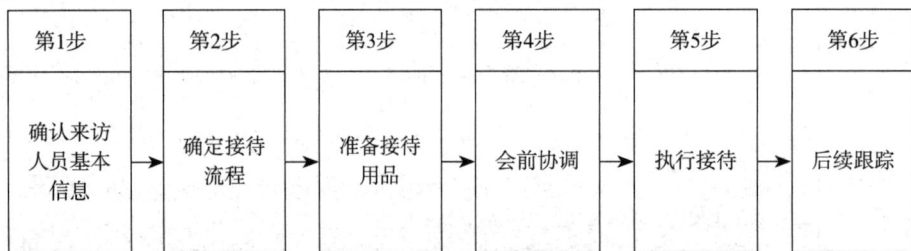

第1步	第2步	第3步	第4步	第5步	第6步
确认来访人员基本信息	确定接待流程	准备接待用品	会前协调	执行接待	后续跟踪

图8-22 接待工作的程序

（1）第1步：确认来访人员基本信息

收到来访或者会议接待请求后，需要尽快确认来访人员的身份、目的、时间和规模等关键信息，并根据情况安排接待人员和场地。

（2）第2步：确定接待流程

根据来访人员的身份、级别和目的，确定接待流程和接待方案，包括接待人员的接待礼仪、座次安排和会议流程等。

（3）第3步：准备接待用品

准备接待用品，包括茶水、招待品、资料和礼品等。

（4）第4步：会前协调

在接待之前，要与来访人员沟通确认接待细节，设备、会议支持等方面是否满足要求，尽可能做到万无一失。

（5）第5步：执行接待

按照接待方案中的要求进行接待，主持会议或者陪同来访人员参观、讲解等，要注意礼仪和形象。

（6）第6步：后续跟踪

接待结束后，要及时跟进来访人员的后续需求或者反馈，并提供必要的支持和服务，保持良好的关系。同时要总结和反馈，并优化流程，提高接待效率和质量。

2. 接待工作的规范

接待工作的规范如表8-22所示。

表8-22 接待工作规范

规范内容	具体标准
工作要求	1.合理安排用车、警卫。公务接待的出行活动应当安排集中乘车，合理使用车型，严格控制随行车辆。接待单位应当严格按照有关规定使用警车，不得违反规定实行交通管控。确因安全需要安排警卫的，应当按照规定的警卫界限、警卫规格执行，合理安排警力，尽可能缩小警戒范围，不得清场闭馆 2.做好预算管理。加强对公务接待经费的预算管理，合理限定接待费预算总额。公务接待费用应当全部纳入预算管理，单独列示 3.严格履行报销程序。接待费报销凭证应当包括财务票据、派出单位公函和接待清单
注意事项	1.注意迎送礼仪、活动安排与协调。客人到达前，除做好相应准备工作外，所有接待人员应提前1小时到岗到位，反复检查所辖区域，清除一切障碍 2.参观过程的临时休息地点要做好各项接待工作，准备好水、水果、湿巾，做好卫生保洁等 3.及时解决问题。对客人的问题或困难要及时解决，包括咨询、服务和建议

8.4.5 差旅工作

出差一般是为了开展经费审核、组织参访学习、对外交往、招商引资等工作，为机关改革发展服务。差旅工作的程序、规范如下所示。

1. 差旅工作的程序

差旅工作的程序如图8-23所示。

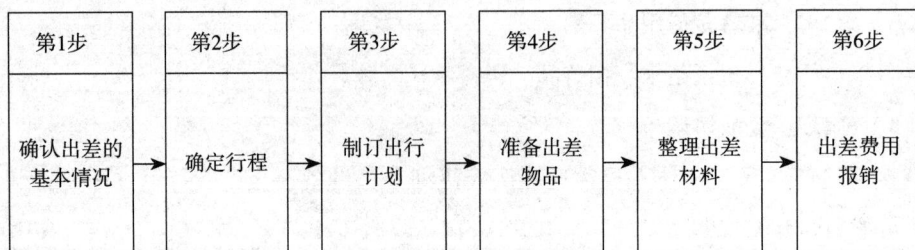

图8-23 差旅工作的程序

（1）第1步：确认出差的基本情况

确定出差目的和日期，确认出差陪同人员，并与出差目的地的相关人员沟通，确定周到的日程安排（例如，明确早、中、晚餐安排，目的地地址，接待人员等信息）。

（2）第2步：确定行程

确定行程，预订机票或车票、酒店，提前联系接站人员。

（3）第3步：制订出行计划

制订完善、细致、周到的出行计划（时间、地点、双方参会人员、议程等）。

（4）第4步：准备出差物品

准备出差所需物品，包括办公用品、个人用品、会议所需资料等。

（5）第5步：整理出差资料

整理出差资料（资料、名片、会谈备忘等），然后根据需要转发给相关人员或存档。

（6）第6步：出差费用报销

核对费用项目和金额，进行各种差旅费用报销。

2. 差旅工作的规范

差旅工作的规范如表8-23所示。

表8-23 差旅工作的规范

规范内容	具体标准
工作要求	1.合理安排行程。日程安排是差旅人员把每天、每周或某一段时间内要做的事项安排好，做好各种必要的准备 2.差旅人员应具备较高的应变能力，能够应对各种突发事件，如面对天气变化、交通延误等情况做出妥善处理
注意事项	1.注意费用的控制。出差期间，要严格控制费用的开支，在费用的开支上要严格遵守制度和规定，做到合理、节约和安全地出差 2.出差人员的安全。差旅期间，出差人员的安全是非常重要的，需要准确地了解目的地的治安、交通以及天气等情况，并采取相关措施，保证安全

经验分享

利用工作日志来安排工作。工作日志就是根据已拟订的日程安排，对每一天的工作进行具体详细的安排，并对每天的安排做出总结，获取经验，从而提升自己安排事务的能力和工作效率。

第9章
办会的工作程序与工作要求

9.1 办会的工作程序

9.1.1 会前准备工作程序

在办会前，要做好会前准备工作，为会议的正常召开提供有力的保障。会前准备工作涉及8项程序，具体如图9-1所示。

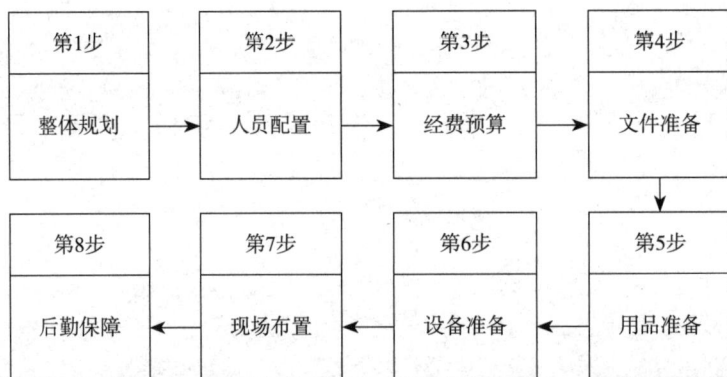

第1步	第2步	第3步	第4步
整体规划	人员配置	经费预算	文件准备

第8步	第7步	第6步	第5步
后勤保障	现场布置	设备准备	用品准备

图9-1 会前准备工作的程序

1. 第1步：整体规划

在会议开始前，要做出整体的规划，包括会议的时间地点、参会人员，探讨会议的形式和流程，确定会前准备工作的框架。

2. 第2步：人员配置

安排人员时，要确定好不同岗位的职责与要求，做好任务配置，保证会场的秩序，保证各环节的有效衔接。

3. 第3步：经费预算

要做好会议的经费预算工作，确定各项费用的支出情况，还要综合考虑控制经费支出，将预算控制在合理的范围内。

4. 第4步：文件准备

准备好会议中需要的文件资料，撰写会议中各个环节的发言稿，确定会议的日程，提供会议相关的资料。

5. 第5步：用品准备

准备办会的相关用品，为参会人员提供餐饮、零食、纪念品等服务。

6. 第6步：设备准备

灯光、音响等设备影响着会议的效果，需要提前调试，以保证会议的顺利进行。为防止突发事件，要配备相关替换设备，避免影响会议的顺利进行。

7. 第7步：现场布置

在布置现场时，要根据主题布置相应的会场。还要注意座位的安排，不能随意规划位置，要根据不同的职位、层级去规划，避免引起参会人员的误解。

8. 第8步：后勤保障

要做好会议的后勤保障工作，保障参会人员的住宿和安全，做好后勤保障预案，积极应对各种突发事件，保障会议的圆满召开。

易错提醒

为确保会议准备工作顺利进行，取得预期的成果，办会人员会前准备应尽可能考虑周全，避免出现以下各类问题。

①没有及时通知参会人员或发送会议提醒，导致部分人员无法准时参加会议。

②没有提前准备会议所需的设备和技术支持，导致会议受到影响或延误。

③没有准备充分的会议材料和支持文件，导致参会人员无法做好充分的准备。

④没有备选方案或调整议程的准备，导致无法应对意外情况或计划变更。

9.1.2　会议召开管理程序

为保证会议的按时召开，确保参会人员及时入场，需要做好管理工作。会议召开管理主要包含4个程序，具体如图9-2所示。

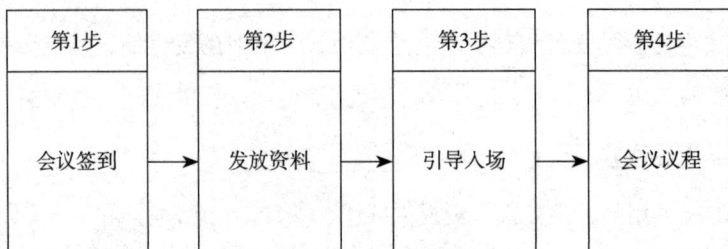

第1步	第2步	第3步	第4步
会议签到	发放资料	引导入场	会议议程

图9-2　会议召开管理的程序

1. 第1步：会议签到

及时有序地为参会人员办理会议签到手续，确认参会人员的身份，避免无关人员入会。对于未及时参会的人员要向其询问原因，做出应对措施。

2. 第2步：发放资料

向参会人员发放会议的相关资料，在发放前要检查每一份资料，确保没有遗漏或者是夹带"私货"。

3. 第3步：引导入场

引导参会人员入场，将参会人员带到相应的位置，在引导的过程中，要注意礼貌用语，话语清晰，避免出错。

4. 第4步：会议召开

在会议议程中，做好各项配套工作，注意维护会场秩序，及时应对突发事件，做好会议的相关记录等。

9.1.3　会议善后管理程序

会议结束之后，要做好善后工作，总结评估会议。会议善后管理主要包括6个程序，具体如图9-3所示。

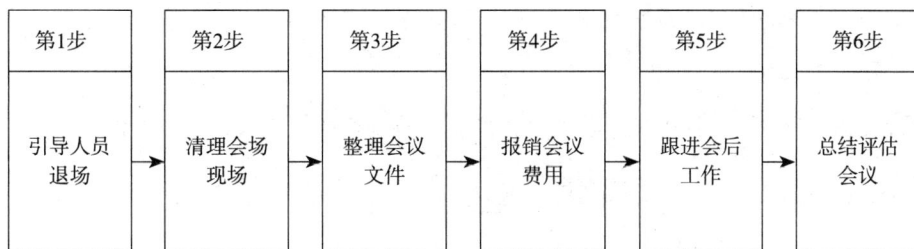

图9-3　会议善后管理的程序

1. 第1步：引导人员退场

引导参会人员按照退场安排有序撤离，避免发生安全事故。提醒参会人员带好随身物品，避免遗漏。

2. 第2步：清理会场现场

参会人员全部撤离后，安排相关人员清理会场布置，整理相关资料、用品和设备，物品清理过后，安排人员打扫会场卫生。

3. 第3步：整理会议文件

整理会议过程中的会议纪要、视频、领导讲话等资料，做好资料的存档工作，以便后续查阅和参考。

4. 第4步：报销会议费用

详细罗列会议过程中产生的各项费用，列出费用清单，报主管审核，审核通过之后，交由财务部门报销。

5. 第5步：跟进会后工作

会议结束之后，要跟进后续工作，向其他人员传达会议精神，并落实会议上的各项政策，督促后续落实情况，保证会议精神得到落实。

6. 第6步：总结评估会议

做好会议的评估总结工作，评估会议的召开是否达到预期效果，总结会议得失，确保任务的完成情况。

易错提醒

会议结束后，办会人员在会议总结、行动跟进、文件归档等方面，可能存在一些容易被忽视的细节和常见错误，要避免会后常见的错误和疏忽。

①会议结束后，对确定的行动缺乏有效的跟进，导致任务被搁置或延迟，影响了会议的成果和目标的实现。

②没有妥善管理会议的文件和资料，可能会面临查找和追溯困难的问题。

③忽略参会人员对会议的反馈意见。

9.2　办会的工作要求

9.2.1　先行审批

办会要经过上级部门的审批，主要审批办会的形式、办会的内容、办会的规模及时间、办会的预算等，经上级部门审批通过，确定会议有必要召开的，办会人员可进行后续事项的准备。

易错提醒

办会前进行审批可以判断会议的合规性、必要性和可行性，帮助办会人员规避可能涉及的风险或问题。办会的审批工作要注意避免出现以下问题：

①申请材料不完整或缺少必要的信息可能导致审批被延迟或拒绝。

②在提交申请之前，未确定会议的目的、议题、时间、地点、预算和参会人员等。

③每个审批主体都可能有不同的流程和要求，包括申请材料的格式、提交途径和时间要求，不了解审批流程可能导致审批过程受阻。

9.2.2　主题明确

开会前要明确会议的主题，确定会议目标，根据主题研究会议所要决定或通知的事项，确保会议的有效性和客观性。

1. 确定核心主题

确定会议的核心主题，即会议的核心内容和关注焦点。核心主题应该与会议的整体目标保持一致，明确会议的意义和重要性。

2. 设定目标和期望

明确会议的目标和期望，即希望通过会议达到的具体成果和效果，以便在会议结束后进行评估和总结。

3. 确定议程和议题

根据核心主题和目标，确定会议的议程和议题安排。议程应层次清晰、逻辑连贯，充分覆盖参会人员关注的重要议题，并合理安排时间，确保会议的高效进行。

9.2.3　有效控制

为提高会议效率，降低会议时间成本，提升会议的质量和有效性，需要加强对办会的有效控制。

1. 控制会议规模

控制参会人数，包括会议出席人员、列席人员、工作人员和服务人员的数量，避免不必要或者与会议无关的人参会，增加会议负担。

2. 控制会议频次

控制会议召开的频次，避免会议过多占用参会人员的工作时间，避免事情议而不决，频繁地召开会议，使会议流于形式。

3. 控制会议时间

会议要选在合适的时间召开，提前制定详细的会议议程表，控制会议时间，减少冗长和无意义的活动。同时还要约束参会人员的发言时间，对发言时间应做出合理限制，避免占用他人发言时间，影响讨论效果。

经验分享

在会议策划过程中，要建立良好的沟通渠道和协作机制，确保参会人员之间的信息流通和协同，以提高会议的执行效率。还要提前识别潜在的风险，并制订相应的风险管理计划，定期进行风险评估和监控，及时采取措施应对潜在风险，确保会议顺利进行。

9.2.4　管理有序

为保证会议达到预期效果，在办会过程中，需要加强对会议的管理，以保证会议的有序。

1. 做好会前准备

在会议召开前，对会议所需人员、物资等进行全面准备。确定会议的主题和议程，准备好会议文件，确保会议的所有议程都得到充分的准备，保证会议秩序，确保会议正常召开。

2. 明确任务分工

明确会议中的职责分工，确定每个办会人员的职责和任务，分工时要尽可能涵盖所有工作，减少交叉和重复覆盖的情况。

3. 制定会议制度

制定严格的会议制度，规定会议时间，明确会议纪律，确保会议符合要求，保证会议中的各项工作有条不紊地展开。

9.2.5　文明有礼

办会人员在办会过程时，与参会人员的交流要做到文明有礼，不断提升沟通协调能力，提高自身的素养，掌握说话技巧，提高心理素质。

1. 给予尊重关怀

在办会过程中，应尊重关怀参会人员，提供充分的信息和资料，提前通知会议时间、地点和议程等重要事项，对参会人员的需求和特殊要求给予关注和解决。

2. 沟通协调

办会人员与参会人员要进行良好的沟通，及时回复参会人员的疑问和问题，提供必要的信息和支持，使参会人员能够及时获取会议相关信息。

3. 营造良好氛围

办会人员应努力创造积极和谐的会议氛围，通过热情友好的接待形式和言谈举止，营造互相尊重、理解和合作的氛围，鼓励参会人员发表意见和建议，保证每个人都有平等的发言机会。

> **经验分享**
>
> 如果在会议中出现冲突或分歧，要冷静、理性地处理，避免情绪化的争吵。可以运用有效的沟通技巧，促进双方理解和达成共识，维护会议的和谐。

在会议结束后，可以进行反馈和评估，了解参会人员的参会感受和意见。根据反馈结果，进行改进和调整，以提高下次会议的质量和效果。

9.2.6　经费合规

在组织和管理办会经费时要遵守相关法律法规和规定，确保会议经费的合规性，提高经费使用的透明度和规范性。

1. 控制经费预算编制

在办会过程中，办会经费预算的编制要符合相关规定。详细列出会议所需的各项费用，包括场地租赁、设备租用、餐饮费用等，并制定合理的预算限制，避免超支。

2. 确保资金来源合规

明确会议经费的来源，确保经费来源的合法性和合规性，遵守相关法律法规，不接受不正当途径的资金，如行贿、贪污等，确保经费来源的透明性，并保留相关的凭证和记录。

3. 明确审批报销管理

建立办会经费支出审批和报销制度，确保经费的使用符合规定和预算，所有经费支出都应经过合法授权和审批，并在支出后及时报销，提供凭证和相关的支持文件。定期进行经费审计，对会议经费的使用情况进行监督和核查，确保经费使用的合规性和透明性。

9.2.7　保障安全

保障安全是办会工作中不可或缺的重要环节，需要给予充分的重视和有效地实施，维护会议的正常秩序和良好形象。

1. 保证会场安全

选择安全可靠的会场，确保场地符合相关安全标准。检查场地的紧急出口、消防设施等安全设施是否完备，保证参会人员在紧急情况下能够安全疏散。制定人员管理措施，包括参会人员的身份验证、入场登记等。对于重要嘉宾或特定活动，增加保安人员和安全措施，确保参会人员的安全。

2. 做好会前筹备

在会议开始前进行安全检查和筹备工作，确保会场周围的环境安全，检查电力、照明、音响等设备的安全性能，排查潜在的安全隐患并及时解决。加强对参会人员的安全宣传和教育，让其了解会场紧急出口、安全疏散路线等。

3. 应对突发事件

制定应急预案和措施，针对可能发生的突发事件，如火灾、地震、恐怖袭击等，提前规划应对步骤，并安排专人负责应急响应工作。与警察、消防等部门联系，协商安保措施，确保会议期间有足够的安保力量和专业人员支持。

经验分享

要在会议现场提供明确的安全指示和紧急联系信息，包括火警报警电话、医疗急救联系方式等，确保参会人员能够迅速获得帮助和指导。

应对负责会议安保的人员进行培训，包括应对紧急情况的流程、安全意识培养等，确保安保人员具备应急处置的能力和知识。

第 10 章

会议准备阶段的工作程序、工作规范与工作要求

10.1 整体规划

10.1.1 确定会议主题

1. 收集议题

要在会前充分收集议题，不能有所遗漏。会议议题应科学、合理、有针对性且适合在会上进行研究讨论。

2. 确定会议目的

要明确召开会议的目的，会议是为了解决某个问题，为了推广某个产品或服务，还是为了促进行业交流等。

3. 分析受众需求

要明确参加会议的受众是谁，是行业内的专家、学者，还是普通从业者或公众，了解其喜好和需求，根据不同受众的需求，确定相应的会议主题。

4. 热点话题

关注当前行业内的热点话题，与其相关的技术革新、法规变化、市场趋势等，根据热点话题确定主题，以便吸引更多人的关注和参与。

10.1.2 确定会议形式

根据会议的主题及需要，确定会议的形式。据文件《会议分类与术语》（GB/T

30520—2014）内容，会议一般有以下几种形式：

1. 报告会

由指定报告人对某一专题进行专门报告的会议。

2. 论坛

围绕一个主题，由两个或两个以上的发言人向听众发表自己的观点，并进行阐述的会议。通常由听众提出问题，由主持人引导发言和讨论并总结各方意见。其特点是深入讨论，发言人和听众之间互动性强。

3. 研讨会

由行业内的专业人士参加、专门针对某一主题进行研究、讨论、交流的会议。

4. 讲座

采用专家演讲的方式，旨在传授某方面的知识、技巧，或改善某种能力、心智的一种会议组织形式。讲座通常设有问答环节。

5. 早餐会

参会人员边用早餐边进行交流、探讨问题的会议。早餐会的气氛通常比其他的会议更为轻松活泼。

6. 主题午餐会

将会议和午餐结合在一起，一般含有主旨演讲和问答环节，或把颁奖、推介等功能和午餐结合在一起的会议模式。

7. 卫星会议

在正式的学术会议开始前或正式的学术议程结束后由企业赞助的或社团举办的小型学术会议。卫星会议是大型学术会议的一个组成部分，但一般不属于大会学术议程，通常有讲座、研讨会、非商业研讨会等形式。

8. 圆桌会议

参会人员围圆桌而坐，旨在体现平等原则和协商精神的会议。

9. 视频会议

基于网络通信技术，利用远程视频设备把不同地点的人员无需物理移动而集合起来召开的会议。

10. 网络会议

将电脑、手机等电子设备通过网络互相连接，参会人员收听、收看会议语音、图像或进行互动讨论的会议。

11. 用户大会

为分享、交流使用经验、商议探讨解决问题的方法，由某种产品或某类产品的用户群体自愿参加的会议。

12. 代表大会

一个组织定期召开，由正式代表参加并围绕特定的主题展开讨论，包含有全体大会和多个同时举行的分组会议的会议。人大会议、政协会议、党代会、团代会、学代会都属于代表大会，代表大会会期一般超过一天。

13. 高峰会

由政府机构、事业单位、社团或企业的高层领导参与的高级别会议。

> **经验分享**
>
> 　在确定会议形式时通常需要考虑以下几个要素：
>
> 　①参会人员的数量和分布，例如参会人员是否需要在不同地点参加会议，以确保会议形式的适用性。
>
> 　②会议的成本和效益，例如线上会议相对于线下会议通常更为经济实惠，但线下会议可以提供更好的互动和展示效果。
>
> 　③会议的展示内容。需要展示实物或进行实践操作的会议可能更适合线下会议，而只需要展示文字、图片或视频的会议可能更适合线上会议。

10.1.3　确定会议时间

1. 确定会议召开的时间

会议的召开时间需要依据会议内容进行科学规划和安排，再结合工作进度和领导的时间安排进行综合考虑来决定。需要注意以下几个方面：

（1）会议的主要领导人能否在会议召开时间点参加会议，同时还要尽可能选择一个大多数人都能够参加的时间。

（2）若会议召开时间有明确规定的，则要按照规定的会期召开会议。

（3）需要确定参会人员能否在会议召开前提交相关的参会资料。

（4）会议的准备工作能否按时完成。

（5）如果会议需要在特定地点进行，需要确认该地点在预定的日期和时间是否可用。

（6）需要查看公共假日和节假日是否会影响会议的召开，避免在这些日期安排会议。

2. 确定会议需要的时间

会议所需的时间要根据会议的类型来确定，尽量做到精简、高效，达到解决问题的目的。需要注意以下几个方面：

（1）会议的议程能否完成。

（2）会议中是否有临时议题，如果有，需要多长时间。

（3）确定会议时长后需要在会议通知中注明，以便参会人员做相应的准备。

（4）若会议时间较长，注意安排好中间休息时间。

10.1.4　确定会议地点

1. 大小适中

会议的地点空间过大会影响会议氛围，空间过小又会显得拥挤，所以要根据参会人员的数量以及会议性质来选择大小适中的会议地点，同时应该考虑会议的时长，如果时间较长则可以选择场地较大的地点。

2. 地点适合

（1）会议地点的选择需要根据预算选择适合的场所，综合考虑场地租金、设备租赁、餐饮服务等费用，确保在预算范围内选择会议地点。

（2）会议地点应该考虑周围的环境，应有停车场或距停车场不远，周围也应有餐饮等供应。

（3）如果是面向公众的大规模展会，地点应选定在一个对于大多数参会人员来说交通便利、容易到达的地点。

3. 设施齐全

会场内应该具备完善的设施，如桌椅、音响、话筒、空调、照明、放映设备、计算机等。

10.1.5　确定参会人员

1. 主持人

（1）会议主持人是会议的引导者和组织者，一般由有能力、有经验、有地位的人担任。会议主持人一般为单位负责人或责任领导。

（2）会议主持人应具有良好的组织能力和领导能力，能够把控会议进程，协调发言，对会议进行总结性发言。

（3）会议主持人还需具备决断能力，能够在会议结束前做出相关决定。

2. 出席人员

会议出席人员是被邀请参加会议的主要人员，其与会议主题或会议议题有直接关系，会议需征求他们的意见和建议，在会议中拥有发言权、表决权等权利。

3. 列席人员

会议列席人员是与会议主题或议题没有直接关系的人员，在会议上不需要发言，也没有表决权、投票权等权利，旁听即可。

4. 记录人员

会议记录人员是对会议全过程进行记录的人员，以便会议结束后形成会议纪要。会议记录人员一般对会议的内容都比较熟悉，能够快速进行记录。

操作提示

①在确定参会人员时，要考虑到他们的参与程度，尽可能让参会人员能够积极参与讨论和决策，更好地实现会议目标。

②在确定参会人员时，要考虑到费用因素，尽可能控制会议成本。

10.1.6　确定会议规模

会议规模受参会人数及会议等级高低的影响，分为三种：大型会议、中型会议、小型会议，其中大型会议一般为万人、千人规模，中型会议一般为百人至千人规模，小型会议一般是几人到几十人的规模。确定会议规模其实就是确定参会人员的数量，要坚持节约成本，提高效率的原则。

根据《中央和国家机关会议费管理办法》规定，会议分类为：一类会议。是以党中央和国务院名义召开的，要求省、自治区、直辖市、计划单列市或中央部门负责同志参加的会议。二类会议。是党中央和国务院各部委、各直属机构，最高人民法院，最高人民检察院，各人民团体召开的，要求省、自治区、直辖市、计划单列市有关厅（局）或本系统、直属机构负责同志参加的会议。三类会议。是党中央和国务院各部委、各直属机构，最高人民法院，最高人民检察院，各人民团体及其所属内设机构召开的，要求省、自治区、直辖市、计划单列市有关厅（局）或本系统机构有关人员参加的会议。四类会议。是指除上述一、二、三类会议以外的其他业务性会议，包括小型研讨会、座谈会、评审会等。

一类会议参会人员按照批准文件，根据会议性质和主要内容确定，严格限定会议代表和工作人员数量。二类会议参会人员不得超过300人，其中，工作人员控制在会议代表人数的15%以内；不请省、自治区、直辖市和中央部门主要负责同志、分管负责同志出席。三类会议参会人员不得超过150人，其中，工作人员控制在会议代表人数的10%以内。四类会议参会人员视内容而定，一般不得超过50人。

经验分享

确定会议规模需要注意：

①成本。会议规模越大，成本就越高，所以在确定会议规模时需要对成本预算进行控制，在有限成本内达到最好效果。

②效率。会议的规模直接影响会议的效率，规模越小，一般所花费的时间就越少，而规模越大，所花时间就越长，效率就会变低，所以会议规模需要控制参会人数，达到最佳效果。

③场地。会议的规模影响会议的地点。在决定会议规模之前需要对相应的场地进行考察，以防出现容纳不下或者太过空旷的情况。

10.1.7　确定会议议程

会议议程是为确保会议能够顺利进行而制定的一系列安排，是会议目的的具体化。会议议程的结构为标题、题注和正文。确定会议议程有以下要点：

（1）根据会议主题确定会议主持人，根据会议议题确定参会人员，根据会议规模确定讨论方式，根据会议目的确定总结内容。

（2）要根据会议议题的紧急、重要程度安排议程，越紧急、越重要的议题应该放在议程前部分，不紧急的议题应放在议程后部分，保证紧急、重要的议题能够在会议上得到解决。

（3）要合理安排各议题的时间，标出时间分配，使议程疏密有度。

（4）会议时间较长的，应该在会议议程中注明中场休息时间。

> **经验分享**
>
> 　　在制定会议议程时，应预留一些时间以备需要时进行调整。同时，在制定议程时要考虑到所有可能影响会议的因素，如参会人员的地理位置、时区、会议设施等，以帮助更好地准备会议。这些措施有助于确保会议的顺利进行，并使其结果更加有效和有意义。

10.1.8　确定会议程序

会议程序是会议正式举办期间，按先后顺序依次安排的会议操作流程。在确定好会议议程以后，需要经领导确认后复印下发给各参会人员，然后根据议程确定会议程序，会议程序一般比会议议程更加详细。

（1）在会议开始前，需要举行一个开幕式，介绍会议的主题和目的，欢迎参会人员，并进行必要的致辞和介绍。

（2）在开幕式之后，需要宣布会议的议事规则。议事规则包括如何提出议案、如何发言、如何投票等内容。需要确保议事规则公正、公平、透明，同时遵守法律法规和相关规定。

（3）基于会议议程，需要安排会议的各项议程内容。需要确保议程内容合理、充分，同时也需要遵守时间安排，避免会议时间过长或过短。

（4）在确定议程内容之后，需要安排相关专家或代表进行发言，介绍相关议题的背景、情况和建议。发言内容要具有针对性、权威性，同时也需要控制发言时间，避免过长或过短。

（5）在专题发言之后，需要安排参会人员进行讨论或辩论，就议题内容进行深入交流和探讨。要确保讨论和辩论的过程井然有序，并且参会人员有足够的时间和机会进行发言和交流。

（6）在讨论和辩论之后，需要进行投票表决，决定相关议案的通过或否决。投票过程要公正、公开、透明，遵守规定的投票程序和规则。

（7）在会议结束之前，要举行闭幕式，对会议的主要内容和成果进行总结，表达主办方的感谢和祝愿，并宣布会议的结束。

10.2　人员配置

10.2.1　会议管理人员的职责与要求

1. 会议管理人员的职责

（1）拟订会议计划

会议管理人员要根据会议要求，对会议进行一个整体的规划，包括确定会议主题、会议形式、会议时间、会议地点、会议规模、会议议程等。

（2）进行会议通知

会议计划制订好以后，可进行相关会议通知，常见的会议通知有电话通知、书面通知、邮件通知等，会议管理人员要根据实际会议需要选择合适的通知方式。

（3）准备会议资料和会议物品

会议管理人员应根据会议内容，准备相应的会议资料，装订成册，方便分发。同时，也应根据会议类型和规模准备匹配的会议物品，包括水杯、证件、常用办公用品等。

（4）安排会议期间的生活服务

若是长时间的会议，会议管理人员应安排好会议期间的生活服务。需要根据参会人数、性别等提前确定好会议期间的食宿安排，并提前安排车辆，进行合理调度，对人员进行接送。

（5）布置会场

会议管理人员要提前对会场进行布置，布置应符合会议主题，同时根据会场规格、座次安排方式，对会场进行合理布局。

（6）会议记录

会议管理人员要对会议过程中的重点内容进行记录，以备后续参考和使用。同时，会议记录也可以作为对会议的评估和改进的依据。

（7）反馈和总结

会议管理人员要及时收集各参会人员的意见和反馈，在会后对其进行总结和评估，有利于提升会议质量和效率。

2. 会议管理人员的要求

（1）组织管理能力要求

会议管理人员要熟悉会议的安排和流程，了解会议的议程、参会人员名单、场地布置等信息，在会议前进行准备和筹划，并制订相应的工作计划。

会议管理人员需要具备良好的组织管理能力，要把会前、会中、会后的一切事宜安排妥当，能够将严密的计划落实到位，把握会议的每一个环节。

（2）统筹协调能力要求

会议管理人员需要有良好的统筹协调能力，能和各方人员进行友好沟通，提前了解重要领导或嘉宾的工作习惯或日常饮食习惯，提前进行相应的准备。

会议管理人员还要了解和熟悉会议所使用的设备和技术，如投影仪、音响设备、视频会议系统等。在会议前要对设备进行检查和测试，以确保设备的正常运行。

会议管理人员还应根据每个会场工作人员的优点安排工作，分工明确，使大家在工作中能互补、配合，提高工作效率，并且还能进行合理预算、协调资源。

（3）时间管理能力要求

会议管理人员要有较好的时间管控能力，能够对会议进行细致、科学的安排，合理利用时间，对时间进行优化。

（4）应急管理能力要求

在会议过程中，会议管理人员能够及时发现问题，并采取相应措施进行解决，以保证会议圆满结束。

（5）内容保密能力要求

会议管理人员要保护会议过程中的机密和安全，确保会议资料和文件的机密性和安全性，防止泄露和损失。

10.2.2　会议服务人员的职责与要求

1. 会议服务人员的职责

（1）签到与引导

会议服务人员应引导参会人员进行会议签到和落座，维持会场内外的秩序。

（2）做好会中服务

在会议开始前，会议服务人员要提前确认会场内设施是否完好，环境是否整洁，如有问题应尽快进行调整。在会议期间，保证会场饮品及必要的会议用品供应充足。

（3）会场善后工作

在会议结束以后，会场服务人员要引导参会人员有序退场，对会场进行清理，对设备进行检查，关好门窗，关闭电源。

（4）整理会议文件

会场服务人员在清理会场时，应回收会场所有资料，不能随意丢弃，以防泄密。

2. 会议服务人员的要求

（1）言谈举止要求

会议服务人员在岗位期间应说普通话，并使用敬语，音量要适中。在工作中不能对参会人员恶语相向或者与其争吵。

会议服务人员的态度要友好，自然大方，站立时不得倚靠旁物，坐下时要腰板挺直，行走时要步伐稳健且声音较轻，挺胸收腹。

（2）仪容仪表要求

①会议服务人员应该穿着整齐、得体的服装，与会议的性质相符合，给参会人员留下良好的印象。

②会议服务人员的头发应梳理服帖，长发应扎起，不能有过于浮夸的烫染。

③会议服务人员应该淡妆上岗，不浓妆艳抹。

④会议服务人员应该勤剪指甲，且不涂有色指甲油。

⑤会议服务人员应时刻注意个人卫生，工作前不应饮酒或食用味道过大的食物。

⑥会议服务人员可以佩戴适当的首饰，但应尽量避免过多、过于花哨的首饰。

（3）服务礼仪要求

①会议服务人员应该时刻保持微笑，行为举止要得体，态度要随和，在参会人员到达时主动迎接和问候，表现出热情和友好。

②会议服务人员在工作时，不得做吃零食、玩手机等与工作无关的事。

③会议服务人员与参会人员相遇时，应礼让他人；与参会人员同行时应进行引导。

④会议服务人员应该主动询问参会人员是否需要帮助，提供必要的信息和支持，以确保参会人员的需求得到满足。

⑤会议服务人员需要使用得体的语言和礼节，如称呼参会人员的姓名或尊称、表示感谢、使用礼貌用语等。

⑥会议服务人员需要保持专业和耐心，处理参会人员的问题和需求，及时回答和处理问题。

（4）工作纪律要求

①会议服务人员在会场禁止大声喧哗、交头接耳。

②会议服务人员要遵守规章制度，按规定进行会场服务工作，对于会议内容要有保密意识。

10.2.3　主持人的职责与要求

1. 主持人的职责

（1）主持人要掌控全局，对参会人员要有细微地观察，协调发言，营造融洽的会议氛围。

（2）主持人在会议过程中要注意会议主题，不能让会议偏离主题，保障会议议程按序进行。

（3）主持人要有效控制会议时间和发言时间，推动会议进程。

（4）主持人要随时观察参会人员的反应，并给予反馈，引导发言人对发言难点或者令人困惑的地方作出解释，最终实现高效率开会。

（5）主持人在会议过程中和会议结尾都应进行相应的总结，使会议能够有一个良性的进展结果。

2. 主持人的要求

（1）资历学识要求

因为各个会议都会涉及不同的主题和内容，所以主持人需要有深厚的文化底蕴，学识渊博，能够掌握各方面的知识。

（2）控场能力要求

在一个会议开始前，主持人还应该了解会议的各个流程和特点，然后根据不同的会议选择不同的主持风格，所以要求主持人有较强的职业素养，能够对会议流程全方位把控。在这个过程中，主持人还应具有组织能力和协调能力，对会议进行有效控场，把握住会议的总脉搏。

（3）语言表达要求

作为主持人，拥有良好的语言表达能力是其基本功，主持人需要根据会议内容，选择合适的语气、节奏来组织语言，传播会议内容和信息。

（4）仪容仪表要求

主持人应该着装整齐，大方庄重，一丝不苟，若有工作装应穿着工作装。

（5）应变能力要求

作为会议主持人，应具备良好的心理素质和较强的临场应变能力，当会议出现特殊状况时，能够沉稳应对，巧妙化解难题。

操作提示

在确定主持人后，需要与其提前沟通，让他们了解会议的议程、主题、目的等，以帮助主持人更好地准备和引导会议。同时，需要避免主持人过度参与会议，以保证会议的中立性和公正性。例如，主持人应该避免过度表达自己的观点或过度参与讨论，而应该保持中立和公正的态度，确保会议的顺利进行和达成预期的结果。

10.2.4　发言人的职责与要求

1. 发言人的职责

（1）发言人的主要职责是代表组织或公司在会议上发表讲话，向参会人员介绍组织或公司的情况、宣传理念和目标、表达立场和观点等。

（2）发言人要在会议开始前根据会议主题进行充分的策划和准备工作，确定发言主题、撰写讲话稿件、准备宣传资料等。

（3）发言人在会议上的发言内容应是经集体研究过的，必要的时候可请示上级部门。

（4）发言人在发言完毕后需要与媒体进行沟通，及时解答参会人员的疑惑，对发言内容进行进一步解释。

（5）发言人要维护会场秩序，确保会议有序进行。在会议过程中，发言人需要注意控制讲话时间、调解参会人员之间的分歧等。

（6）发言人在会议结束后要总结会议内容，对会议结论上传下达。

2. 发言人的要求

（1）立场原则要求

发言人要坚持正确的立场，要以正确的指导思想为旗帜，表明自己所代表组织的立场和观点，始终贯彻正确思想和路线。

（2）身份地位要求

发言人需要有一定的社会地位或职业级别，一般是中层及以上的负责人或有重大贡献者。

（3）业务能力要求

发言人需要掌握相应的专业知识，能够在会上提供有价值的信息，准确清晰地表达自己的观点和思想。

在发言过程中，能够通过语调、肢体语言等方式表达情感，具备一定的社交和沟通技巧，与参会人员建立友好的关系。

发言人要能够掌握演讲的时间，尽量脱稿发言，不要一直低头读稿。还需要对会议场地的基本设施有一定的了解，能够熟练使用。

（4）语言表达要求

发言时，应该口齿清晰，声音洪亮，言简意赅，语速适中，语气富有感染力，会运用合理的表达方式与参会人员互动，能够清晰地表达自己的思想，用易懂的语言传达复杂的概念。

（5）公关能力要求

①需掌握新闻学、公共关系学等知识，熟悉相关法律法规，对政策有深入研究。

②语言的表达要有技巧，富含逻辑，避免出现不可挽回的语言漏洞。

③可以适当幽默，充分展现出个人的魅力。

④态度诚恳，语言实事求是。

（6）应变能力要求

发言人要处事不惊，从容面对提问，以诚相待，巧妙解决，变被动为主动。同时，发言人还需要有灵活的应变能力，能正确应对突发情况，且应具备强大的心理抗压能力，能够控制情绪，掌握尺度，消除自我的紧张情绪。

（7）仪容仪表要求

发言人需要具备一个专业的形象，应着正装，衣冠整齐，具备良好的气质形象，以确保给听众留下良好的印象。

10.3　经费预算

10.3.1　确定经费来源

根据会议的性质和类型的不同，会议经费的来源一般为财政专项经费、日常行政经费、赞助经费、参会人员缴费等。

1. 主办单位

会议有明确的主办单位，则主办单位会根据日常行政经费或财政专项费提供部分或全部的经费。

2. 赞助商

会议的议题和目的符合某些企业或组织的利益的，则其会作为赞助商为会议提供经费。

3. 参会人员缴费

参会人员需要自行支付费用来参加会议，该费用可用来支出会议所需费用。

4. 基金会

一些基金会或非营利组织会提供经费来支持特定主题的会议。

10.3.2　详列经费项目

会议产生的经费主要包括以下项目。

1. 会场费用

会场费用包括租用会议室、设备、音响、灯光、舞台等费用。

2. 资料费用

资料费用包括文件印刷费、文具用品购买费，制作会议手册、证书、海报、背景板、横幅等的费用。

3. 住宿费

住宿费是指会议期间参会人员的住宿费用。

4. 伙食费

伙食费是指会议期间参会人员的餐饮费、茶水饮料费、水果费等。

5. 交通费

交通费是指在会议期间用于接送参会人员所用的租车费、油费、过路费、停车费等。

6. 特邀嘉宾费

特邀嘉宾费包括特邀嘉宾的差旅费、食宿费、演讲费用、礼品购买等。

7. 安保费

安保费指聘请安保人员的费用。

8. 营销推广费

营销推广费包括广告、推广、宣传等费用。

9. 翻译服务费

若有国际参会人员，则要雇佣翻译人员口译或笔译服务的费用。

10. 会务管理费

会务管理费包括聘请会务组织人员的费用、服务费用等。

11. 其他费用

包括会场布置费用、保险费、税费、媒体关系费用、礼品费等。

10.3.3　制定经费标准

1. 政府会议费用标准

会议费开支实行综合定额控制，各项费用之间可以调剂使用。综合定额标准是会议费开支的上限，应在综合定额标准以内结算报销。具体如表10-1所示。

表10-1　会议费综合定额标准（上限）　　　　单元：元

会议类别	住宿费	伙食费	其他	合计
一类会议	500	150	110	760
二类会议	400	150	100	650
三、四类会议	340	130	80	550

同时，按照规定，一类会议期限按照批准文件，根据工作需要从严控制；二类、三类、四类会议不超过2天，传达、布置类会议不超过1天。会议报到和离开时间，一类、二类、三类会议合计不超过2天，四类会议合计不超过1天。

2. 企业会议费用标准

制定企业的会议费标准需要考虑以下几个方面：

（1）考虑会议的目的和类型，会议的目的和类型不同，预算也会有所不同，例如内部会议预算和客户会议预算是不相同的。

（2）需要考虑会议的规模和持续时间，因为参会人数和会议持续时间决定需要预订的会场、提供的餐饮、参会人员的住宿等。

（3）还需要根据企业的财务预算和政策来确定会议费用的标准，确保预算合理且符合企业的预算政策。

10.3.4　预算经费金额

不同的会议会产生不同的经费项目，在筹备会议时，要根据会议的实际情况制定详细的经费预算，并对各项经费进行合理分配，以确保会议的质量和效果。同时，制定严格的经费审批制度和财务管理制度，以保证会议经费的使用合理、透明和高效。在制定经费预算金额时，应该严格控制食宿和交通费用，严禁超规格接待，同时应注意以下几点：

（1）经费使用要严谨，对于每一笔费用都要说明其用途和计算方法。

（2）要考虑到会议的规模、地点、参会人员数量、会议所涉及的领域等因素，对每个项目所需费用进行准确估算，以免造成浪费。

（3）要随时注意控制成本，有成本意识。

（4）尽早编制预算，根据会议筹备进展可以适时调整。

（5）严格按照规范控制食宿标准。

（6）根据各个费用项目的预算金额，制定总预算和详细的支出计划。总预算应该覆盖所有费用项目，并留出一定的余地，以应对可能出现的额外开支。

操作提示

制定会议经费预算是会议准备阶段一项重要的任务，需要综合考虑各种因素。

首先，需要确定会议的目标和需求，包括会议类型、持续时间、参会人数、场地租赁、设备租赁、餐饮服务等。

其次，需要评估会议的成本，包括场地租赁费用、设备租赁费用、餐饮费用、交通费用、住宿费用等。

最后，需要考虑到一些不可预见的费用，例如突发事件、设备故障等，并留有足够的预算以应对突发情况。

在制定会议经费预算时，需要重点与供应商沟通，了解他们的价格和服务，以确保预算的合理性和有效性。

总之，制定会议经费预算需要全面考虑各种因素，以确保会议的经费预算科学、合理，并为会议的顺利举行提供有力的保障。

10.4　文件准备

10.4.1　通知与邀请函

1.通知

会议的召开时间、会议地点、会议内容确定后，需要尽快进行会议通知，使参会人员有时间准备。会议通知应该包含的内容有：

（1）会议的背景、目的以及主题。

（2）会议的主办单位或机构。

（3）会议的内容。包括议题、议程安排等。

（4）参会人员。应说明参会人员的具体条件，如职位、级别等。

（5）会议时间。应注明会议开始时间及结束时间。

（6）会议地点。应写清楚具体的会场所在地路名、地名、门牌号、房间号等。

（7）联系方式。应注明主办方的联系方式、联系地址、联系人姓名等基本信息。

（8）注意事项。一般是参会人员在会议前所要知道的一些报到须知。

（9）参会回执。参会单位或机构填写完毕参会人员的基本信息后报与主办方的信息表，以便主办方知悉参会人已收到会议通知。

2.邀请函

会议邀请函一般是邀请上级领导单位或特邀代表参会，是一种表示尊重的函件。邀请函应注意：

（1）应该严格按照写作规定编写，称谓、邀请事宜、时间、地点等内容缺一不可。

（2）邀请函中应详细说明会议相关情况，以便被邀请者能够准备充足。

（3）邀请函的内容应该简单明了，语言庄重。

10.4.2　议程与日程表

在会议的议题确定后，需要制定议程和日程表。需要注意：

（1）在制定会议议程和日程表之前，首先需要明确会议的主题和目的，明确参会人员的需求和期望，以便为会议确定合适的议程和日程安排。

（2）确定会议的时间和地点后，要将这些信息反映在日程表中。

（3）要将会议的目标和议题列入会议议程中。议题应该简明扼要、具有可操作性，以确保会议的效率和成果。

（4）为了确保会议的有序进行，需要根据议程的重要性和紧急程度，为每个议题分配适当的时间。在分配时间时，要避免议程过于紧张或过于宽松。

（5）在制定日程表时，应预留足够的时间，以处理可能出现的意外情况和突发事件。确保会议顺利进行，并避免时间上的压力。

（6）在制定议程时，应根据议题的重要性、相互之间的联系和逻辑关系，合理安排议程顺序。议题多的情况下，应该按照重要程度进行安排，越重要的议题越要靠前，保证在会议黄金时间能够讨论重要议题。

（7）上午九点到十一点，下午两点到四点半是人精力较旺盛的时间，所以会议议程和日程应尽量安排在这两个时间段。

（8）在会议开始前，将会议议程和日程表发给参会人员，以便参会人员了解会议的主要议题和安排，为会议做好准备。

10.4.3　报到与签到表

报到和签到都是参会人员到达会场需要办理的手续，但二者有着明显的区别，首先是时间的不同，报到是参会人员到达会场后办理的登记注册手续，只需要报到一次即可；签到是参会人员每次进入会场时进行的签名行为，会多次签到。其次二者的意义也不相同，报到更侧重于收集参会人员的个人信息，所以填的内容较多；签到更侧重于核实实际参会人数，一般只要求参会人员签字即可。

具体样例如表10-2，10-3所示。

表10-2　会议报到表

××××年××月××日

序号	姓名	性别	年龄	单位	职务	地址	电话	房间号	备注

表10-3　会议签到表

会议名称			
会议时间	____年____月____日		
会议地点			
序号	姓名	部门	备注
1			
2			
3			
4			
5			

10.4.4　其他文件

1. 讲稿与宣讲PPT

在会议召开前，参会人员若需发言，则应根据参会要求准备相应的讲稿或宣讲PPT。讲稿或宣讲PPT的内容应该精简，重点明确，通俗易懂。

（1）会务工作组应指派专人负责收集参会人员的讲稿或宣讲PPT。

（2）负责人可以通过邮件、电话沟通或会议通知等方式，与参会人员联系，请求他们提供讲稿或宣讲PPT。

（3）对收集到的讲稿或宣讲PPT的内容进行审核，确保内容符合会议主题和要求，没有涉及第三方或不当信息。

（4）将收集到的讲稿或宣讲PPT存储在安全的服务器上或本地硬盘中，以便随时调用和查看。

2. 宣传资料、宣传片

（1）会议宣传资料

会议宣传资料一般包括以下几方面的内容：

①要对会议进行介绍，包括会议的主题、时间、地点、主办方等信息。

②要对参会的重要嘉宾进行介绍，包括嘉宾的背景和资历。

③宣传资料要重点列出会议的议程和议题，以便参会人员能更直观地了解会议的主体内容。

④要对会议赞助商的背景和贡献进行介绍，展示企业的实力和影响力。

（2）会议宣传片

在制作会议宣传片时，要注意以下几个方面：

①宣传片要突出会议的主题和重点内容，能够直观地吸引观众。

②制作宣传片时，要根据会议形式和参会人员的定位，选择合适的方式进行制作。如新闻会议的宣传片就应庄重、严肃、严谨。

③宣传片可运用动态和音效等手段呈现不同的会议氛围，使参会人员能够更好地了解会议的内容和形式。

④在拍摄之前，要准备好相应的宣传资料以及宣传流程，以保证拍摄过程的顺利进行。

（3）主持词、欢迎词、闭幕词

主持人在会前应根据会议的风格及议程准备好与之相符合的主持词、欢迎词、闭幕词。主持词应该贯穿会议全程，根据每个议题来进行编写；欢迎词要注重欢迎重要的领导、负责人、单位等；闭幕词要对会议内容如实反映，用语庄严、有力。具体写法，请参见本书第5章。

①主持词

a.主持词的开场白是在会议开始前，主持人要对会议的主题、议程进行简单的介绍，并欢迎所有参会人员的到来。

b.主持词要体现时间安排，对重要的时间节点进行把控，确保会议进程顺畅。

c.主持词中要对参会嘉宾的背景及成就进行简单介绍。

d.在主持词中可设置互动环节，如提问、讨论等，增强会议的互动性，提高参会人员的参与度。

e.主持词要有总结发言，内容包括对会议内容的回顾以及未来的展望等。

②欢迎词

a.欢迎词中要体现主办方对所有参会人员的欢迎和感谢。

b.欢迎词中要简要介绍会议的主题、目的和议程，以便参会人员了解会议内容。

c.欢迎词中要表达主办方对参会人员的期望和希望，鼓励参会人员积极参与会议。

③闭幕词

a.闭幕词中要回顾会议的议程和内容，总结会议的成果和收获。

b.闭幕词中可设置发表参会感言环节，邀请一些嘉宾或代表发表参会感言，分享他们在会议中的体会和收获。

c.闭幕词要说明会议对相关领域的发展和促进作用，并期望未来继续保持合作和交流。

　　d.闭幕词要感谢所有支持和参与这次会议的人员和机构，表达出主办方的感激之情。

> **操作提示**
>
> 　　准备会议文件是非常重要的，因为它们是会议顺利进行的重要基础。高质量的会议文件可以确保参会人员能够清楚地了解会议的目的、议程、时间安排、参会人员等信息，并能够为会议提供有力的支持。
>
> 　　在准备会议文件时，我们可以采取以下措施，确保会议文件的质量和准确性，为会议的顺利进行提供有力的保障。
>
> 　　①在会议文件中使用粗体、斜体或下画线等方式来突出重点，以便参会人员能够快速了解关键信息。
>
> 　　②确保文件的格式和兼容性，以便在不同的设备和操作系统上都能够顺利打开和阅读。
>
> 　　③仔细审查和校对会议文件，以确保文件的准确性和无误，避免出现任何错误或遗漏。

10.5　用品准备

10.5.1　会徽、会标、旗帜

1.会徽、会标

　　会徽是一种能够充分体现或者象征会议精神的图案、标志，一般悬挂于会场前方正上方，会徽包括党徽、国徽、警徽等。

　　会标一般是会议的全称，以醒目的横幅标语形式悬挂于主席台正上方，体现会议的庄重性。

　　（1）会议会徽和会标应该能够突出会议的主题和目的，体现会议的独特性和特点。

　　（2）企业的会议会徽和会标应该与会议的品牌形象相统一，与会议宣传海报、会议指南等相关材料相呼应。

　　（3）在设计会议会徽和会标时需要注意版权问题，避免抄袭他人设计，造成侵犯版权。

（4）企业在设计会议会徽和会标时需要考虑实际应用，以便在会议资料、胸卡、礼品中使用，因此应考虑图案的适用性和可行性。

2. 旗帜

（1）旗帜布置的要求

一般在一些重要的会议上，会在会场内外都布置一些旗帜来烘托气氛。国旗和党旗布置一般有以下要求。

①机关单位：会议室应配备落地旗帜，一边国旗一边党旗。

②企业：应该配备落地旗，一面国旗一面司旗。

（2）国旗升挂的相关注意事项：

①国旗是国家的标志，代表着国家主权和尊严，升挂国旗，应当将国旗置于显著的位置。列队举持国旗和其他旗帜行进时，国旗应当在其他旗帜之前。国旗与其他旗帜同时悬挂时，应当将国旗置于中心、较高或者突出的位置。在外事活动中同时升挂两个以上国家的国旗时，应当按照外交部的规定或者国际惯例升挂。

②不得悬挂破损、污损、褪色或者不合规格的国旗。

10.5.2　装饰、指引、资料

1. 装饰

会场装饰一般可以搭配一些鲜花，绿植，但风格要符合会议主题。企业会议的现场还可以在门口处配置一些会议相关的海报和易拉宝，有助于会议的宣传。

（1）可以使用花卉布置会议现场，在会议室门口、主席台、接待处等位置摆放花篮或插花，增加会场的活力和美感。

（2）可以根据会议主题和特点进行场景布置，利用大型背景板、横幅、道具等，营造出符合会议主题的视觉效果。

（3）可以利用灯光进行会议现场的调色和气氛烘托，通过灯光的变换和调整，让会场气氛更加温馨和庄重。

（4）可以在会议现场设置展览品展示区，展示与会议主题相关的产品或资料，提高参会人员的参与度和兴趣。

2. 指引

指引用品有会场外的报到指引牌、会场地点指引牌，会场中的座牌、桌签、座次图、应急指示灯、会议规则提示等。

会议规则提示：包括会场禁止吸烟、禁止摄影、禁止携带食品等规则，以及参会人员应遵守的行为准则和礼仪要求。

3. 资料

会议资料包括会议议程表、宣传手册、会议通知等。

（1）会议议程表

内有会议的时间、地点、主题、演讲嘉宾、议程安排等信息。

（2）参会人员名单

包括参会人员、主持人、演讲嘉宾、工作人员等名单，以便参会人员了解其他参会人员的身份和背景。

（3）演讲嘉宾简介

提供演讲嘉宾的个人背景和专业背景，以便参会人员了解嘉宾的演讲内容和背景，更好地与嘉宾沟通交流。

（4）会议材料

包括演讲稿、PPT等材料，以便参会人员回顾会议内容和做好后续工作。

（5）会议场地地图

提供会议场地的地图和抵达交通路线，以便参会人员顺利抵达会议地点。

10.5.3　桌签、证件、文具

1. 桌签

会议桌签是指在会议现场设置的标识，通常用于标识会议室的名称、演讲嘉宾的姓名、赞助商的品牌等，有助于参会人员快速识别和定位。

（1）确定桌签内容

在准备会议桌签前，需要确定标识的内容，例如演讲嘉宾姓名、赞助商品牌名称、重要领导人姓名等。

（2）设计桌签样式

确定桌签内容后，可使用设计软件或在线模板制作桌签。桌签可以使用企业的标志和品牌颜色，以便参会人员更好地识别。需要注意的是，政府类会议桌签一般为红底黑字。

（3）打印桌签

设计好桌签后，选择桌签专用纸打印桌签，剪裁至合适的大小，以确保桌签的质量和美观。

（4）安排桌签位置

主席台：面对会场入口，每位参会领导的桌上都应有相对应的桌签，桌签为双面签。桌签位置的摆放要符合职务前排重于后排、中间重于两边、左边高于右边的原则。

发言席：如果发言人不是在原位发言，则需要设立发言席，发言席也需要有桌签。发言席一般设立在主席台的正前方或者右前方。

2. 证件

（1）会议证件的内容一般包括会议名称、参会人员的姓名、性别、工作单位、职务、照片等。

（2）会议证件的设计要简约、大方、美观并印有主办方的标志。

（3）应在参会人员进入会场前向其发放会议证件，并在主席台等重要位置放置好名片。

3. 文具

一般包括文件袋、笔、笔记本等，在入场签到时给到参会人员或提前放置在各参会人员的会议桌上。

10.5.4　其他用品

1. 水果、零食、饮品

在企业的会议中为参会人员提供水果、零食和饮品等，可以提高参会人员的舒适度和体验感，同时也有助于保持参会人员的注意力和精神状态。在准备时要注意食品和饮品的卫生及安全问题，确保所有提供的食品和饮品都是新鲜和安全的。

（1）水果

可以选择易拿取的水果，并将它们放在托盘或碗中，摆放在会场的自助区或桌子上。

（2）零食

在会议过程中提供一些零食可以让参会人员在会议间隙补充能量、放松身心。零食可以选择小型包装的饼干、糖果、巧克力等，放置在会场自助区或桌子上。

（3）饮品

可以选择瓶装水、果汁、茶、咖啡等，放置在会场自助区或桌子上。

2. 纪念品、礼物

企业大型会议上，可准备一些会议相关的纪念品、礼物，会议纪念品和礼物是对参会人员的感谢和认可，可以加深参会人员对会议的良好印象，提高参会人员对企业的好感度，从而扩大对会议内容及本企业的宣传。在准备纪念品和礼物时，应注意以下几个方面：

（1）要考虑参会人员的群体和文化背景，选择能够反映会议主题和企业形象的礼品。可以在礼品上印刷会议标志或企业标志，以提高品牌曝光度。

（2）要考虑预算限制，根据企业预算选择适当的礼品。

（3）选择的纪念品和礼物要具有一定的实用性，以便于参会人员在日常生活中使用，提高品牌认知度和影响力。

（4）要考虑版权和法律问题，以确保纪念品和礼物具有合法性和权利归属性，避免出现侵权问题。

经验分享

在准备会议用品时，需要考虑到参会人员的需求和偏好，提供符合参会人员口味的食品和饮品。食品和饮品的数量要适当，既要确保供应充足，又要避免造成浪费。此外，还需要注意保持会议场所的整洁和有序，及时清理垃圾和餐具，保持会议场所的整洁和卫生。最后，需要安排适当的分发方式，确保纪念品和礼物能够顺利地分发给所有的参会人员，避免混乱和纠纷。

以上措施可以确保会议的顺利进行，并为参会人员提供良好的体验和印象。

10.6　设备准备

10.6.1　办公设备

会议所需的办公设备取决于会议的规模、性质、时间和地点等因素，一般需要配备的办公设备有会议桌、椅子、复印机、打印机、扫描仪、翻译机、记录机等。

10.6.2　显示设备

会场还需配备相关的显示设备，以便提高会议效率。如投影机、投影机吊架、电动升降幕布、液晶电视、液晶显示器、桌面液晶升降器、智能会议平板等。

在选择显示设备时，要考虑会场的大小。如果会场面积在50平方米以内，建议使用小型投影仪、会议平板等面积较小的显示设备；如果会场面积大于50平方米，建议使用大尺寸液晶大屏、升降幕布等大尺寸的显示设备，以便满足大型会场的需求。

（1）投影仪和屏幕可以用于展示演示文稿、图表、视频和其他内容。值得注意的是使用投影仪需要考虑与计算机或其他设备连接的问题。

（2）电视屏幕可以用于播放视频、展示图像和进行实时视频会议等。与投影仪不同，电视屏幕具有更高的分辨率和色彩准确性。

（3）LED屏幕可以用于显示大型图片、视频和动态内容。LED屏幕可以更好地适应室内和室外的环境，同时具有更高的亮度和对比度。

（4）数字标牌可以用于显示信息、定向和指引等。数字标牌可以布置在会场内的不同位置，以提供有效的会议指引和信息发布。

10.6.3　输入设备

在重要的会议上，经常需要用到电脑、麦克风、触摸屏幕、摄像机、照相机等输入设备。

（1）电脑是会议中最基本的设备之一，用于编辑、存储和演示文稿、报告和其他内容。会议中使用的电脑需要有足够的存储空间、处理器速度和显卡性能来支持高质量的内容展示。

（2）麦克风用于捕捉发言人的声音，并将其转换为数字信号，以便在投影仪、电视屏幕或其他音频设备上放映。会议中使用的麦克风需要具有清晰、稳定和高保真度的声音效果。

（3）触摸屏幕可以用于让听众互动、提问或投票。触摸屏幕可以在会场内或会议应用程序中部署，并提供直观的、交互式和可定制的用户界面。

（4）因为需要对会议进行实时记录或宣传，所以需要使用拍摄效果较好的摄像机和照相机。

10.6.4　灯光设备

会场的灯光尤其重要，相关的灯光设备一般有筒灯、聚光灯、LED灯、追光灯、地排灯、激光灯等各种灯光设备、灯效控制设备。要根据会议的主题、场地和需要进行适当的选择和调整，会场的灯光除了要满足会场照明及应有的特效，还需要考虑到灯光设备的安全性、实用性、适用性。

（1）筒灯和聚光灯是会议中最基本的灯光设备之一，能为会场提供照明和照射发言人。要将其安装在合适的位置，并进行调试，确保照明均匀、明亮和准确。

（2）LED灯是一种节能、环保、寿命长的灯光设备，可以用于提供背景灯光、变换颜色、调整亮度和创造氛围。

（3）灯效控制设备是一种用于控制和管理灯光设备的设备，可以用于调整亮度、色温、颜色和运动效果。要对其进行程序编排和调试，以确保在会议期间能够顺利运行和使用。

10.6.5　音响设备

会场的音响设备一般有扩音设备、耳机、同声翻译、音箱、音效设备、话筒等，需要根据会场的大小、实际的预算以及用途选择。

（1）主音箱和分音箱分别放置在会场前部和后部，确保每个参会人员都可以听到演讲者的声音。

（2）可以使用无线或有线话筒，确保演讲者的声音可以传达给整个会场。

（3）混音台用于控制音频输入和输出，调整音频音量和音质。

（4）耳机、扩音器适合听力受损者或会场较大时使用。

操作提示

为了确保会议的顺利进行，我们在会议设备准备环节可以采取以下措施，为参会人员提供良好的会议体验。

①在会议准备阶段，对所有技术设备进行全面的测试和检查，以确保设备能够在会议中正常运转，包括计算机、投影仪、音响系统、网络连接等。

②为了确保参会人员能够清晰地听到会议内容，需要检查并确保麦克风和扬声器的设置合理且运行正常。对于远程会议，需要重点关注耳机或麦克风的质量和设置，以确保参会人员能够听到清晰的声音。

③为了应对可能出现的技术问题，需要准备一些备用设备，如额外的电缆、充电器、内存卡等。这些备用设备可以确保在出现突发技术问题时能够及时保障会议的顺利进行。

10.7 现场布置

10.7.1 会场布局

根据会议的主题、规模、性质、形式、会场特点等方面，会场的布局主要有以下几种类型。

1. 礼堂式、课堂式

礼堂式、课堂式会议通常适用于大型会议，参会人数较多，需安排主席台，会场要营造庄重、严肃的氛围，彰显组织的权威和形象。布局该类会场时，主席台席位要高于其他席位，通常由主持人、重要领导等人员坐在主席台上。

这种形式采取主席台和代表席上下相对的形式，重点突出主席台，一般适用于大型的报告会、表彰会、总结会、代表大会等，如图10-1所示。

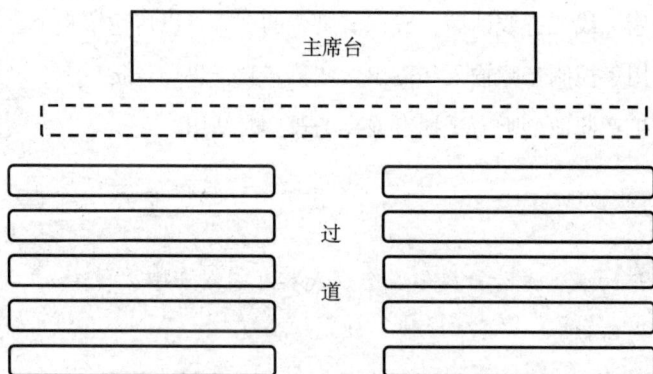

图10-1 礼堂式、课堂式会场布局

2. 对话式

对话式会议需要采用圈围的座位布置方式，让参会人员坐在一起，便于互动和对话。同时，座位之间的距离要合适，不宜过远或过近，以保证对话的效果。多用于对话或协调问题时使用的会议形式，如多边谈话、三方谈判等，布局时要注意各方平等，如图10-2所示。

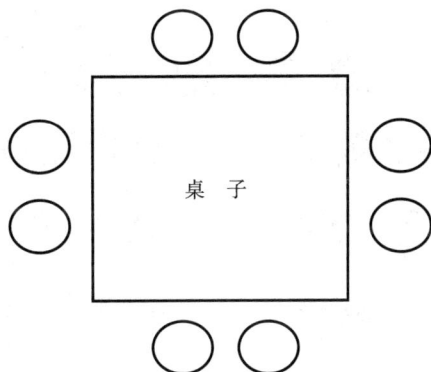

图10-2　对话式会场布局

3. 研讨式

研讨式的座位安排应该让参会人员可以看到彼此的面部表情和身体语言，以便更好地交流和合作。座位的设置可以采用圆桌式、U形式等方式布局。适用于中小型研讨会、座谈会等会议形式，具有较强的互动性，形成融洽氛围。会议人数一般不超过30人，如图10-3所示。

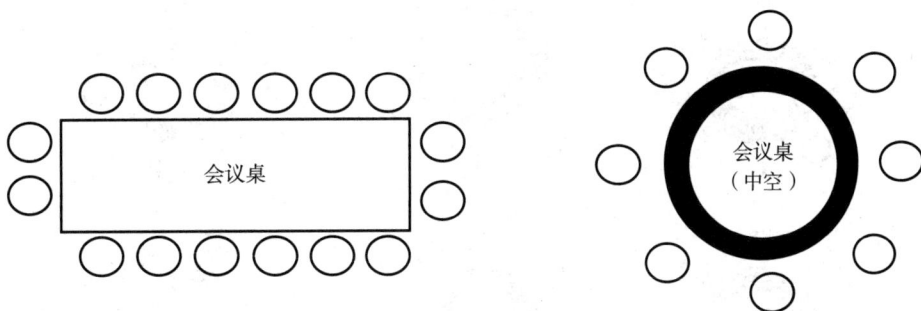

图10-3　研讨式会场布局

4. 论坛式

论坛式会议的会场通常比较大，一般会设有嘉宾席和发言席，如果有互动交流的环节，能够使嘉宾和各参会人员有眼神和肢体语言交流。

发言席要放置在突出位置，以便让发言者有更好的视野，同时吸引观众的注意。观众席位则要考虑到观众的视野和舒适度，可以采用分层或者斜坡式座椅布局，以便让观众更好地观看和聆听，如图10-4所示。

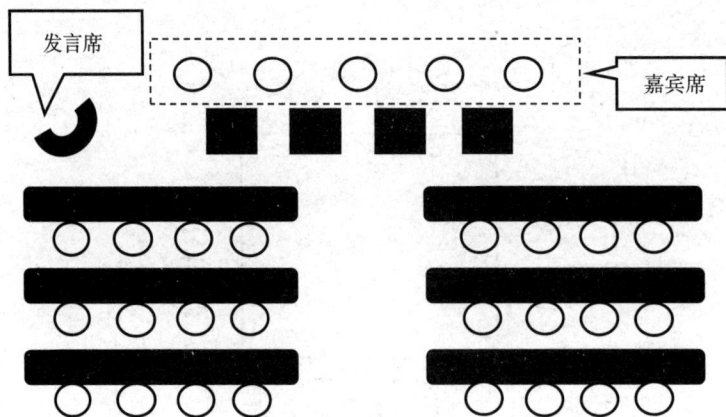

图10-4　论坛式会场布局

5. 宴会式

一般分散为各个会议桌，重要领导和会议主席的那一桌为主桌，适用于大型联欢会、茶话会、团拜会等，如图10-5所示。

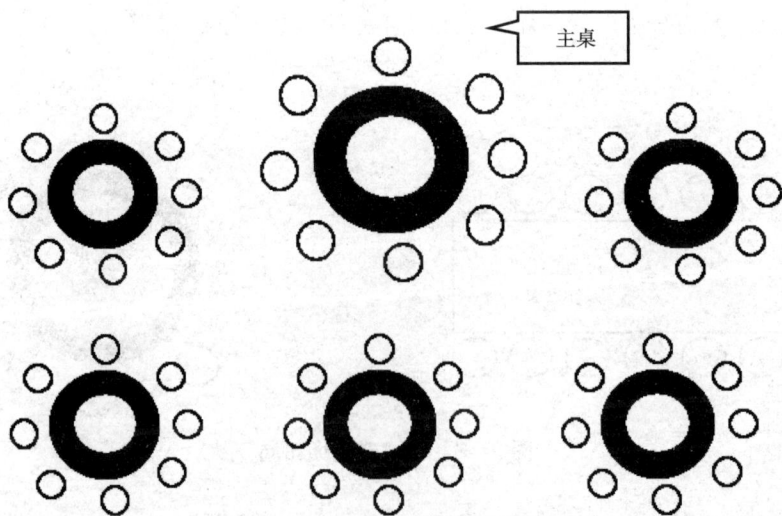

图10-5　宴会式会场布局

10.7.2　座次安排

为了保持会议秩序，安排会议座次是必不可少的现场布置工作，根据不同会议的规模和性质，会议的具体座位排序也大不相同。会场座次的排序一般有以下几种类型。

1. 主席台座次

主席台座席不能有空位，每个座位前都应放上桌签，主席台座次，面向观众的中间位置高于两旁位置，左旁位置高于右旁位置，若主席台座席有多排，则以第一排为尊，每排中间和左边位置为尊。如图10-6、图10-7所示。

2. 小型会议座次

一般适用于座谈会、调研会、小型研讨会、接待会等会议形式。会议桌有长方形、圆形、椭圆形等。此类布局需要特别注意门口的位置，如图10-8、图10-9、图10-10、图10-11所示。

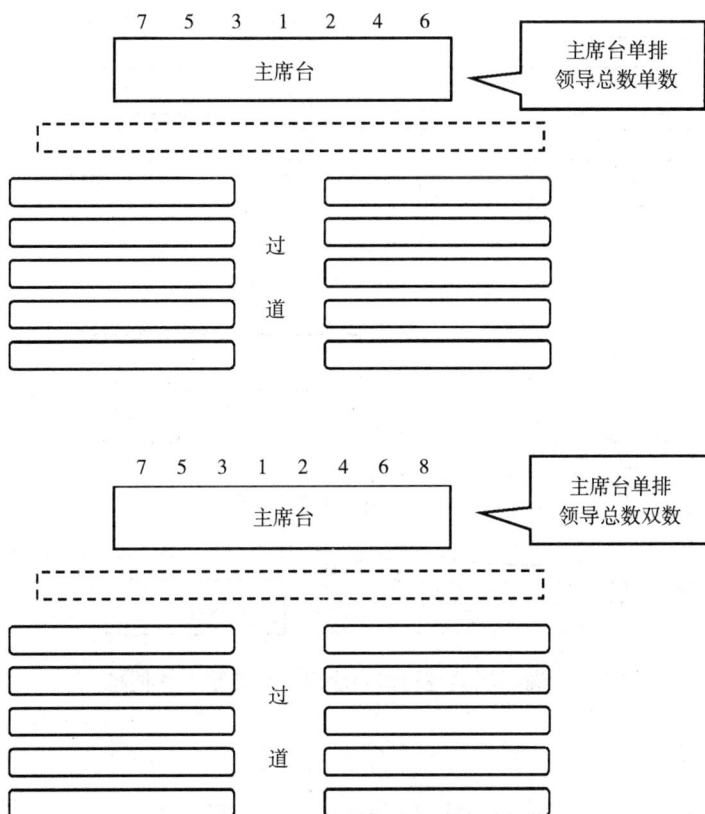

图10-6　单排主席台座次

7	5	6	8
3	1	2	4

过
道

10	8	6	7	9
5	3	1	2	4

过
道

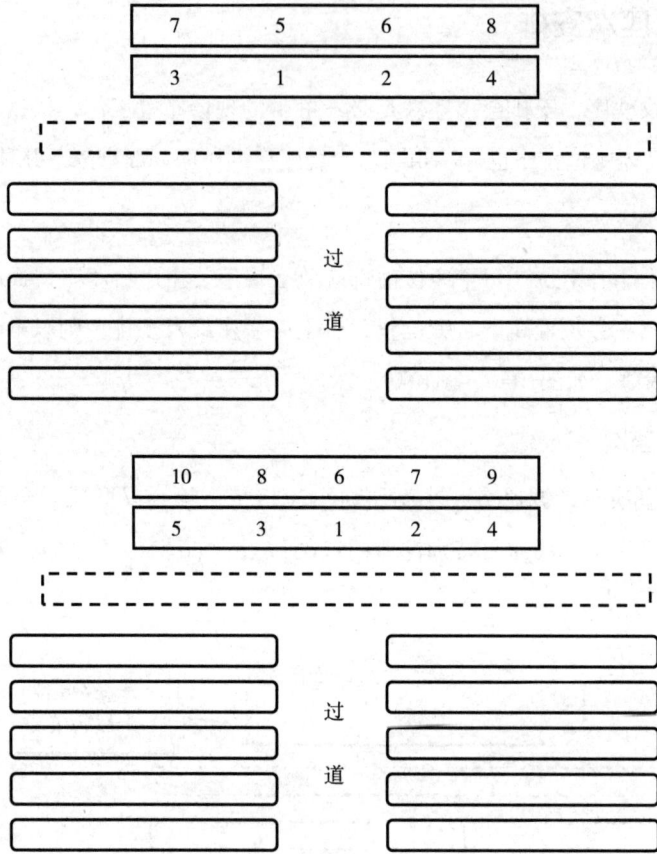

图10-7　多排主席台座次

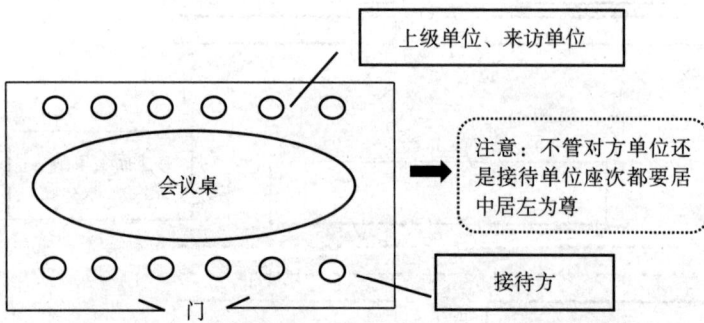

上级单位、来访单位

会议桌

注意：不管对方单位还是接待单位座次都要居中居左为尊

接待方

门

图10-8　椭圆形桌宽边对门座次（长方形座次同样）

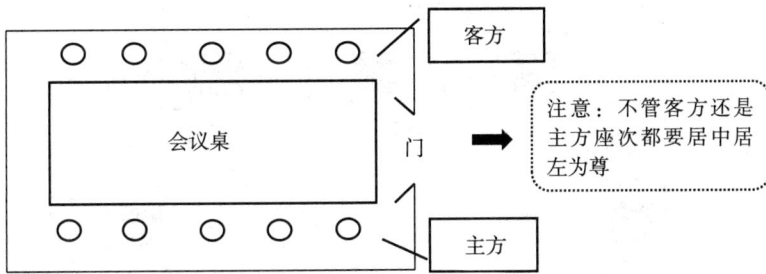

图10-9　长方形桌窄边对门座次

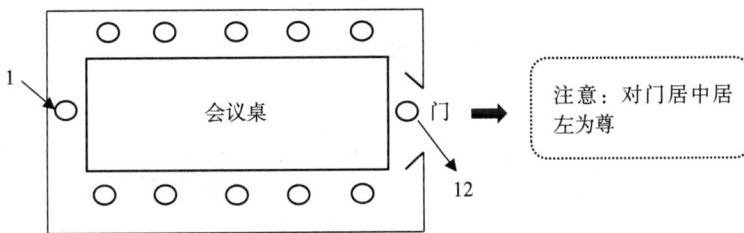

图10-10　长方形桌窄边对门座次（内部会议）

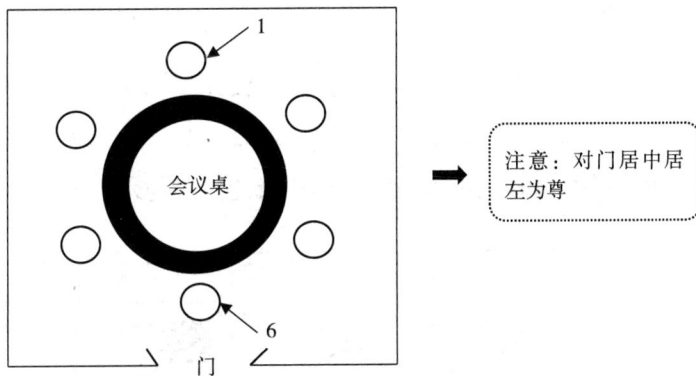

图10-11　圆形桌座次

3. 来访接待座次

来访接待一般是接待重要领导、单位或外宾，接待室一般为圆弧形、U形，常布置有沙发和茶几，主客各坐一边并以左为尊。其座次安排如图10-12、图10-13、图10-14所示。

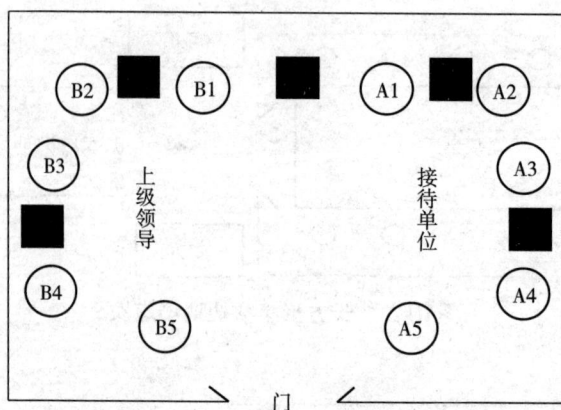

图10-12　接待上级领导座次

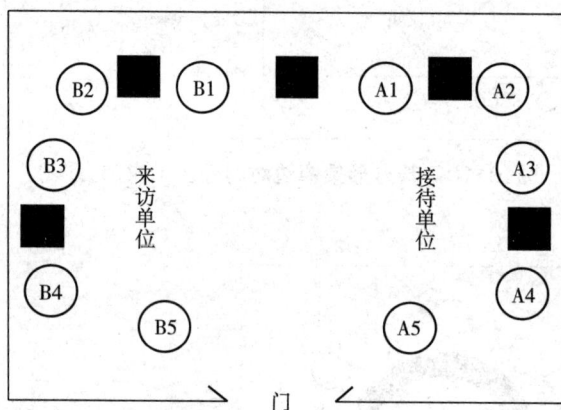

图10-13　接待来访单位座次（除上级领导外的外单位）

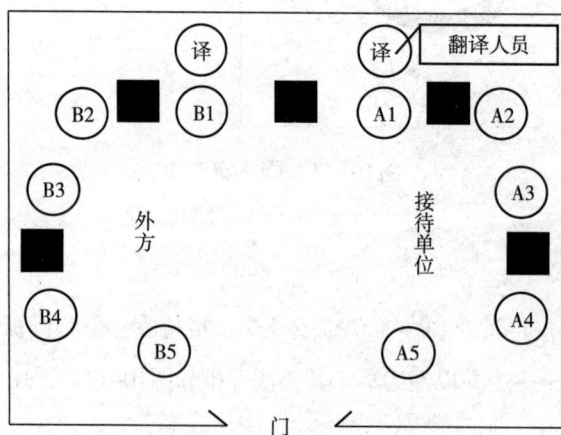

图10-14　外事接待座次

4. 签字仪式座次

签字仪式的座次通常按照参加人员的身份和重要性来安排，一般来说，客方与客方随行在会场签字桌左边，主方与主方随行在会场签字桌的右边，如图10-15、图10-16所示。

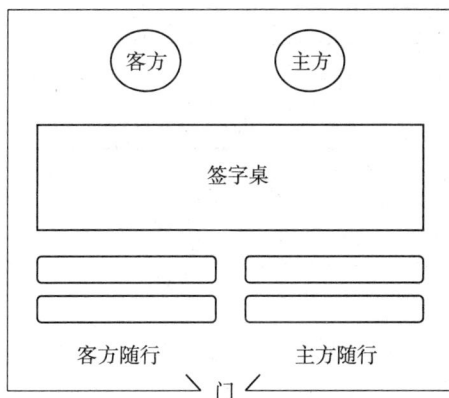

图10-15　签字仪式座次（一）

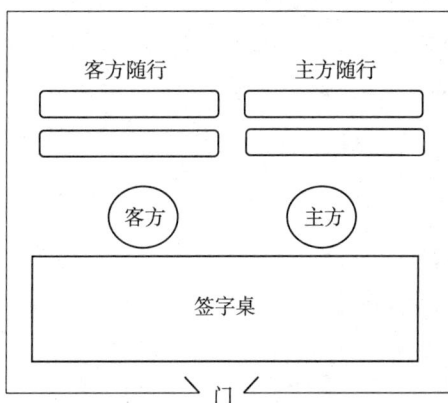

图10-16　签字仪式座次（二）

5. 合影座次

合影座次通常也是根据参加人员的身份和重要性来安排的，一般第一排为主要领导人、重要嘉宾、项目负责人、重要合作方代表等，第二排为其他嘉宾、合作方代表、项目成员等，第三排为工作人员、志愿者等。

在安排座次时，要注重视觉效果，确保每位参与者都有足够的曝光率。同时还要注意合理的间距，使整个合影看起来自然和谐，如图10-17所示。

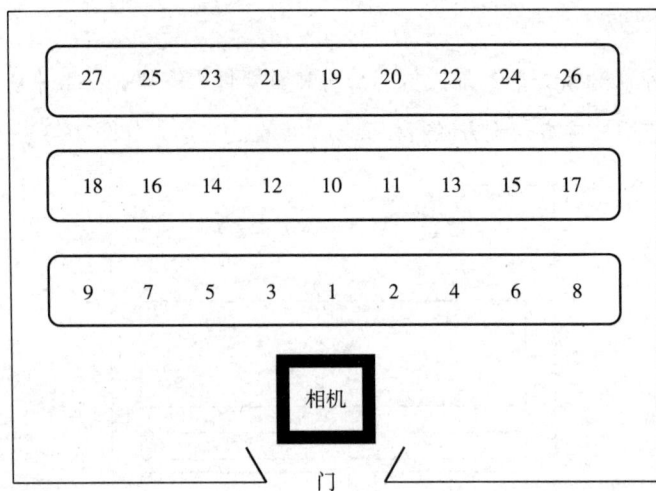

图10-17　合影座次

> **经验分享**
>
> 　　会议的座次安排对于会议的成功举行至关重要。正确的座次安排可以显示参会人员之间的尊重和平等，反映参会人员在会议中的身份和地位，促进参会人员之间的交流和互动，以及营造良好的会议氛围。因此，在安排会议座次时，可以考虑以下几个因素，以确保会议能够顺利进行，并达到预期的目标。
>
> 　　①在座次安排时，注意留意参会人员之间的人际关系。如果存在紧张或敏感的关系，可以采取分散座位措施来缓和这些关系，以保持会议的和谐和效果。
>
> 　　②在座次安排时，应注意各方的平衡和公正性。避免让某一方或某一群体集中在一起，以免引发偏见或局限性的讨论。相反，可以通过交错安排座位或随机分组来促进多样的观点和交流。
>
> 　　③安排主持人坐在会议桌的中央，以便于掌控会议的进程和引导讨论，主持人应该面向参会人员，并且在视觉上能够与大部分参会人员保持直接的目光接触。

10.8　后勤保障

10.8.1　餐饮安排

1. 会议餐饮要求

（1）就餐标准。机关单位会议要严格按照相关政策文件执行，一类、二类会议餐标每人每天不应超过150元，三类、四类每人每天130元；公司会议则需要根据主办方的预算和参会人员情况来确定就餐标准，尽量做到节约成本。

（2）餐饮数量。要根据参会人员的人数和餐饮时间来确定，确保每个人都能得到充足的饮食供应。

（3）满足特殊用餐需求。主办方要根据参会人员不同的饮食风俗及习惯选择菜式，既要体现特色，还要照顾参会人员的饮食禁忌，考虑到有些参与人员可能有特殊的饮食要求，例如过敏、素食、低盐等，需要提前做好相应的安排和准备。

需要注意的是，在机关会议的餐饮安排上严禁烟酒或含酒精的饮料。

2. 预订餐厅

（1）确定就餐人数。首先要根据会议回执表确定就餐的人数，就餐人数除参会人员外还应包括各会议服务人员。

（2）确定就餐地点。就餐地点应离会场较近，若参会人数较多，可以选择分餐厅就餐；根据就餐人数确定餐厅规模，不宜过于拥挤或空旷，大小适中。

（3）就餐环境。要考虑餐厅的卫生条件及环境，就餐的餐厅应该整洁、温度适宜

（4）比价。对符合要求的餐厅进行比较，选择价格合理的餐厅。

在用餐当天，为确保用餐顺利，需要提前与餐厅沟通，了解用餐进程、菜品准备情况、服务细节等，以便及时处理可能出现的问题。

3. 具体计划

（1）就餐形式。就餐形式一般有自助餐、桌餐、分餐等，机关会议用餐一般是自助餐或工作餐，会议期间严禁安排宴请。

（2）就餐时间。就餐时间需要和会议时间衔接，安排得当，早餐应该在会前30分钟结束，午餐时间一般安排在十一点半到一点之间。

（3）会议餐饮类型。会议餐饮类型分为早餐、午餐、晚餐。

早餐。早餐应提供高营养的食物，例如牛奶、鸡蛋、面包、香肠等，种类不必过多，简便即可。

午餐。经过早上的会议，人会消耗大部分精力，为了使下午的会议更有效进行，使参会人员保持高精力，午餐应该多供应蔬菜、水果、肉类等食物。

晚餐。一般企业大型会议期间，晚餐都比较正式，对菜肴、餐饮形式、环境等都有着较严格的要求。

4. 就餐服务

（1）设施布局

餐桌的安排不能过于密集，以免造成行走障碍。

餐桌上应该放置卫生纸、牙签及一些调味品等。

取餐点应该安排在靠墙的两侧。

餐具应放置在取餐台附近，以便取餐。

餐具回收点应远离取餐点，并有醒目标识。

（2）引导服务

会议结束后，要引导参会人员进行就餐，快速收取餐票，带就餐人员取餐具，以免造成拥挤，有效缓解排队问题。用餐过程中还要及时清理餐桌，清扫湿滑地面。

10.8.2　住宿安排

1. 确定住宿人数

根据会议参会回执确定住宿的大概人数，再根据实际会议签到人数进行对比，最终确定需要住宿的人数。住宿人员除了参会人员还包括参会人员随行工作人员和会务工作人员等。

2. 确定住宿地点

在选择住宿的地点时，应该考虑基本设施是否齐全、环境是否安静整洁、与会场距离是否适中、价格是否合理等因素；若是参会人员自行支付住宿费，应该列出不同规格、条件的住宿地点以供对方选择。

3. 具体计划

确定住宿地点后，要在会议开始前2～3天提醒并确定住宿地点已准备好相应的生活用品。会议开始前1～2天，工作人员需要与住宿地点员工再次确认房间、床位。

安排房间的时候，需综合考量参会人员的性别、职务、年龄等因素。编制分配方案。年长者、尊者、领导要适当照顾，同性别安排在一起，若参会人员有随行人员则需要安排在其附近的房间。

房间钥匙应在参会人员签到的时候分发，在会议结束后应由相关工作人员引导进入房间。

10.8.3　用车安排

1. 人员分工

用车安排的相关人员一般有会议用车协调员、用车调度员、车辆管理人员、司机、会议组织人员等。

会议用车协调员负责统筹协调会议用车事宜，包括制订用车计划、安排车辆、司机、用车时间等，协调各部门、场地及相关人员的用车需求，确保用车安排合理、高效。

用车调度员负责具体用车调度工作，根据会议用车协调员的指示，安排车辆、司机，及时协调车辆调度、车辆维修保养等问题，并跟踪用车情况，及时处理可能出现的问题。

车辆管理人员负责车辆管理和维护工作，包括车辆的保养、维修、清洗、加油等，确保车辆状态良好、运转安全，保证会议用车质量。

司机负责安全、文明地驾驶车辆，按时按点完成接送任务，确保参会人员安全、舒适地到达目的地。

会议组织人员负责参会人员的接待、引导等工作，协助安排用车，及时通知司机、车辆信息等。

2. 租车安排

在租车之前，根据会议类型、会议规模、参会人数等确认租车需求，包括用车时间、人数、车型、预算、特殊要求等。

根据租车需求和会议场所所在地点，可以通过互联网、个人推荐和租车平台等途径，筛选出多家适合的租车公司。

筛选出租车公司后，需要通过打电话、发信息等方式与租车公司取得联系，了解租车公司的车型、价格、服务等情况，并与租车公司确认租车细节。

确认租车后，需要与租车公司签订租车合同，明确用车时间、车型、价格、支付方式、取消条款等细节。

在租车当天，为确保用车顺利，需要提前与租车公司沟通，了解租车进程、车辆准备情况、服务细节等，以便及时处理可能出现的问题。

3. 具体计划

（1）确定接送时间。主要包括以下方面。

①要提前确认接送对象到达的时间和地点，司机和跟车人员需要提前到达，以示礼貌。

②会场摆渡车一般是定点发车，需要制定发车时间表并发放至参会人员手中。

③若会议需要外出，则需要提前确定好出发时间、地点。

（2）确定接送对象。需要确定接送对象的年龄、性别、职位、职称、人数、姓名、电话等信息。

（3）确定车型、用车数量。根据接送对象的人数、行李数量等信息，确定接送的车型和数量。

（4）车牌号管理。要对用车车辆进行车牌号登记，并告知调度员及接送对象。

（5）确定行车路线。根据接送对象位置和会场、住宿地址的位置，制定科学的行车路线，并且提前告知跟车人员和司机。

（6）确定停车场。提前确定好停车场，停车场一般距离会场和住宿地都不宜过远，采取就近原则，司机和跟车人员要熟悉停车场布局，以便快速、准确停车。

（7）公共交通。若是参会人员采取公共交通到达会场，主办方应安排好会场摆渡车、会场引导人员、会场地址指示牌。

10.8.4　接待安排

1. 会前接待

安排好机场、车站接待人员和车辆，设置好相应的接机、接站牌。

在住宿地点处设置报到处、票务处、会议条幅、迎宾立牌、引导牌。

在会场外设置指示牌和引导人员。

准备好餐票、房间钥匙、签到册、会议资料、笔记本、笔、会场示意图等。

会场服务人员耐心解说会议报到、用餐、住宿等事宜。

报到后，引导人员引导参会人员入住，办理行李寄存。

2. 会中接待

会场服务人员要随时注意参会人员需求。

定时补充茶水。

3. 会后接待

合理的餐饮服务安排。

根据参会人员的返程时间、站点方向，分批进行送站、送机。

大型企业会议还应准备好会议礼品或纪念品，赠予参会人员。

10.8.5　商务支持

1. 会议商务支持含义

一场会议的安排需要有不同的会议商务支持用品，根据会议的性质和需求，每场会议都有不同的商业支持。

2. 会议商务支持内容

一般会议需要有的商务支持有：

①会议日程卡、议程单；

②投影仪、话筒、音箱等影音设备；

③白板纸、笔、白板；

④茶歇食品（机关会议不需要）；

⑤饮用水、茶水、一次性纸杯、抽纸；

⑥横幅、海报、立牌、易拉宝、指示牌；

⑦桌签及名牌；

⑧纸、笔、会议资料；

⑨照相机、摄像机；

⑩奖品（奖杯、锦旗等）；

⑪其他商务支持用品。

10.8.6　安全保障

1. 技能培训

对安保人员进行技能培训，加强职业素养，增强工作责任心，熟悉会场及会议流程。

2. 隐患排查

在会议开始前对会场的安全隐患进行排查，特别是插座、插板、消防设施、监控等。

3. 安全提示

在接水处、电灯开关处、设备开关处设置用电、用水安全提示。

4. 安全检查

对进入会场的参会人员和会场服务人员进行严格的安全检查工作，禁止携带刀具、易燃易爆物品等。

5. 维护秩序

对在会议期间大声喧哗、行为极端的人应进行警示，不听劝者要带其离开会场，保证会议顺利进行。

6. 信息安全

会议通常都会有保密要求，所以应该在会场设置电子屏蔽器，并禁止在现场私自进行录音、录像、拍照等。

7. 安保巡查

设置安保人员在会场巡查，做好会场内外的安保工作，如有异常情况应及时采取措施并向上级部门汇报。

经验分享

会议的后勤保障是为确保会议的顺利进行和参会人员的体验而提供的各项服务和保障，会议的后勤保障对于会议的顺利进行和提高参会人员的体验至关重要。

在会议的准备工作中，除了提供基本的后勤保障服务，如设施、饮食、交通、住宿和安全等，还需要安排适当的娱乐活动，如观光、聚餐等，以缓解参会人员的压力，提高他们的满意度。同时，需要提前确认参会人员的姓名、职务、联系方式等信息，以便在会议期间更好地管理和协调。

通过这些措施，我们可以为参会人员提供一个更加轻松和愉悦的环境，促进参会人员之间的交流和合作，从而更好地实现会议的目标。此外，安排适当的娱乐活动也可以加深参会人员之间的联系和友谊，提高他们的满意度和忠诚度，为未来的会议召开打下良好的基础。

10.9 工作要求

10.9.1 周密策划

为确保会议的顺利开展，取得良好的效果，要把会议方案进一步细化，对每个环节都要进行周密策划。

（1）会议主题的策划。会议的主题是否突出，是否符合当下发展的情况，是否和最初的定位保持一致，是否能突出会议的主旨。

（2）演讲嘉宾主旨演讲的策划。包括演讲内容、演讲时间、演讲的顺序。

（3）会议推进过程的策划。对每一个环节，每一个细节，都要进行一次预演，对可能出现的问题应该有事先的预判和应对方案。

（4）会议点评和总结的策划。对会议点评人、点评内容、点评方式以及会议总结进行策划和初步预演。

10.9.2　充分准备

为了保证会议顺利进行，要提前准备、充分准备，并对一些可能出现的问题提前规划。这样既能保证会议有条不紊地进行，也能在出现意外情况的时候迅速应对。

（1）提前预订会议场地和设施、安排会议人员和志愿者、准备会议材料和资料等，避免因时间不足而造成的紧张和混乱。

（2）提前向参会人员发送会议通知和日程安排、接站人员、入住办理程序等信息，让参会人员提前了解会议内容、会议流程、会议接待和住宿等情况，减少不必要的沟通，节省时间，提升效率。

（3）提前确定会务公司、支持单位、赞助单位、餐饮和住宿服务等，可以减少会议的开支，节省会议的经费，提高会议的运营效率。

（4）提前对会议重要嘉宾的行程进行安排。

10.9.3　任务到人

会务工作组在筹备会议过程中应做到职责清晰，任务清晰。确保每项工作有人负责，每件事情有人执行，每个问题有人解决。

（1）明确分工、制定详细的时间表和任务清单、分配任务和责任等，提高效率，避免重复工作和混乱。

（2）指定会前总协调人。

（3）指定会中总调度人。

（4）明确会议中主持人、发言人、记录人、总结人的具体时间和具体事项。

（5）指定会后负责信息发布、商务服务的总负责人。

10.9.4　应对变化

在组织一场会议的过程中，随时都会面临突发情况，参会人员突然来不了了，主讲嘉宾有突发情况不能到场了，投影仪坏了，文件打不开等，这些变化举不胜举。

（1）会议前出现的变化，能挽救的及时挽救，不能挽救的，要立即变通。

（2）对于会议过程中可能出现的状况，要提前预判。会议进行中出现的变化，要根据情况随机应变，对于偶发事件，应该有所准备，比如电脑、投影机等，都要准备备用设备，以备不时之需。

（3）对于会议中的突发事件，要提醒主持人，提前预判和准备，主持人要及时控制、制止、化解。

（4）对于会议中突然出现的身体方面的不适，应该提前准备常用药，以备不时之需。

（5）对于会后可能会出现的变化，要提前准备，及时调整，寻找解决方案或者替代方案。

10.9.5　控制过程

控制过程可以让会议按照既定的计划执行和推进，同时能够及时发现问题并解决。

（1）会议准备阶段的过程控制。一般应按照时间和任务节点控制，也可以按照人员配置进行控制。

（2）会议开始后的过程控制。在准备阶段对会议过程进行预演，列出可能出现的问题，并对重点问题的控制方案，提前进行预判和预演。

（3）会议结束后，会有哪些问题发生，也要提前进行盘点，并对可能发生变化的事项提前预判和预演。

（4）会后会议报道和传播控制。指定专人对会议内容的报道和传播进行审核和把控，包括采访、撰稿、审定、审核、发布等，确保万无一失。

10.9.6　关注细节

关注细节可以提高工作质量、提升参会体验、体现专业水准、增强品牌形象，为会议的成功和提高参会人员的满意度提供充分保障。

（1）关注重点嘉宾和重点发言，对发言内容进行严格审核，确保内容正确、合适、合规、合法。

（2）关注接送嘉宾及参会人员过程中的细节。例如接送车辆的安排是否妥当，车上是否准备水，雨天是否准备雨伞等。

（3）关注餐饮、住宿中的细节。例如有特殊餐饮需求的参会人员，饮食有禁忌的参会人员，住宿单间和标准间的问题等。

（4）关注特殊参会人员的行程，以便及时接送。

10.9.7　备有预案

在会议准备阶段，要对会议的各个过程，各个事项，都要预演，并对可能发生问题的事项提前准备应对预案。

（1）针对突发情况的预案。用一张表，列明可能出现的突发情况，写清应对措施，明确负责人，然后发给所有的会务工作人员，以备使用。

（2）针对变化的预案。按照会前、会中、会后的顺序，列出会议中可能发生变化的事项，同时给出解决方案，并明确到个人。

（3）针对预防的预案。为了预防一些影响会议的情况发生，会务工作人员应提前采取一些措施和方法，避免这些情况的发生。理清预防事项，并针对性制定应对措施和应对方法，指定负责人，负责落实。

（4）对于一些特别的会议，要求提交预案的，要及时向有关部门提交。

第 11 章
会议召开阶段的工作程序、工作规范与工作要求

11.1 会议签到

11.1.1 会议报到程序及规范

会议报到是针对需要集中住宿的大中型会议而言，参会人员从自己的工作单位或住地到达指定的开会地点时所办理的登记手续。会议报到是会议组织部门掌握参会人员准确到会情况的重要一环。

1. 会议报到程序

会议报到程序如图11-1所示。

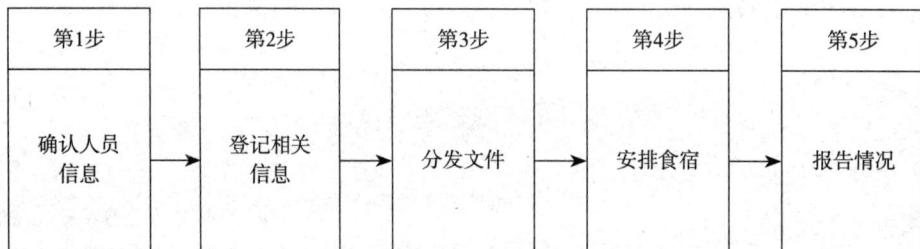

第1步	第2步	第3步	第4步	第5步
确认人员信息	登记相关信息	分发文件	安排食宿	报告情况

图11-1　会议报到的程序

（1）第1步：确认人员信息

确认参会人员的资格，包括会议通知单、会议邀请函及能证明是本人参会的相关证件。

（2）第2步：登记相关信息

引导参会人员填写好会议报到登记表，及时掌握参会人员具体到会情况。

（3）第3步：分发文件

将事先准备好的会议文件、用品、会议须知及住宿房间的钥匙、餐券等分发给参会人员。保密文件和需要清退的文件须履行签收手续。

（4）第4步：安排食宿

在现有的条件下合理安排参会人员的食宿，尽可能满足参会人员的需求。必要时引导参会人员到房间，简单介绍情况并交代好会议第一项议程的时间、地点。

（5）第5步：报告情况

会议报到结束后，应向会议负责人报告有关情况，包括应到人数、实到人数、缺席人数及原因等。

2. 会议报到的规范

会议报到的规范如表11-1所示。

表11-1　会议报到的规范

规范内容	具体标准
工作要求	1.会议报到工作需要提前准备，包括参会人员名单、会议场地、会议物资、会议软件和硬件设备等各项准备工作。提前准备可以预防和避免各种突发情况和意外事故的发生 2.会议报到工作需要设计科学合理的流程和方案，方便参会人员进行报到和领取会议资料，避免拥挤、混乱的场面。对于大型会议，可以设置多个报到入口，分散人流量 3.做好会议现场的组织和引导工作，为参会人员提供周到的服务，主动询问是否有问题需要解决，指引参会人员顺利进入会场
注意事项	1.参会人员报到时，会务工作人员应在其签到后再发放会议证件，凭会议证件办理其他报到手续 2.会务工作人员在参会人员履行报到手续时应认真、仔细核对相关信息，确保参会人员信息准确，特别是保密级别的会议，应坚决制止未受邀人员参会

经验分享

会议报到工作中要重视参会人员安全告知工作，应向参会人员介绍应急情况操作流程、安全管控措施等相关安全信息，协助参会人员妥善处理出现的意外情况，确保安全。

11.1.2　会场签到程序及规范

会场签到能保证会议顺利进行、按时召开。准确统计到会人数，掌握参会人员情况，有利于会场内外正常秩序的建立。因此，会务工作人员应对这些看似简单的事情给予高度的重视。

1. 会场签到的程序

会场签到的程序如图11-2所示。

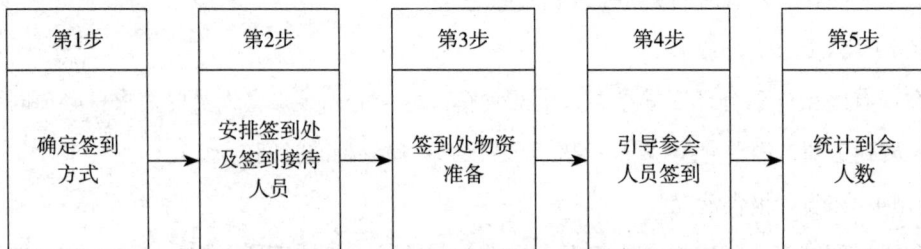

第1步	第2步	第3步	第4步	第5步
确定签到方式	安排签到处及签到接待人员	签到处物资准备	引导参会人员签到	统计到会人数

图11-2　会议签到的程序

（1）第1步：确定签到方式

根据会议类型、会议规格及会议要求，确定合理的会议签到方式，签到方式有薄式签到、证卡签到、座次表签到、会务工作人员代签到、电子自助签到等。

（2）第2步：安排签到处及签到接待人员

应安排固定的签到处及签到接待人员，签到处一般设在会场的大堂正对面或左或右的显著位置，使参会人员进入会场即可找到。签到处必须备有充足的会议介绍、酒店或者召开会议城市的地图及会议相关资料。

签到处接待人员应经过专业培训，对会议内容及签到工作十分熟悉，待人接物妥帖周到，耐心有礼。

（3）第3步：签到处物资准备

签到处需要准备的物资包括但不限于电脑、电源插座、复印机、计算器、签到笔、住宿登记表、房卡、参会人员名单表、礼品等。

（4）第4步：引导参会人员签到

签到处接待人员应主动引导参会人员到签到处签到，签到过程中，接待人员应指导参会人员正确签到，如信息填写是否齐全、签到信息是否正确等。

签到完成后，签到处接待人员应引导参会人员进入会场，如会议还未开始，不能提前进入会场，应为参会人员提供暂时的休息场所。

（5）第5步：统计到会人数

当参会人员全部进入会场后应迅速准确地统计出席、列席和缺席的人数，并报告给大会主持人。

2.会场签到的规范

会议签到的规范如表11-2所示。

表11-2　会场签到的规范

规范内容	具体标准
工作要求	1.认真准备。会前根据相应的签到方式准备相应的签到工具或签到设备，包括签到簿、签到卡、签到机等。如果是机器签到的方式，要对机器进行测试，避免出现临时故障 2.有序组织。做好准备工作，将有关材料装好袋，并安排会务工作人员在现场等候，确保签到工作有条不紊地进行 3.及时统计。组织签到时，要以最快的速度统计出到会人数和缺席人数，并在会议正式开始之前报告大会主席或会议主持人，以便使其根据签到结果，宣布会议是否符合法定人数，从而决定会议是否能够如期召开 4.准确无误。即签到的结果必须以准确的数字来体现，既不允许人数不符，也不允许出现"大约""左右"一类的模糊数字
注意事项	1.负责签到的接待人员需提前到岗，避免早到的参会人员长时间等待 2.负责签到的接待人员应热情主动地迎接参会人员，并按礼仪规范将客人引导入场，一般来讲，无论陪伴还是引领都应站在领导或来宾的左侧 3.签到时间、签到地点、签到流程和需携带物件（如身份证、参会证、二维码等）需提前通过电话、短信、微信、邮件等形式通知参会人员 4.现场须在会场总入口处沿途做好引导牌，方便参会人员准确无误到达签到处 5.现场签到涉及提供个性礼品的需进行身份核验，以便精准发放，防止发错对象和重复发放

> **易错提醒**
>
> 会场签到时，要避免出现以下情况：
>
> ①缺乏有序组织。没有明确的签到流程和标识，导致参会人员难以找到签到处，造成拥堵和混乱。
>
> ②技术故障。使用不可靠的签到系统或软件，导致注册信息丢失或无法及时记录参会人员的签到状态。
>
> ③人员不足。签到处没有足够的工作人员，导致等待时间过长和服务质量下降。
>
> ④信息不准确。参会人员的注册信息与实际情况不符，导致签到过程中出现错误或混乱。

11.2　发放资料

11.2.1　会议资料发放的方式

发放会议资料，是办会人员的常规性事务，资料的发放看似简单，但其实也有很多细节需要注意。正确合理地发放资料十分重要，甚至可能影响会议的举办效果。

会议资料发放的方式如图11-3所示。

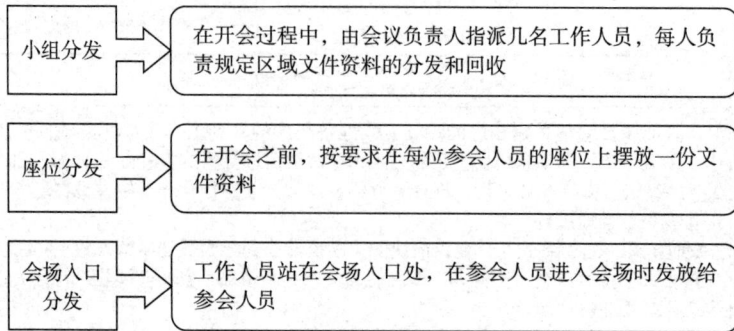

图11-3 会议资料发放的方式

11.2.2 会议资料发放的规范

会议资料发放的规范如表11-3所示。

表11-3 会议资料发放的规范

规范内容	具体标准
工作要求	1.发放前，紧扣会议方案，确定材料发放形式。材料发放人员要主动对接会务承办人员或会务工作组，研究会议实施方案、会议指南等，及时掌握材料发放的时间、地点、对象及其他要求，并根据不同的会议规模，确定不同的发放方式 2.发放中，要紧扣登记记录，时时校准份号，需要在会议报到时发放的会议材料，按材料份号登记后由参会人员或相关工作人员签名领取 3.会议后，紧扣归档要求，整理归档资料。对于需要参会人员退回的会议材料按规定进行收集，包括会议材料、底稿、签批单等所有资料，形成全链条的归档资料，并按照程序做好登记、移交、归档工作，以备后查
注意事项	1.要根据会务工作部署，制定材料发放任务及人员分工安排方案，明确人员的具体责任，并制定会议材料运行表，明确发文日期、材料标题、供稿单位、送印时限、交付时限、分发时限、分发范围等，确保发放材料准确、及时、安全 2.要严格按照规定和保密要求发放会议材料，不得擅自扩大或缩小发放范围，同时，现场一定要留足备用材料以便更换、增发 3.对需要参会人员退回的会议材料，如果会议形式较为简单，可以通过当面告知、加盖清退印章、附提醒通知单等形式，要求散会时放置在指定位置，由发文人员统一收回；如果是重要的大型会议，要提前制定文件清退通知和清单，要求各联络组按照通知要求和清单内容清退材料，再由各联络组集中清退；对会议工作人员需要退回的会议材料，会议结束前直接退给发文人员或会议发文组

11.3　引导入场

11.3.1　引导参会人员入场的方式

召开大中型会议时，为方便参会人员尽快入座，维护会场秩序，一般需要引导参会人员入座。为减轻工作人员的负担，可采用在会场设立标记，在签到证卡上注明座次号等方式，引导参会人员找到对应的座次。

引导参会人员入场的方式具体如图11-4所示。

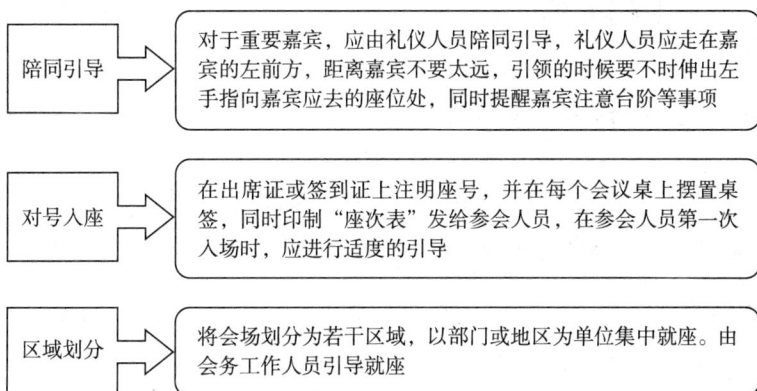

陪同引导 →	对于重要嘉宾，应由礼仪人员陪同引导，礼仪人员应走在嘉宾的左前方，距离嘉宾不要太远，引领的时候要不时伸出左手指向嘉宾应去的座位处，同时提醒嘉宾注意台阶等事项
对号入座 →	在出席证或签到证上注明座号，并在每个会议桌上摆置桌签，同时印制"座次表"发给参会人员，在参会人员第一次入场时，应进行适度的引导
区域划分 →	将会场划分为若干区域，以部门或地区为单位集中就座。由会务工作人员引导就座

图11-4　引导参会人员入场的方式

11.3.2　引导参会人员入场的规范

及时和热情地引导参会人员入场，是确保会议按时召开的重要前提，也是展示办会服务水平的重要形式。引导参会人员入场的规范如表11-4所示。

表11-4　引导参会人员入场的规范

规范内容	具体标准
工作要求	1.引导人员应统一着装，保持微笑，服务细致，言行礼貌 2.引导人员应具备良好的身体素质和精神状态 3.引导人员应具备相应的特殊能力，如外语、哑语等 4.陪同参会人员乘坐电梯和通过走廊时注意礼仪规范，注意电梯门、湿滑地面、楼梯台阶等处的安全隐患 5.会议期间引导人员要全程待命，引导参会人员进出会场

规范内容	具体标准
注意事项	1.引导人员要提前熟悉会议地点环境、会场布局和座次安排 2.引导人员要提前掌握领导和嘉宾的预计到会时间 3.年迈、伤病和残疾人员到会时要安排专门的引导人员，提前熟悉无障碍设施的行走线路 4.领导和嘉宾到会时，引导和陪同人员一般应为会议主办单位的职务或职级相当的领导，以示尊重 5.为避免迟到的参会人员入场时干扰会议进程，需要引导人员提醒他们步轻语细，引导其从会场后区门进入，带到指定座位，或在后排就近入座，尽量不影响会议进程

11.4　会议议程

11.4.1　会议开幕程序与规范

会议开幕是会议的第一个正式环节，也是最受关注的环节之一。会务工作人员应当熟悉开幕式的一般程序，选择合适的会议开幕时间，认真做好开幕式的程序设计。

1. 会议开幕程序

会议开幕程序如图11-5所示。

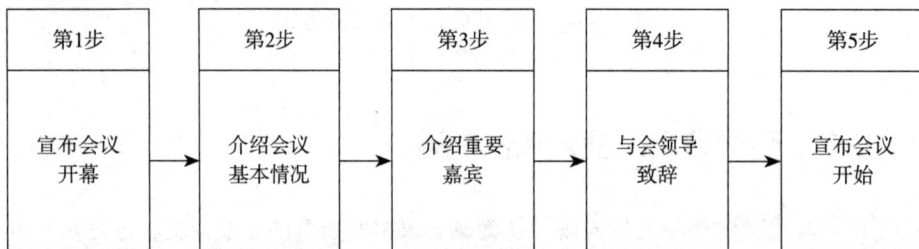

第1步	第2步	第3步	第4步	第5步
宣布会议开幕	介绍会议基本情况	介绍重要嘉宾	与会领导致辞	宣布会议开始

图11-5　会议开幕程序

（1）第1步：宣布会议开幕

①主持人提醒会议即将开始，欢迎领导或嘉宾入场，并向参会人员表示欢迎；

②强调会议纪律，提醒参会须知事项，如不得喧哗、手机关机或静音、不得擅自出入，对于保密级别的会议还会要求手机不得带入会场或不得擅自拍照录音、录像等。

（2）第2步：介绍会议基本情况

一般包括会议名称、会议主题、会议背景、会议目的、会议任务等，有选择地介绍主办国家、城市、单位和会议筹备情况等。

（3）第3步：介绍重要嘉宾

①会务工作人员应按职位等级、长幼顺序或重要等级顺序等提前安排嘉宾的介绍顺序；

②介绍嘉宾时要重点介绍嘉宾的主要头衔及突出成绩；

③主持人在介绍过程中要快速准确地报出重要嘉宾的姓名，且衔接得当。

（4）第4步：与会领导致辞

主办单位领导致辞、主管单位领导讲话等（根据会议不同，可能顺序发生变化）。

（5）第5步：宣布会议开始

简要介绍会议议程，宣布会议正式开始。

2. 会议开幕的规范

会议开幕的规范如表11-5所示。

表11-5　会议开幕的规范

规范内容	具体标准
工作要求	1.拟定好开幕式程序，根据不同类型的会议和规格要求，拟定合适的内容，包括但不限于介绍参会领导和嘉宾，参会领导致辞，嘉宾演讲，宣读贺信、文体表演、燃放烟火、剪彩、揭幕等环节 2.确定合理的开幕时间，开幕式一般选择在会议正式开始的第一天上午，时间不宜过早，以便当天到会的代表有足够的时间签到和入场 3.通过不断排练开幕式流程，确保开幕式的流程衔接顺畅，包括前后衔接、时间把控、背景音乐等
注意事项	1.规范主席台桌签的制作和座次摆放，符合礼仪要求 2.为主席台嘉宾准备开幕式议程、发言稿和纸笔，并置于桌面 3.反复检查主席台座椅、话筒和茶水安排，试坐、试用和试品 4.请致辞的领导、嘉宾以及主持人提前熟悉发言内容 5.提前确认主席台就座领导和嘉宾的到会时间 6.领导和嘉宾中如有年迈者和伤残人士，要安排专人陪同 7.外事会议开幕式，要提前一天告知中方出席领导着装要求 8.加强开幕式期间的会场安保，做好应急预案

经验分享

　　会议开幕工作需要从各个方面做好充足准备，事先精心设计和周密安排，从物质到心理各个方面照顾参会人员、媒体、主要嘉宾等的不同需求，确保会议开展顺畅。

11.4.2　会议议程程序与规范

会议议程是对会议活动议题性内容的程序化，是提高会议效率、保障会议顺利进行的重要工具，正确使用会议议程十分必要，根据会议类型不同，会议的议程也有所不同，以大中型会议为例。

1. 会议议程程序

会议议程程序如图11-6所示。

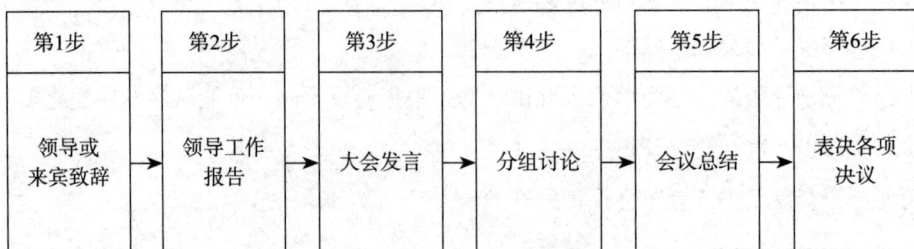

第1步	第2步	第3步	第4步	第5步	第6步
领导或来宾致辞	领导工作报告	大会发言	分组讨论	会议总结	表决各项决议

图11-6　大中型会议议程程序

（1）第1步：领导或来宾致辞

①根据会议规格，会务工作人员需要提前确定致辞的领导或嘉宾，提前确认致辞领导或嘉宾的到会时间，如出现不能按时参会的紧急情况，应启动应急预案。

②提前沟通发言内容，以使领导的发言内容与会议主题相吻合。

（2）第2步：领导工作报告

不同类型的会议，其工作报告的内容侧重点有所不同，因此会务工作人员需根据会议主题和会议类型，请相关领导作会议报告，并提前沟通报告内容。

（3）第3步：大会发言

①会务工作组要和材料组共同做好大会发言的组织安排。确定发言名单，准备好发言稿并打印好，届时组织有关人员发言。对重要会议的大会发言，还应提前组织试讲。

②如会议期间临时安排发言，应通知有关人员抓紧做好发言准备，并将发言题目收集整理，呈报主持会议的领导审定。

③对没有形成材料的发言，在发言后一般应将其发言稿留下，以便随后印发或留存备查。

④发言安排要有广泛的代表性，或以地区、部门考虑；或以阶层、职业考虑；或从代表性人物考虑，而这些都必须以服从大会议题为总体目的。

（4）第4步：分组讨论

①分组要根据会议任务的需要，有的放矢，分组的具体方案应由会务工作组制定，并事先通知各位代表。

②对于讨论中反映出来的情况和问题，提出的建议、倡导等，会务工作组要收集整理，及时印发简报，一是为了沟通各组情况，引导大家深入讨论，二是为了向上级部门报告会议进展情况。

（5）第4步：会议总结

分组讨论结束后，会务工作人员还需要认真、仔细地做好会议总结工作，最后将形成的结论以书面形式表述出来，形成决议后提交上级或传达下级。

（6）第5步：表决各项决议

对会议中产生的各项决议进行全体表决，通过表决的决议内容根据上级领导安排，在会议结束时进行宣读。

2. 会议议程的规范

会议议程的规范如表11-6所示。

表11-6　会议议程的规范

规范内容	具体标准
工作要求	1.内容流程须确认无误。会议议程的内容与主讲者的先后顺序，都须确认无误，不可前后倒置或杂乱无章 2.议程安排须适度。会议议程不能安排过多，也不能太少。会议内容的相关性需调配，若议程过多，参会人员的精力和时间有限，能得到的响应也有限。若议程太少，流程过于松散，则浪费参会人员的时间 3.每一个议题都应预估所需的时间，并明确地标示出来。这样做，既可以方便参会人员对照议程提前做好准备，也可以提示主持人或者发言人自我约束，节省参会人员的时间，提高会议效率
注意事项	1.当会议议程较多时，需注意会议的目标和主要议题，区分轻重缓急 2.依据会议的目标、内容、要求的不同，议程应逐项、逐段周密细致安排 3.会议时间跨度较大时，应将同类性质的议题集中排列在同一天，引起参会人员的高度重视。除此之外，如有新科技、新技术或保密性的议题，可放在会议的第一天，或第一场，让参会人员和媒体可聚焦

经验分享

会议议程应该根据会议的特点、参会人员的需求和主题的不同，进行充分的思考和评估，确保议程内容和安排合理。可以在会议前制定相关的规章制度，以保证会议正常开展和保证参会人员权益受到保障。

11.4.3　会议闭幕程序与规范

会议闭幕式是会议结束时举行的正式仪式，具有一定的象征性和标志性，会务工作人员应当认真做好闭幕式的程序设计。

1. 会议闭幕程序

会议闭幕程序如图11-7所示。

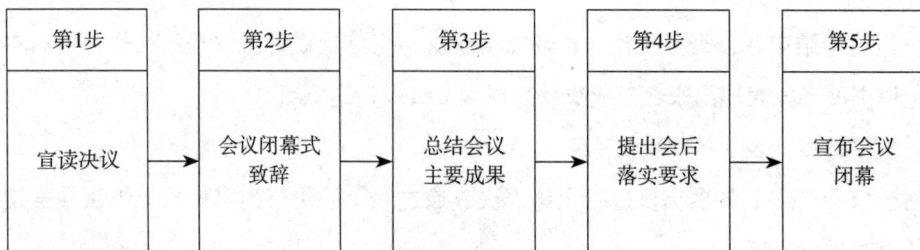

第1步	第2步	第3步	第4步	第5步
宣读决议	会议闭幕式致辞	总结会议主要成果	提出会后落实要求	宣布会议闭幕

图11-7　会议闭幕程序

（1）第1步：宣读决议

对会议中通过表决的决议进行宣读。

（2）第2步：会议闭幕式致辞

提前邀请和确认致辞领导，提前沟通致辞内容，会议闭幕致辞应对会议的主要内容及会议通过的重要决议，进行充分肯定和总结。

（3）第3步：总结会议主要成果

对会议中取得的主要成果进行总结，强调领导讲话的重要精神。

（4）第4步：提出会后落实要求

对会后学习讲话精神和贯彻落实会议决定提出相关要求。

（5）第5步：宣布会议闭幕

对参会人员及会议主办方、会议承办单位表达谢意，宣布此次会议胜利闭幕。

2. 会议闭幕的规范

会议闭幕的规范如表11-7所示。

表11-7　会议闭幕的规范

规范内容	具体标准
工作要求	1.根据会议内容、闭幕时间、地点及会议主题拟订闭幕式程序 2.拟订参加闭幕式主要人员、邀请领导和嘉宾 3.规划闭幕式所需时长，并在规定时长内完成议程
注意事项	1.会务工作人员应充分了解整个会议的主题，以确定会议闭幕式的主要内容 2.根据闭幕式议程，确定每个小议程所需时长 3.提前准备闭幕式所需会务资料

易错提醒

会议闭幕阶段，要注意规避以下常见问题：

①缺少明确的安排。如果闭幕式没有明确的安排，可能会出现时间紧缺、漏掉关键环节、发言人过多或讲话时间过长等问题，给参会人员留下不好的印象。

②忽视关键内容和人物。一些关键内容和人物在闭幕式中被轻描淡写或被误解为无关紧要的环节，这可能会导致参会人员感到被轻视，影响会议的形象和质量。

③表彰奖励安排不当。在表彰奖励方面，如果没有明确的规则、标准和程序，会漏掉重要贡献和杰出成就，也可能引起参会人员的不满、争议，甚至质疑。

11.5　工作要求

11.5.1　做好配套服务

会议要取得预期效果，会前准备工作，会议中、会议后的各种必要的支持、服务和整理工作都将直接影响会议质量和会议效果。

1. 会场服务

（1）会务工作人员引导参会人员进场入座，提醒服务人员为参会人员和主席台就座领导提供茶水服务；

（2）会务工作人员提示技术人员适时调节会场的温度和光线，保证会场的通风及光线良好；

（3）提前准备必要的纸张、签字笔、墨水等以备临时取用；

（4）对于较长的会议还需要准备好茶水，在提供茶水服务时，为避免服务工作扰乱会议秩序，应在服务时注意不要发出太大的声响。

2. 特殊需求

会议时间过长时，可以安排中途休息时间，这期间的游览、娱乐、参观等活动要精心组织。会后的合影工作也要事先准备好。

3. 纪念品准备

对于有相关需求的会议，会务工作人员要在会前将纪念品准备妥当，准备好会后赠送。

4. 后勤保障

如需为外地参会人员订返程车票、机票的要在会议结束前将票送到订票人手中，应提前采集信息并将订票结果及时告知参会人员。对参会人员提出的其他合理要求，会议工作人员也应尽可能给予满足。

11.5.2　维持会场秩序

在会议召开期间，会务工作人员应组织做好会场秩序维护工作，确保会议顺利进行，维持会场秩序的工作要求如下。

1. 会场内秩序维持

（1）对影响会议正常召开的人员，如私自拍照、大声喧哗、行为极端者，第一时间给予警示和劝阻。影响严重且不听劝阻者，应及时文明带离会场，需要时可请警方协助。

（2）解决和调解会议过程中的纠纷，保证会议安全，特别是重要的密级较高的会议，防止在混乱中发生意外情况。

2. 会场外秩序维持

在会场门口安排专人值班，禁止与会议无关的人员进入会场，禁止会场外的大声喧哗。

11.5.3　注重礼仪规范

会议礼仪规范，是指会议召开过程中，会议接待人员应注意的一系列职业礼仪规范。熟悉会议礼仪规范有助于会议的顺利进行。会议礼仪规范的工作要求如下。

1. 服装礼仪规范

着深色职业套装，胸前挂工作证，可化淡妆，少用饰品，勿用味道浓烈的香水。

2. 面容礼仪规范

语言亲切，面带笑容，精神饱满，热情耐心地接待参会人员。

3. 举止礼仪规范

（1）不得聚众说说笑笑、玩弄手机，不得进食有异味的食物，不得有不文明礼貌的行为。

（2）服务时注意力集中，展现良好的精神状态，无疲劳状、忧郁状和不满状；立姿端正，抬头、挺胸、收腹、双手自然下垂，行走步伐有力，步幅适当，节奏适宜。

（3）在与参会人员交谈时，要神态专注，表情自然，表达得体，不背手、袖手、抱手或抄手，不左右晃动和抓耳挠腮。

4. 接待礼仪规范

（1）对参会领导和嘉宾的背景资料要有必要的了解，对老弱病残、少数民族、宗教人士、外宾等要给予特别照顾。

（2）参会人员提出的合理需求不可搪塞推辞，参会人员提出的不合理要求，要耐心解释，坚持原则。

11.5.4　确保设备正常

会务工作人员要在会议开始前全面了解各种设备的运行情况，保证会议所需设备处于良好的运行状态，对各类设备的保障工作要逐一落实，确保会议的顺利进行。

1. 通信设备保障

（1）通信设备保障要求是迅速、准确、稳定、保密，要保证会议使用的电话、传真、电子邮件、数据通信线路等畅通无阻。

（2）保证通信畅通无阻的同时，要注意保密，防止有关领导的通话或重要保密内容被人所窃听，造成泄密的严重后果。

2. 多媒体及摄影设备保障

（1）对多媒体及摄影摄像设备提前安装调试，做好设备的维护工作，发现问题及时解决。

（2）评估多媒体、投影仪等设备的运行环境、分辨率等是否适合会议进行。

（3）确保摄影、摄像、录音设备是否能正常使用，准备备用设备。

3. 电力设备保障

提前了解会议地点的电网、电力供应情况，会场的电器与线路情况，以及会议承办单位的检修能力等，并制定会场突发停电或某一电器设备出现故障时的应变措施。

4. 供热或制冷设备保障

提前了解会议承办单位的供热或制冷设备的情况、效用，采取相对应的措施。

5. 设备应急保障

会务工作人员应做好会议设备的应急备用方案，一旦会议过程中遇到设备故障，启用备用方案，保证会议持续进行。

11.5.5　应对突发事件

会务工作人员应掌握会议动态，及时处理和解决会议过程中的突发事件，协助上级主管使会议按事先规划的议程进行。应对突发事件工作要求如下。

1. 灵活处理临时事项

（1）会议临时需要调整议程，增减议题，扩大或缩小参会人员范围等时，要随时进行调度，作出适当安排。

（2）有关领导同志有紧急文件需要转送有关部门，会外有紧急文件要呈送领导人批阅等，会务工作人员应当根据有关领导的指示和实际情况，采取相应措施，及时地妥善地给予解决。

2. 内外联系、传递信息

（1）会议进行中，不是与外界隔绝的，需要会务工作人员进行内外联系，传递信息。在内外联系、传递信息中，会务工作人员应该注意会议内容的保密，任何保密的会议内容均不可泄露出去。

（2）及时掌握会议动态，并随时把会议的进展情况、参会人员的建议和要求向会议主持人汇报，同时要及时将主持人的安排意见及有关领导人的意图传达贯彻下去，做到上下沟通，有利于问题的解决。

3. 突发事件处理

会议进程中，如果发生一些临时变故或突发事件，会务工作人员应及时采取应急措施并向领导请示，按有关领导的指示，机智、果断地处置，妥善处理好突发事件带来的危机，减少对会议的影响。

11.5.6　做好记录报道

会议记录和会议报道工作是会议组织工作过程中重要的组成部分，做好会议记录和会议报道工作可以客观地反映会议的内容和进程，会议记录和会议报道工作的工作要求如下。

1. 会议记录工作要求

（1）会议记录人员在开会前要提前到达会场，并选择可能靠近主持人、发言人或扩音设备等的位置，以便于聆听会议内容，做好会议记录。

（2）完整的会议记录至少应符合以下内容要求：

①准确写明会议名称（要写全称），开会时间、地点，会议性质；

②详细记录会议主持人、出席会议应到和实到人数；

③如实记录会议上的发言和有关动态，会议发言的内容是记录的重点；发言中的插话、掌声、临时中断，以及其他重要会议动态也应予以记录；

④记录会议的结果，如会议的决定、决议或表决等情况。

（3）一份合格的会议记录除内容符合要求外，还应满足以下规范要求：

①记录内容要忠实于原意，不得添加记录人的观点、主张，不得断章取义；尤其是会议决定之类的东西，更不能有丝毫出入；

②无论是详细记录还是摘要记录，会议要点的记录都应详细、准确；

③会议记录的书写要清楚规范，记录的内容条理清晰、重点突出。

2. 会议报道工作要求

（1）实事求是，明确宣传的目的，利于会议精神的执行。

（2）报道中的重要观点和提法要经领导审定，以免造成差错或失误。凡属领导内部讲话和未公开的会议文件，未经批准，不得公开发表。

（3）随时掌握媒体对会议报道的反映信息，便于领导掌控会议效果；

（4）会议新闻报道应集中统一管理。凡是与会议有关的新闻稿件和图像影片等，在发表之前都要由会务工作组统一把关，并报相应领导审批。

第 12 章

会议善后阶段的工作程序、工作规范与工作要求

12.1 引导人员退场

12.1.1 引导退场

引导退场是指在会议结束后，为了确保参会人员能够有序、安全地离开会场，需要专门的人员来引导参会人员离场，并提供必要的服务和保护，其程序如图12-1所示。

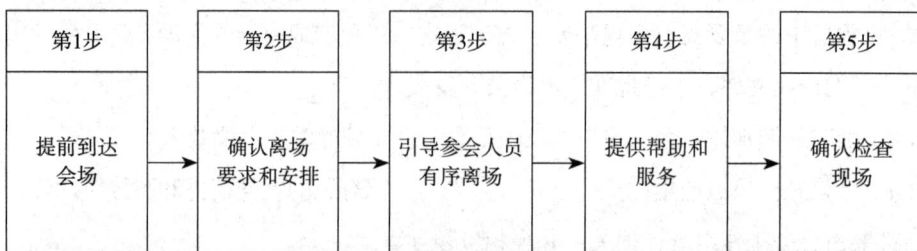

第1步	第2步	第3步	第4步	第5步
提前到达会场	确认离场要求和安排	引导参会人员有序离场	提供帮助和服务	确认检查现场

图12-1　引导退场的程序

（1）第1步：提前到达会场

会务工作人员需要提前到达会场，了解会议室布局和疏散通道，熟悉引导路线和标识，并做好相关的准备工作等。

（2）第2步：确认离场要求和安排

当主持人或发言人宣布会议结束后，会务工作人员需要上前与主持人或发言人交流确认离场要求和安排。如果有需要，会务工作人员需要向主持人或发言人提出建议或询问。

（3）第3步：引导参会人员有序离场

会务工作人员需要在现场维持秩序，提醒参会人员按照事先安排的路线离开会场，并

维持现场安全秩序。如果有需要，会务工作人员需要通过辅助工具，提醒参会人员有序离场，并防止出现拥挤、混乱和踩踏等安全隐患。

（4）第4步：提供帮助和服务

在离场过程中，会务工作人员需要及时回答参会人员的提问，提供必要的信息和服务，如提供交通指引、帮助找回遗失物品等。

（5）第5步：确认检查现场

在参会人员全部离场后，会务工作人员需要检查现场，确认所有参会人员已经安全离开，并且还要留意现场是否存在其他问题。

12.1.2　离会服务

会议后离会服务是指会议主办方在会议结束后提供的各种服务，以满足参会人员的需求，包括宴会、餐饮、住宿、交通、娱乐等方面的服务，其工作要求如表12-1所示。

表12-1　离会服务工作要求

服务事项	具体要求
宴会	1.场地：宴会场地一般要求独立、安静、舒适，符合相关的消防、环保、卫生等安全要求 2.餐饮：提供符合卫生安全要求的餐饮服务，食品种类丰富、卫生 3.安保：宴会现场要保证安全，应有安保人员现场维护，以应对突发事件 4.节俭：宴会服务中的餐饮标准虽然要求相对较高，但是也需要注意不要过于奢华，避免在舆论上引起不良影响
离宿	1.房间：提供干净舒适的房间，房间设施完备，符合相关安全要求 2.离宿时间：酒店应严格遵守离宿时间，提醒来宾能够按时离开 3.费用：食宿费用应透明、合理，不得存在虚报、浪费情况
送别	1.车辆：提供符合相关要求的车辆服务，车辆应保证安全、整洁、舒适 2.行车路线：车辆行驶路线要经过安全、畅通的道路，避免路上拥堵和危险 3.行车安全：车辆在行驶过程中应严格遵守交通规则和道路交通安全法规
送站	1.了解出行信息：会务工作人员需要在参会人员出发前与其沟通，并了解其出行时间、出发地点、目的地、航班或火车班次等信息，确保能够准时到达 2.礼貌热情：会务工作人员需要保持礼貌热情，主动为参会人员提供帮助和服务，如帮助搬运行李、指引出行路线等 3.确认到达情况：会务工作人员需要在将参会人员送到目的地后，通过电话、短信等方式与其联系，了解其到达情况，确保参会人员已经安全到达
赠送礼品及纪念品	1.礼品内容：礼品内容符合相关规定，符合礼仪和文化传统，不得违规或涉及不良内容 2.礼品包装：礼品包装应当得体精美，可以适当反映主办城市文化特色和形象 3.礼品收受：赠送礼品纪念品应当遵守礼仪规范，不得强迫或诱骗受方收取，不得存在针对特定个人的打压或拉关系行为

12.2　清理会场现场

12.2.1　清除会场布置

会务工作人员应在会议结束后按照要求进行清理工作，其工作要求如下文所示。

1. 整理会议用具

会务工作人员需要将会议用具如桌椅、麦克风、投影仪等清理干净，并进行分类归纳，如将桌椅叠放整齐，将投影仪、音响等放回原处。

2. 清除宣传材料

会务工作人员需要将会场内的宣传材料如海报、手册等清理干净，并进行分类归纳，如将海报卷起来、手册整理好。

3. 检查会场设施

会务工作人员需要检查会场设施如照明设备、空调、电源插座等是否正常运转，如有问题及时上报相关部门进行修理维护。

4. 确认清理完成

会务工作人员需要确认布置清除工作已经完成，并对清理过程进行记录和报告，以备查阅和存档。

12.2.2　整理会议用品

会务工作人员在会议结束后需要整理会议用品，按照要求进行分类整理、清洁消毒和入库管理，确保会议用品干净整洁、数量准确。其工作要求如下。

1. 收集会议用品

会务工作人员需要按照会议安排，逐一收集会议用品如文件夹、笔记本、笔等，确保不遗漏。

2. 分类整理会议用品

会务工作人员需要按照不同的用途和归属，将会议用品进行分类整理，如将文件夹整理成一个组、将笔和笔记本整理成一个组等。

3. 清洁和消毒会议用品

会务工作人员需要对会议用品进行清洁和消毒处理，如用湿布擦拭文件夹和笔记本、用消毒液对笔进行消毒等。

4. 进行入库管理

会务工作人员需要将整理好的会议用品进行入库管理，如对文件夹、笔记本和笔进行编号、记录数量和存放位置等。

5. 检查损坏和缺失

会务工作人员需要对整理好的会议用品进行检查，如发现有损坏或缺失的情况，要及时上报相关部门进行更换和修理。

12.2.3　收取会场设备

会务工作人员在会议结束后收取会场设备的工作需要按照相关要求进行，逐一收取、设备检查、清理和入库管理，确保设备完好无损、数量准确，其工作要求如下。

1. 确认收取范围

会务工作人员需要确认收取的会场设备范围，包括哪些设备需要收取，以及设备的数量和型号等。

2. 逐一收取设备

会务工作人员需要逐一收取会场设备，如音响设备、投影仪、电视机、会议桌椅等，同时还需要记录设备的型号和数量等信息。

3. 进行设备检查

会务工作人员需要对收取的设备进行检查，确保设备没有遗留或损坏情况，如有问题需要及时上报相关部门进行处理。

4. 清理设备

会务工作人员需要对收取的设备进行清理，如擦拭表面的污渍、拆下电线并缠绕好、装入设备箱等。

5. 进行入库管理

会务工作人员需要将收取的设备进行入库管理，如对设备进行编号、记录数量和存放位置等，以备下一次使用。

12.2.4 打扫会场卫生

在会议结束后打扫会场卫生的工作需要按照相关要求进行，一般打扫卫生会有专门负责人员来完成，其工作要求如下。

1. 收集垃圾

清洁人员需要逐一收集会场内的垃圾，包括废纸、杯子、餐盘等，并分类归纳。

2. 清理地面

清洁人员需要清理会场内的地面，如扫地、拖地等，确保会场地面干净整洁。

3. 消毒处理

清洁人员需要对会场内的公共设施如桌椅、门把手等进行消毒处理，以杀灭细菌和病毒。

4. 清洗卫生间

清洁人员需要清洗会场内的卫生间，包括洗手盆、马桶、地面等，确保卫生间干净卫生。

5. 确认清洁完成

清洁人员需要确认会场清洁工作已经完成，并将清洁过程进行记录和报告，以备查阅和备案。

12.3　整理会议文件

12.3.1　收集会议文书

会议文书的收集是会务工作人员的重要工作之一，会务工作人员应明确会议文书收集的要求和内容，以便更好地完成会议文书收集工作。

1. 收集会议文书的要求

（1）收集整理过程要遵循保密原则。

（2）会前分发的保密文件要按资料清退目录和发文登记簿逐人、逐件、逐项检查核对收集，确保文书资料在参会人员离会前全部收回。

（3）收集会议文件要履行严格的登记手续。认真检查文件是否有缺页、破损、缺失等问题，及时采取措施修复损毁的文件。

2. 收集会议文书的内容

需要收集的会议文书内容一般包括：会前准备并分发的文件（如指导性文件、宣传交流性文件等）、会议期间产生的文件（例如，决议、提案、会议记录、会议简报等）和会后产生的文件（例如，会议纪要、会议新闻报道等）。

完成文书收集工作后，会务工作人员不能将文件保留在自己手中，而要立卷归档，交由专员保管。

12.3.2　印发会议纪要

为了完整准确地传达贯彻会议精神，使会议决定的事项得到认真落实，会议结束之后，一般都应印发会议纪要。印发会议纪要有 2 种方式。

①将会议纪要全文印发给参会人员和有关单位。

②只摘录有关部分印发给参会人员和有关部门。

会议纪要的印发范围应根据纪要内容确定。绝密级的会议纪要只印发参会领导。一般会议纪要可视情况决定涉及的部门和参会人员，印发会议纪要。有些保密性强的会议，可以不印发会议纪要全文，只摘录有关部分印发给参会人员和有关单位，以防泄密。会议纪要应标明密级，并进行编号。

12.3.3　剪辑会议视频

大、中型会议都会以影像的形式记录会议过程，留存高质量的宝贵资料，用作日后工作汇报、宣传报道的素材，一般情况下视频的素材是由几台甚至几十台不同机位的摄像机同时记录，拍摄完成后，再由剪辑师剪辑出会议集锦。

剪辑时长方面，由于播放平台不同，最后剪辑的成片往往会有多个版本，视频的时长也是有长有短，例如短视频平台的播放的15～30s版本，主办方内部留作备份的长版本等。因此，剪辑不同版本时，应先剪辑长版本，其他短时长版本在长版本的基础上浓缩一下即可。

剪辑内容方面，应选取会议精华部分，如主席台领导镜头的剪辑应突出主要领导，主席台前排主要领导可根据排次采用单个特写镜头进行连接，其他领导可根据排次选用固定双人、三人图像左、右对称或向右、向左摇镜头连接。对于主要领导讲话镜头的剪辑应选用拍摄神态好的、正面的领导讲话的特写镜头，并保持一定的长度。参会人员镜头的剪辑以几个镜头为一组成组出现，最好选用参会人员的全景或中景镜头。同一侧的镜头不要连续使用。为了避免镜头的单调，剪辑当中还可以运用一些与气氛相适应的反映特点的镜头，如会场的标语、正在记录的笔记本、与会议有关的材料、参会人员胸前佩戴的代表证等固定物以及拉出来的镜头。

视频的开始、结尾和片中的自然段落的结束可用会场全景，全景包括会场、主席台、参会人员的全景，可以是正面的和侧面的。

最后，视频剪辑要做到声画同步，声音是对画面的说明，画面是对解说词的印证和加强，声音和画面要互相配合，互相补充，才能取得较好的效果。

12.3.4　整理汇编文件

整理汇编的会议文件主要用于传达和贯彻会议精神，汇编的文件主要有领导讲话、工作报告、会议纪要、人员名单、决议公告、相关法规等。整理汇编文件应遵循如下工作要求。

①汇编文件不可乱编、滥发，应履行审批手续；

②汇编会议文件应抓住重点，及时印发，注意保密，编排合理；

③汇编文件中的领导讲话内容必须经本人审定，文件汇编中涉及上级机关文件的应请示上级机关同意；

④文件汇编发放的范围要严格限定，注意保密；

⑤汇编文件中涉及保密文件的，也应设定密级，且不低于保密文件密级；

⑥选取与传达、贯彻会议精神相关的文件进行汇编，对业务工作没有指导意义的文件，尽量不编；

⑦文件的汇编，须遵循一定的逻辑，形成有机整体，可以考虑根据文件的重要性或形成的时间先后进行排序；

⑧汇编好的文件，还应设计目录，撰写汇编说明，以便相关人员更好地了解背景和查阅文件。

12.4　报销会议费用

12.4.1　报销会议费用的标准与原则

办会人员在报销会议费用时，要按照报销的标准和原则进行，以规范报销的程序，保证费用支出的合理性。

1. 报销会议费用的标准

会议费用在报销过程中，主要有以下标准。

（1）参会人员参加会议发生的交通费，按照差旅费管理办法的规定回单位报销。

（2）会议费用开支实行综合定额控制，各项费用之间可以调剂使用。

（3）会议费用由会议召开单位承担，不得向参会人员收取，不得以任何方式向下属机构、企事业单位、地方转嫁或摊派。

2. 报销会议费用的原则

（1）坚持实事求是的原则。会场工作人员在报销发票时，要保证票据的真实，不得虚报、多报会议费用。

（2）坚持合理性的原则。报销会议发生的费用必须合理，与会议有必然的联系。超出规定的支出应该重点审核。

（3）坚持时效性的原则。报销会议发生的费用必须在规定的时限完成，超过时限财务人员有权拒绝办理报销手续。

12.4.2　报销会议费用的程序与规范

会场工作人员在报销会议费用时，需要遵循一定的程序和规范，以保证报销流程的规范、有序、合法。具体内容如下。

1. 报销会议费用的程序

报销会议费用的程序如图12-2所示。

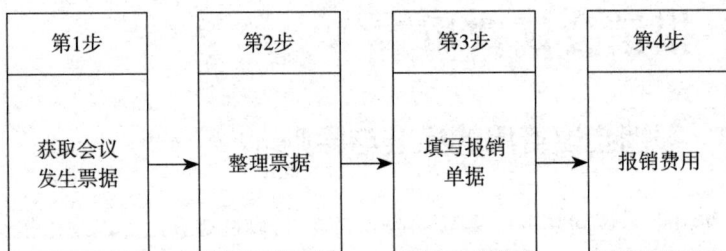

图12-2　报销会议费用的程序

（1）第1步：获取会议发生票据

会议结束之后，会场工作人员获取会议期间发生的各种票据，如场地租赁的发票、食宿发票、交通票、印刷票据等。

（2）第2步：整理票据

会场工作人员整理取得的发票，分门别类地进行整理，检查票据是否齐全、清晰、正确，查看是否符合报销的标准。

（3）第3步：填写报销单据

根据相应的票据填写报销单据，备注需要说明的情况，并附上报销所需的清单、流水、小票等原始凭证，送到财务部审核。

（4）第4步：报销费用

会场工作人员要积极回应财务部关于票据的疑问，实事求是，财务部审批通过后，付款给办会单位。

2. 报销会议费用的规范

报销会议费用的规范如表12-2所示。

表12-2　报销会议费用的规范

规范内容	具体标准
工作要求	1.会议费用报销时应当提供会议审批文件、会议通知及实际参会人员签到表、定点会议场所等会议服务单位提供的费用原始明细单据、电子结算单等凭证 2.费用报销必须在规定的时限完成 3.报销原始单据金额必须与报销单金额一致
注意事项	1.各单位会议费用支付，应当以银行转账或公务卡方式结算，禁止以现金方式结算 2.报销单据填写应整洁美观，不得随意更改

12.5　跟进会后工作

12.5.1　传达会议精神

传达会议精神以准确全面地学习、及时领会会议精神为基础，是贯彻落实会议精神的重要前提。传达会议精神要坚持及时、精准、有效相统一。

1. 传达会议精神的原则

（1）精准全面原则

①不添油加醋。重要的内容要用原话和原文传达。

②不断章取义。要精准领会领导讲话和会议文件精神，坚持整体思维和全局思维，突破局部思维和部门利益的局限。

③不趋利避害。对工作成绩的肯定和存在问题的剖析都要传达，对工作面临的机遇和困难都要传达，对本单位有利或不利的事情和要求都要传达，对工作形势、任务和可能遇到的问题做出客观的判断。

（2）迅速及时原则

传达会议精神是为了贯彻和落实会议要求，传达得越迅速、越及时，就越能为贯彻落实争取更多的时间和资源，占得先机。

（3）讲求效率原则

讲求效度即会议精神传达的有效性，根据会议所涉及工作任务的相关性，将会议精神传达到一定层次和范围的人员。特别是涉密文件的传达，要特别注意保密要求，不可轻易扩大文件精神的知晓范围，以免泄密。除此之外，还要确定会议文件的内容是全面传达，还是要点传达。

2. 传达会议精神的方式

传达重要的会议精神最好采取专题会议的形式，单位领导班子和全体员工都参加，更显得郑重其事。此外，一般性会议精神也可以通过书面、口头等方式传达。

12.5.2　制定落实方案

会议结束后，应在准确、全面领会会议精神的基础上，制定科学可行的会议决定事项落实方案，方案中要明确工作依据，精心组织力量，科学组织分工，合理设计进度，建立科学的沟通协调机制、考核评价机制和情况报告机制。

落实会议决定事项要突出重点。重点事项的落实具有影响广泛、领导关注度高等特点，对其他事项的落实可以起到示范和引领的作用。落实重点事项，可以以点带面。

落实会议决定事项要创新方法。面对新形势，适应新常态，要不断创新工作方法和思维方式，坚持创新政策、措施和流程，敢于承担风险和责任，创造性地落实会议决定事项。

要依法落实会议决定事项。要依法遵规，遇到问题既要灵活处理，更要坚持原则；既要敢于创新，更要稳中求进。

12.5.3　督办落实工作

会后督办是推动会议事项落实、确保会议精神准确、全面传达的有效手段，督办落实要坚持实事求是、务求结果、注重时限等原则。督办工作一般由上级单位综合行政管理部门具体负责，专业性较强的督办工作应交由相关的专业部门负责，或相关部门联合督办。

1. 落实方案分工

根据会议决策结果，明确工作任务和责任人，分解到各个部门和个人，落实工作方案，明确各项工作的内容、要求和完成时限。

2. 督办任务落实

制定监督计划和问题解决方案，采取各种措施督促任务到位，对落实不到位的问题及时跟进，查找问题原因并及时解决。

3. 统筹资源配置

会议决定的任务多、复杂，需要协调统筹多个部门和资源，因此需要对会议任务执行所需的各类资源进行合理配置。

4. 健全督办机制

明确督办角色和权利关系，制订工作计划，贯彻推行各个部门、各个环节的工作标准，测评落实效果、关键节点，及时修订调整工作方案。

12.6　总结评估会议

12.6.1　会议评估评价的程序与规范

会议结束之后，要对会议进行评估评价，评价会议是否达到预期目标，事项是否得到了决议，会议精神是否得到了传达。会议评估评价的程序与规范如下所示。

1. 会议评估评价的程序

会议评估评价的程序如图12-3所示。

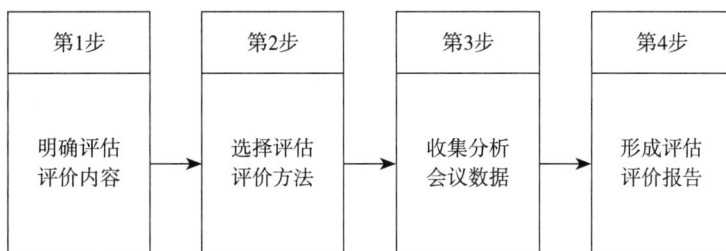

图12-3　会议评估评价的程序

（1）第1步：明确评估评价内容

首先要明确评估评价的内容，常见的评估评价内容有会议主题、会议议程、会议时间、会议地点、会议方式、参会人员、会议文稿、经费使用、会议服务等，综合评估评价会议。

（2）第2步：选择评估评价方法

选择合适的评估评价方法，主要的方法有问卷调查法、座谈法、访谈法。最常用的是调查问卷法，短时间内收集大量的数据，收集各类的评估评价。

（3）第3步：收集分析会议数据

使用调查问卷法收集评估评价的数据，将收集的数据进行分类和分析，为下一步会议评估提供数据支持。

（4）第4步：形成评估评价报告

根据会议的评估评价情况、出现的问题、改进建议、评估评价结果等撰写会议的评估评价报告，总结会议召开过程中的问题，评估会议召开的效果。

2. 会议评估评价的规范

会议评估评价的规范如表12-3所示。

表12-3　会议评估评价的规范

规范内容	具体标准
工作要求	1.选择调查问卷方式评估评价的，问卷的设计要合理，既要有客观选择题，也要有主观评价题，给受调查者充分的发挥空间 2.在出具评估评价报告时，要客观、真实，不能忽略存在的问题、危险，避免人为因素的干扰
注意事项	1.会议评价评估是一个复杂的过程，是一个系统的工程，需要办会人员统筹考虑 2.在评估评价会议时，评价内容要全面，要与现实相联系，不能脱离实际

12.6.2　会议总结写作的程序与规范

会议结束后，会场工作人员应对整个会议的组织与服务工作进行全面总结，找出不足，积累经验，为今后做好同类会议的组织与服务工作提供借鉴，写好会议总结，需要遵循一定的程序与规范，具体如下。

1. 会议总结写作的程序

会议总结写作的程序如图12-4所示。

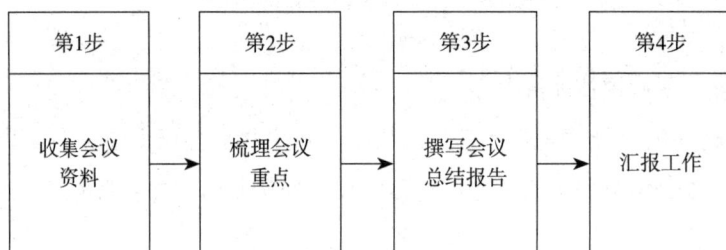

第1步	第2步	第3步	第4步
收集会议资料	梳理会议重点	撰写会议总结报告	汇报工作

图12-4　会议总结写作的程序

（1）第1步：收集会议资料

收集会议过程中形成的会议发言材料、领导讲话、参会人员发言等资料，将资料进行汇总，形成会议记录。

（2）第2步：梳理会议重点

将以上材料整理后，制定大纲，为会议总结提供框架。在大纲中应包括会议主题、议程、议题以及最重要的讨论和决策。根据大纲，进一步梳理会议的细节，提取出重要的信息。

（3）第3步：撰写会议总结报告

撰写会议总结报告，介绍会议的基本情况、重点内容、经验与不足，对会议的建议意见等，形成正式文稿向上级汇报。

（4）第4步：汇报工作

向上级汇报会议总结工作，沟通改进措施，与领导共同规划下一步的工作。

2. 会议总结写作的规范

会议总结写作的规范如表12-4所示。

表12-4 会议总结写作的规范

规范内容	具体标准
工作要求	1.要尊重客观事实，严禁随意编造事实，欺上瞒下，或者走过场 2.要客观总结、分析会议召开情况，并提炼出具有普遍指导意义的理论认识 3.要抓住重点，找出最具指导意义的内容
注意事项	1.注意会议资料的保密 2.及时与上级进行沟通、密切联系

12.7　工作要求

12.7.1　确保任务完成

会议结束阶段的工作是对整个会议组织工作的完结与归纳总结。会议结束阶段的工作也不能有任何忽视，会务工作人员应确保任务完成，不能存在未尽事项。

1. 清理会场

会议结束后，参会人员纷纷退场，当参会人员都离开会场之后，会议的组织者就要与会场工作人员一同进行会议现场的清理工作。

2. 财务决算

会议结束，应按会前经费预算计划，进行会议开支财务决算。对会议所涉开支项目，如会场布置及场地租赁费、餐饮费、住宿费、交通费、嘉宾邀请费、宣传费、资料印刷费、设备租用费、礼品费、劳务费、杂费等项目一一核对、统计，对超出预算金额进行说明。

3. 宣传跟进

会后要跟进新闻媒体发稿，并将相关报道内容收集、汇总、整理，交有关人员存档；跟进举办单位网站的信息更新工作，促进有关人员在相应板块或专栏将会议以图文并茂形式进行宣传展示。

4. 会务总结

会务总结一般以开总结会的方式进行。全体工作人员参加会议，谈体会，总结经验教训，在总结中提升办会能力与水平。在开好总结会基础上，要输出书面会务总结，并呈有关领导审阅，作为案卷归档。

12.7.2　注意会后礼仪

会后礼仪是会议结束阶段工作中的一个重要环节，注意会后礼仪工作可以提升整个会议的总体效果在参会人员心中的水平。会后礼仪主要有送别参会人员、分发回程票（如火车票、机票）、安排专人和车辆（如大巴、中巴）送机或送站等，具体内容可视会议需要而定。

①送别参会人员时会务工作人员应提醒参会人员携带好个人物品。这是一种体贴的行为，既可以减少参会人员匆忙回头寻找遗失物的可能，又可以为自己省去保管遗落物品，甚至邮寄的麻烦。此外，在送别参会人员时不可在参会人员上车后便立即离去，应等待他们离开了自己的视线后再离去。

②会议结束后，对于外地的参会人员，会务工作人员要组织送站工作，与接站工作相同，要掌握参会人员各自乘坐的交通工具、时间、车次等，并制作成表格便于协调指挥，同时要安排好送站的车辆。

③如有必要，还需确认参会人员是否已平安返回，并对其参人员表示感谢。

12.7.3　有序整理物品

参会人员离场后，会务工作人员需要着手会场善后工作，应按先重要，后次要；先贵重，后一般；先整理涉密资料，后整理其他物品的原则有序整理会议物品。整理物品工作要求如下。

①会议结束，参会人员离场后，及时收取会议现场及各个房间剩下的与会议有关的文件资料，因会议文件多属草稿性质或参考性质，并带有一定保密性，所以会议文件在会后多数应收回，不宜长期存放在个人手里，以免遗失泄密。

②整理会场物品应按顺序和类别整理。会场需要整理的物品包括签到板、会议背景板、横幅、海报、会场装饰绿植等，对于会议中可以多次使用的物品应妥善整理、登记、保管，以便重复使用。

③关闭会议现场的视听设备，督促会议现场的工作人员将其收好。

④如果是外借会场（如酒店），需归还会议所借物品，将自带的物品（如演示文稿、手提电脑）带回；发现遗失物时，要妥善保管，并尽快联系失主。

12.7.4　文件整理备份

会务工作人员在会议结束后需要对会议资料进行整理备份，按照要求进行分类整理、归档和备份存储，确保会议资料保存的质量和准确性，其工作要求如下。

1. 收集会议资料

会务工作人员需要按照会议安排，逐一收集会议资料如报告、演讲稿、PPT等，确保不遗漏。

2. 分类整理和归档会议资料

会务工作人员需要按照不同的类别和内容，将会议资料进行整理归档处理。如将报告和演讲稿整理成一个组，进行编号、打印、装订；将PPT和图表整理成一个组，进行整合、压缩并存储等。

3. 进行备份和存储

会务工作人员需要对整理好的会议资料进行备份和存储处理，如将资料进行备份、将电子文档存储在云端或本地硬盘等。

4. 检查资料的质量和准确性

会务工作人员需要对整理好的会议资料进行检查，如检查文档的格式和排版、图表和数据的准确性等，确保资料的质量和准确性。

12.7.5　总结经验得失

会议结束后，会务工作组应对整个会议的组织与服务工作进行全面总结，以积累经验，找出不足，为以后做好同类会议的组织与服务工作提供借鉴。

会议总结工作主要从会议目的是否达成，会议议程执行是否顺利，会务服务是否有疏漏，会议精神是否传达到位等角度进行。其主要工作要求如下。

①对会议的组织和服务过程进行回顾；

②对会议组织和服务中存在的问题进行总结、分析；

③对会议组织和服务情况进行客观评价；

④对会议组织与服务过程中的纰漏与差错进行总结与检查；

⑤会议总结要客观中立、深入分析会议召开情况，提炼出具有指导意义的理论认识。

第 13 章

典型会议的关键程序与注意事项

13.1　办公会的关键程序与注意事项

13.1.1　议题和议程确定

办公会是政府部门或企业内部定期或不定期召开的领导会议，一般由政府部门或企业的领导、主要负责人召集和主持，办公室其他成员和议题相关部门人员参加，以近期的工作部署、讨论上级领导的指示及落实的措施、研究需要集体讨论决定的重要事项等为主要会议内容。

会议议题和议程的确定是办好办公会首先要做的工作，通常有以下几项工作要点。

（1）确定会议目的

在确定会议议题和议程之前，必须先明确会议的目的和预期结果。例如，是讨论一个特定的问题，还是了解大家的工作进展情况。

（2）收集议题

在召开办公会之前，工作人员需要向各位领导、各相关部门、下级单位等发放议题征集表，了解参会人员需求，收集会议议题，以更好地确定议题。

（3）审定议题

并不是所有收集上来的议题都要在办公会上进行讨论和研究，为了使会议更加有效，需要对收集上来的议题进行分析判断，明确该议题是否上会。

（4）确定议题

将经过筛选整理的议题提交给主持办公会的领导，由领导确定本次会议最终的议题。

（5）编制议程表

确定了会议的议题后，将确定的议题按优先级排序组织成一个议程，并为每个议题分配一个时间段，给予每个议题充足的讨论时间，编制出会议议程表。

（6）确定议程

将编制好的会议议程表提交给主持办公会的领导，由该领导确定最终的会议议程。

13.1.2 会议通知发布

会议议程确定后，要提前确认领导的工作行程，以便协调领导的参会时间，并及时通知各相关部门和需要参会的人员。

会议通知可以是书面通知，也可以是口头通知或电话通知，无论是什么形式的会议通知，都应简洁明了地写清楚会议议题、议程、参会人员、会议时间及地点等详细信息，将会议信息准确地告知参会人员。

如遇多名参会人员不能如期参会的情况，可以向相关负责人申请更改会议时间或是将会议形式改为视频会议、电话会议。

经验分享

确保会议时间和地点方便所有参会人员，并且提前通知所有参会人员，在会议前向所有参会人员发送议程，提供参会人员需要的所有文件和信息，确保所有人都有足够的时间来准备。

13.1.3 主持召开办公会

办公会通常由政府部门或企业的领导、主要负责人召集和主持，其工作程序一般有以下几个步骤，如图13-1所示。

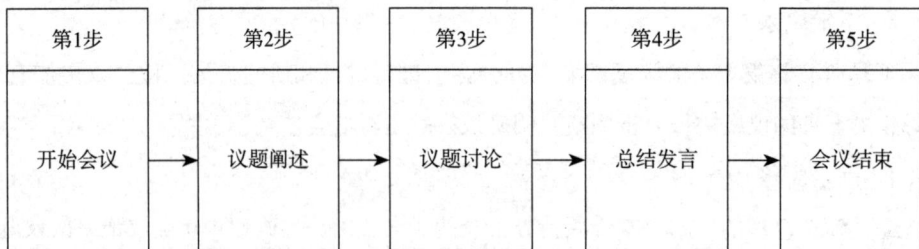

第1步	第2步	第3步	第4步	第5步
开始会议	议题阐述	议题讨论	总结发言	会议结束

图13-1　召开办公会的程序

（1）第1步：开始会议。

主持人宣布会议开始，首先简要地向参会人员表明召开本次办公会的目的，然后介绍出席本次会议的领导及各参会人员，最后告知本次会议的议程安排。

（2）第2步：议题阐述。

按照会议议程，各参会人员进行工作汇报或对提出的议题进行简要描述，将需要解决和协调的问题逐一阐述清楚。

（3）第3步：议题讨论。

各参会人员就提出的议题进行分析和讨论，商量解决对策。

（4）第4步：总结发言。

参会领导发言，对本次会议进行总结，并对下一步的工作进行安排部署。

（5）第5步：会议结束。

将会议记录进行整理并存档。

经验分享

要确保会议有序召开，达到预期目标，防止会议偏离议程。议程是一个动态的文件，可能需要在会议中随机调整。因此，在会议期间要确保有足够的时间和灵活性来讨论和解决问题。

办公会要有专门的人做会议记录，必要时还可使用音像设备进行记录，会后再整理成纸质会议记录。会议记录要实事求是地清楚记录下会议上的发言要点，不得添加个人情感或随意删减发言内容，最后由参会人员确认记录的内容并签名存档。

13.1.4 会议决定事项落实

会后，根据会议记录拟写会议纪要，将会上商议决定的事项进行提炼概括，与会议记录不同，会议纪要要着重于介绍会议成果，而不是叙述会议过程，拟写完成的会议纪要经领导审核签发后，及时印发传达到各单位贯彻执行。

经验分享

在会议结束前，确保所有议题中提出的问题都得到讨论、解决。会后要做好跟进工作，定期对会上提出解决措施的事项进行跟踪了解，并将落实情况反馈给领导，这样才有利于会议决议的落实，确保会议取得实际效果。

13.2 报告会的关键程序与注意事项

13.2.1 报告主题和报告人确定

报告会，是由一名或若干名领导、专业人士或学者向公众作专题报告的会议。报告的类型有工作报告、形势报告、英模事迹报告等。报告会主题的选择要有针对性，主要应围绕公众普遍关心的、讨论热度高的问题来进行，以达成举办报告会的目的。

确定报告会的报告主题和报告人需要考虑以下几个因素，并进行充分的调研和策划，以确保报告会的成功和价值。

①目标受众。需要明确报告会的目标受众是谁，比如行业内的专业人士、学生或是普通公众等，不同受众有不同的需求和兴趣点。

②报告主题。报告主题应该与目标受众的需求和兴趣点相关，并且应该是当前热门话题或是有价值的信息。可以通过市场调研、行业研究和社会事件等方式来获取有关热门话题和有价值的信息。

③报告人。报告人应该具备相关领域的专业知识和经验，并且能够深入浅出地传达信息，吸引听众的兴趣。可以选择行业内的专家、学者、企业家等来作为合适的报告人。

13.2.2 参会人员通知发放

报告会方案确定后，及时拟定会议通知，发放给报告人及参会人员、单位，将报告会的目的、举行时间、地点、参会人员等信息明确告知各参会单位。参会人员根据报告会的内容及目的确定，如果是单位内部的报告会，通常是单位全体人员参会；如果是面对社会公众的报告会，除了有主办方邀请的嘉宾参会外，还可对大众公开发放通知。

经验分享

在召开报告会前需要充分计划和策划，确定报告主题、报告人、会场、时间、预算等关键要素，确保整个活动的顺利进行。

报告会开始前需要进行充分的宣传和推广，通过多种方式宣传报告会，如社交媒体、电子邮件、短信、传单、海报等。还可以邀请行业内的专家、学者、媒体等参与宣传和推广，提高活动的知名度和关注度。

13.2.3　会场选择与布置

报告会应通过预计的参会人数，选择合适容量的会场。会场应该能够容纳所有参会人员，并留出足够的空间供参会人员走动、交流和交互。首选有舞台作为主席台的会场，再于主席台上方中央处挂报告会横幅。座位格局可以是上下对应式也可以是半包围式，也可以在主席台设置讲台，讲台上用花卉及饰物做装扮，以突出报告人的位置。

会场应该配备必要的设备和设施，如投影仪、电脑、音响设备、麦克风、灯光设备、录影设备等，并提前调试，确保设备可以正常使用。同时需要考虑会场的网络连接和电源供应是否稳定可靠。会场内的色彩搭配与整体基调要与报告会的主题相符，为报告会营造最佳的会议氛围。

13.2.4　现场报告及效果反馈

为了能及时收集报告现场观众的反馈意见，可在会前提前准备好反馈表（见表13-1），在入场时分发给各参会人员，在听取报告的过程中，注意观察现场观众的反映，结合收集到的观众反馈意见，总结本次报告会的效果。

表13-1　×××报告会观众反馈表

时间：　　　　　　　　　地点：　　　　　　　　　报告人：

姓名		年龄	
单位		职务	
观众意见			

经验分享

在报告会期间需要对现场进行管理，包括参会人员的签到、座位安排、礼仪接待、讲解引导、记录摄影等。同时需要做好安全管理和应急预案，如火警、突发事件等。

在报告会结束后需要对现场进行清理和整理，同时要及时整理参会人员的反馈和意见。需要对报告会进行评估和总结，为下一次报告会提供参考和改进依据。

13.3　工作汇报会的关键程序与注意事项

13.3.1　汇报主题和汇报顺序确定

工作汇报会是向上级单位、上级领导进行工作情况汇报的会议，可以是对工作情况进行全面的汇报，这样的汇报通常是某一领导或主管人员进行；也可以是针对某一工作项目、某一工作方面的专项汇报，这就由具体的项目负责人或相关工作人员进行汇报。

汇报的主题主要以上级单位和领导想了解的事项来确定，围绕工作的完成情况、工作成果、存在的问题及解决问题的措施与建议等进行汇报。汇报的顺序通常是职位低的、工作次要的先做汇报，职位高的、工作主要的后汇报，这样安排便于职位高的汇报人在最后进行总结发言。

> **经验分享**
>
> 　　工作汇报会应选择便于面对面交流的圆形或方形会议桌，会议室大小根据参会人数来选定，座位上摆放好每一位参会人员的桌牌及汇报会的相关资料，会议正式开始前，主持人要向听取汇报的领导简要介绍本次进行工作汇报的人员及职务。

13.3.2　汇报材料准备

工作汇报需准备的材料通常有演讲稿、PPT两种，起草汇报材料要坚持实事求是，做到结构及脉络清晰、详略得当，切忌报喜不报忧，要围绕领导"最想听的问题"来做准备。

汇报的目的是让上级能直接了解到来自下级或基层真实的信息，以便形成相应的决策，因此不需要过多注重写作手法和修辞。汇报材料的内容立意要高，突出重点，提出的经验要有新意，否则容易让领导觉得千篇一律，过于平淡。准备好的文字材料要提前放在领导的座位上，制作好的PPT展示资料提前传送到相应设备上。

13.3.3　工作汇报

汇报工作看似很平常，实则很重要。汇报得好不好，不仅关系到是否真实反映汇报人的实际工作水平，而且关系到能否得到上级领导的支持，因此，要想写好工作汇报，必须掌握一定的技巧。

首先，要围绕上级领导听取汇报的意图和要求来写。上级领导听取下级汇报工作，都是有一定的目的性，对于听什么情况、听多长时间、采取什么形式、在多大范围内汇报等都有明确的要求。

其次，围绕上级领导的关注点来写。汇报人员在起草工作汇报前，要认真研究和了解本次工作汇报会的主题和领导听取汇报的目的，进而抓住其关注点，有针对性地准备汇报材料。

经验分享

汇报时应该注意语言表达，语言应该通俗易懂，不要使用难懂的词汇或者太过专业的术语，避免产生误解。

在工作汇报会进行过程中，要认真听取他人的汇报，不要随意干扰和打断。如果有疑问或者建议，应该在汇报结束后进行提问或者反馈。

13.3.4 领导总结发言

汇报人——汇报完毕后，通常会由上级领导对本次工作汇报会总结发言，对会上汇报的工作事项进行评价，并作出下一阶段的工作指导和安排，提出贯彻落实的要求和工作标准。在进行总结发言时应从以下几方面考虑。

首先，领导在总结发言中应该概括全局，对整个汇报会的内容进行总结概括，让所有参会人员都能够对会议内容有一个整体的认识，同时强调会议的重点，突出会议的主题，对关键问题进行深入阐述，明确工作重心，指出下一步工作的方向和重点。

其次，领导在总结发言中应该提出具有实际意义的建议，针对会议中存在的问题和困难提出解决方案，对下一步工作提出具体要求，明确责任分工和时间节点，为下一步工作的顺利推进提供支持和保障。

最后，领导在总结发言中应营造和谐的氛围，适时地提出表扬，对在汇报会中表现突出的人员和单位进行表扬和肯定，激励和鼓舞大家在工作中更加努力和积极。

13.4　总结表彰会的关键程序与注意事项

13.4.1　工作总结撰写

总结表彰会的主要目的是对某一时期的工作进行总结，同时对先进人物或先进集体进行表彰，以激励大家向先进人物或先进集体学习。而工作总结的撰写，是总结表彰会一项重要的内容。

工作总结的撰写要针对某一项目或某个时间的工作成果进行系统的、全面的检查、分析、评价和研究，检查工作中的疏漏，分析工作中存在的不足，对工作成果进行评价，并总结收获到的经验。写好工作总结，要注意以下几点。

1. 认真调查

收集信息和资料是写好工作总结的基础，将工作中零散的材料整合起来，进行系统分析，才能提炼出内容丰富、有亮点的工作总结。

2. 实事求是

这是写好工作总结的根本前提，在展示工作成果的同时，也要看到工作中存在的不足，并对不足和漏洞进行分析。

3. 根据实际情况总结有效的经验，并提出解决问题的方法

这是写好工作总结的关键，要做到叙议结合，充分运用工作中的实例和材料，既要用叙述式说明情况，讲清做法，又要用议论式分析原因、总结经验，最后提出下一步工作的计划和实施措施。

13.4.2　表彰人员与表彰事项确定

表彰人员与表彰事项的评选，应坚持民主推荐，做到"公平、公正、公开"，严格审核、广泛征求意见，推选出推荐人或事项后，按照"两审三公示"的评审程序，认真开展基层单位公示、初审、上级单位公示、复审，最终公示表彰名单还应征求相关领导的意见。

13.4.3　召开总结表彰会

总结表彰会的目的是总结工作、表彰先进、激励旁人，因此会场气氛的营造应以热烈、欢快、正能量为主，会议通常按以下程序进行，如图13-2所示。

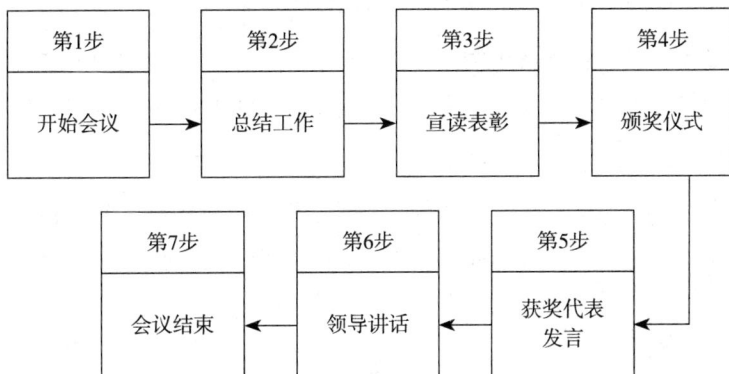

图13-2　总结表彰大会程序

（1）第1步：开始会议

主持人宣布会议开始，先简要地向大家表明召开本次总结表彰会的目的，然后介绍出席本次会议的领导及本次会议的会程安排。

（2）第2步：总结工作

相关领导进行工作总结讲话，并提出下一步工作的要求。

（3）第3步：宣读表彰

宣读对表彰人员、表彰事项的表彰令或表彰通告。

（4）第4步：颁奖仪式

进行表彰人员、表彰事项的颁奖仪式，会议进入高潮。

（5）第5步：获奖代表发言

由获奖代表或获奖集体派出代表进行获奖发言。

（6）第6步：领导讲话

领导对本次总结表彰会进行总结发言，激励全体参会人员向先进人员学习。

（6）第7步：会议结束

宣布会议结束。

13.4.4　颁奖仪式策划

颁奖仪式可以说是全场会议的高潮部分，也是现场氛围及观众情绪最为高涨、热烈的时刻，因此做好颁奖仪式的策划是办好总结表彰会的重要环节。

首先，要做好详细的流程安排。作为全场最受关注的环节，要规划好每个阶段每个工作人员需要做什么，准备什么，才能确保奖项颁发的顺序不会出错。

其次，要把控好颁奖仪式的时间。颁奖仪式一般会涉及多个奖项的颁发，这就要求策划人员和现场主持人要把控好时间的安排。暖场时间控制好，调动好观众的情绪，确保颁奖仪式准时开始，颁奖环节时间控制好，确保颁奖仪式顺利进行。

最后，要预备好应急措施。无论再周密细致的计划也难免会遇到意料之外的状况，这就需要在进行颁奖仪式策划时提前做好预案，从而保证整个活动的顺利进行。

经验分享

总结表彰会和工作汇报会虽然都需要进行工作总结，但由于总结表彰会一般会在年末年会或重大活动的时候进行，需要营造喜庆、热闹的氛围，因此会不同于工作汇报会的严肃、正式，进行场地布置时应选用横挂标语、彩旗、鲜花、气球等进行会场的装饰，并在现场播放欢快的音乐烘托气氛。

主持人要控制现场的气氛，避免场面尴尬和失控。尤其是当表彰对象出现情绪激动或者失误时，主持人需要及时调整现场气氛，确保表彰会的顺利进行。

在表彰会上，要注意避免公开表彰对象的隐私问题，尤其是涉及员工的个人信息和隐私时，一定要尊重和保护好相关员工的隐私权。

13.5　研讨会的关键程序与注意事项

13.5.1　研讨会主题及形式确定

研讨会是一种团队或者专家学者集中针对某个行业、领域或具体主题进行讨论，达到分享、交流和探讨目的的一种会议形式。

研讨会主题和会议形式要根据会议目的、参加对象来确定，通常有专家研讨会、行业演讲会、品牌技术研讨会和网络研讨会等形式。如果是一些行业领域的专业人士为了研究、讨论某一具体问题，交流观念、商量对策而举办，那就是专家研讨会；如果是一些品牌方通过会议宣讲进行技术或产品交流，达到宣传品牌的目的，那就是行业演讲会或品牌技术研讨会；而网络研讨会是一种通过网络视频直播向观众、客户传达研讨会内容，达到研讨会主办方推广和营销目的的会议形式。

经验分享

　　研讨会的场地通常需要在正式的会议室举行，不超过50人的小规模研讨会可选择圆桌会议室，便于参会专家面对面进行交流探讨；人数较多的研讨会，应选择有主席台可以设置讲台的会议室，会场需提供投影仪、音响话筒、白板等演讲所需的设施。

13.5.2　研讨专家邀请

　　明确好会议的时间和主题后，就要进行研讨专家的邀请，为确保会议研讨效果，在选择研讨专家时，应注意考虑如下事项：研讨专家是否有与会议主题相关的业务、培训、授课经历；研讨专家擅长的内容是否和会议主题相符合；以往参会人员对研讨专家评价和反应是否良好；研讨专家的出场费用是否在本次会议预算范围之内。

　　在确定研讨专家人选后，应向研讨专家发送正式邀请函。正式的邀请函既表明了会议的重要性，又体现了对所邀专家的重视。

　　研讨专家邀请函的编写要注意写清会议目的、会议主题、时间、地点和其他参会专家等，让受邀专家能够通过邀请函清楚地了解本次研讨会的详细信息，确定是否前往参与会议。邀请函模板示范如图13-3所示。

邀请函

尊敬的×××专家：

　　您好！

　　我们即将举办一场关于"×××"话题的研讨会，非常荣幸地邀请您作为本次研讨会的专家，为我们分享您在该领域的研究成果和经验。

　　本次研讨会旨在促进相关领域的交流和合作，推动该领域的发展和创新，同时为政策制定和实践应用提供有益的参考。您的经验和观点在该领域具有重要的影响力和贡献，我们深信您的出席和参与将对本次研讨会产生积极的影响和推动作用。

　　具体会议安排如下：

　　时间：××××年××月××日（周×）××:××-××:××

　　地点：×××大楼××层××会议室

　　议程：

　　主题报告：×××

　　分组讨论：×××

　　总结汇报：×××

　　希望您能够参加本次研讨会并发表专业见解，如果您有意参加，请在本函回执中确认您的到场时间。如果您有其他任何问题或者需要进一步了解信息，请随时联系我们。

　　感谢您的关注和支持，期待您的回复。

×××单位
日期：××××年××月××日

回执：

我将于××××年××月××日出席该研讨会/不参加该研讨会。联系电话：×××

图13-3　邀请函模板

13.5.3　现场研讨过程管理

现场研讨会的过程管理包括以下几个方面：

（1）在研讨会现场，需要一位主持人来引导整个会议的进程，介绍会议的主题和目的，介绍各位发言人；引导和控制发言人规范发言，参会人员积极互动，以及对会议进行总结，确保会议进程的顺利进行。

（2）研讨会中的发言人需要按照会议的议程安排发言，并在规定的时间内完成发言，在此环节，主持人需要对时间进行控制。

（3）研讨会中的参会人员需要积极参与讨论，并进行互动。主持人需要引导参与者进行讨论，并确保讨论的质量和效果。

（4）研讨会结束后，需要由主持人对会议的内容进行总结。同时，需要对会议的结果和下一步的工作进行讨论和安排。

（5）组织互动环节，研讨会的互动环节是参会人员之间交流和合作的重要部分。主持人要充分利用互动环节，引导参会人员积极地互动，以促进参会人员之间的交流和合作。

> **经验分享**
>
> 为使专家都能参与讨论交流，研讨会通常会安排多个专家进行演讲发言，为保证交流效果，每场演讲发言的时间应根据会议总时长和发言专家人数计算好。时间较长的研讨会，还应准备茶歇时间，让专家稍作休息再继续进行会议。

13.5.4　研讨总结评估

对研讨会进行总结评估可以帮助组织者了解参会人员对研讨会的评价和建议，判断研讨会是否达到了预期效果。做好研讨会的总结评估有以下工作步骤。

首先，收集参会人员反馈。通过问卷、讨论、反馈表等方式收集参会人员对研讨会的组织和流程、演讲和互动环节的质量、研讨话题的针对性等方面的反馈意见。

其次，整理反馈意见并汇总。对收集到的反馈意见进行分类整理，分析出参会人员对研讨会的评价和建议，将结果进行汇总，包括讨论的议题、解决的问题、达成的共识等内容。

最后，总结研讨会经验。根据参会人员的反馈，总结研讨会的成功经验和不足之处，找出需要改进的地方和优点，进而制订具体的改进计划，以便在下一次研讨会时更加重视和改进，提高会议的质量和效果。

13.6　新品发布会的关键程序与注意事项

13.6.1　发布的新品确定

新品发布会通常是一个公司或品牌为了推广其最新产品或服务而举行的一种活动。在发布会上，公司会向媒体和其他受邀嘉宾展示其最新产品的特点、功能和优势，并提供机会给大家进行试用或提问。

确定要发布的新品，首先要在发布会前进行产品试用，确保产品的合格性，其次要根据市场需求明确产品定位，能够预估新产品的市场前景，最后要全面收集确定好的新产品的相关数据及资料。

经验分享

在发布会前要对新品进行全面的质量控制，确保新品没有问题，避免出现质量问题影响发布会的效果。

13.6.2　发布时机选择

选择发布新产品的时机需要考虑多个因素，包括市场情况、竞争对手、受众群体和产品本身的特点等。要确保能在最佳的时间推出新产品，以获得最好的效果。

（1）可以将新品发布会安排在行业展会期间，这将使新产品更容易被目标客户所发现，同时行业展会通常会有大量的媒体和行业专家出席，可以通过展会收获到大家对新产品的评价，并扩大宣传范围。

（2）关注并了解竞争对手的动态，通过对竞争对手发布新产品或推出市场营销活动的时间节点进行分析，选择一个更好的时机来发布新产品，避免与竞争对手的新品发布产生直接冲突。

（3）通过对市场的需求情况进行分析判断，选择在市场需求旺盛的时期发布新产品，可以更容易地获得消费者的注意，使新产品在竞争激烈的市场中脱颖而出。

（4）选择在一些特定的节假日或特殊日期，例如圣诞节、情人节、"618" "双十一"等，人们通常更加关注购物和礼物，在这些时间点发布新产品更有利于市场宣传。

13.6.3 厂商邀请

在发布会举行之前，企业要根据产品定位和性质，确定目标受众的范围，包括媒体代表、行业专家、业务合作伙伴等。在确定好邀请的嘉宾后，提前寄送邀请函或请柬，邀请函的内容包括活动的时间、地点、日程安排、报名方式等重要信息，还要清晰地介绍活动内容和发布的新产品，强调活动的重要性，发布会前还应电话提醒嘉宾会议时间和地点。在邀请厂商时，要注意礼仪和沟通技巧，同时，也要考虑邀请嘉宾的时间安排和利益，以便让他们感到被重视和关注。

13.6.4 新品展示及讲解

在新品发布会上，展示和讲解新产品是非常关键的环节。通过清晰、生动、专业的展示和讲解，可以帮助受众更好地了解产品，进一步提高产品的认可度和市场竞争力。

首先，展示产品时，可以使用幻灯片、视频、模型等多种方式，让受众更好地了解产品的外观、性能和功能，尽可能突出产品的特点和优势。还可以通过让受众亲自体验产品的功能和特点来展示产品，例如设置试用区域，让受众试用产品，并了解产品的实际效果。

其次，除了展示外，还需要详细讲解产品的设计理念、创新点、优势和特点等。可以通过图表、数据和案例等方式，让受众更好地了解产品的价值和优势。

最后，通过展示和讲解，设置交流环节，请听众提问并耐心回答他们的问题。在回答问题时，需要用专业、客观的态度，使听众更好地理解和接受产品。

经验分享

在新品发布会现场要进行严格的安全管理，包括人员管控、现场安保、电气安全等方面，确保参会人员的安全和会场的安全，避免因为拥挤发生踩踏事故。

13.6.5 新品发布会宣传报道

要让新品发布会得到更好的宣传和报道，需要在发布会前、发布会期间和发布会后进行全方位的宣传和报道，通过多种渠道、多种形式的宣传，让更多的人了解新产品，提高产品的认知度和市场竞争力。做好新品发布会的宣传报道可以从以下几方面考虑。

（1）做好发布会前宣传。在发布会前的一段时间，可以通过多种方式进行宣传，如新闻稿、海报、社交媒体等，让更多的人知道发布产品的信息。在新闻稿中可以强调产品的创新、特点和优势，吸引媒体和公众的关注。

（2）注重发布会现场报道。在发布会期间，要尽可能让更多的媒体和公众参与，并在现场提供媒体工作区供媒体拍摄照片、视频等，以便他们可以更好地对发布会进行报道，同时在多个社交平台上进行直播或发布有关发布会实时动态。

（3）发布会后持续宣传。发布会结束后，要及时发布新闻稿、视频和照片等，将发布会的信息传达给更多的人。还可以在发布会后持续地举办一些宣传活动，如线下展览、产品体验会等，让更多人亲身体验产品，深入了解产品的特点和优势。

（4）寻找与产品相关的媒体或合作伙伴进行合作，通过社交平台、杂志等方式推广产品，扩大宣传范围。

经验分享

新品发布会结束后，企业要尽快对新品发布效果进行总结和分析，以便制定后续的宣传方案和宣传活动。

13.7　新闻发布会的关键程序与注意事项

13.7.1　邀请媒体和公众

新闻发布会是企业或组织针对特定事件或信息，向媒体进行正式发布和宣传的一种形式。

一场成功的新闻发布会，所邀请的新闻媒体和公众是重要的影响因素，在邀请新闻媒体的时候要做到专业与社会媒体相结合、国内与国外媒体相结合、纸质与网络媒体相结合，邀请公众时要注意公众既包括机构也包括个人，重点邀请有影响力、有相关性、有专业性的公众。

邀请新闻媒体和公众的步骤一般为：

（1）结合新闻主题、发布会主要内容、传播影响范围、发布会所涉及的行业、媒体口碑等因素，确定需要邀请的新闻媒体及公众。

（2）确定邀请名单后，与相关负责人进行联系，制作邀请函或请柬。

（3）通过快递或者安排专人送达邀请函或请柬，并在新闻发布会召开之前打电话再次告知发布会时间。

13.7.2　确定主持人和发言人

新闻发布会的主持人和发言人既可由一人担任，也可多人分任。主持人一般由主办方相关部门负责人担任，主持人应学识丰富、反应机敏、语言流畅且有新闻发布会的主持经验，能有效对会议进程进行控制。

发言人一般由主办方主要负责人担任，能够对记者的提问应答如流、熟悉政策和业务、语言表达能力强、学识渊博、思维敏捷、新闻发言经验丰富、具有权威性。

13.7.3　新闻发布

新闻发布的工作程序如图13-4所示。

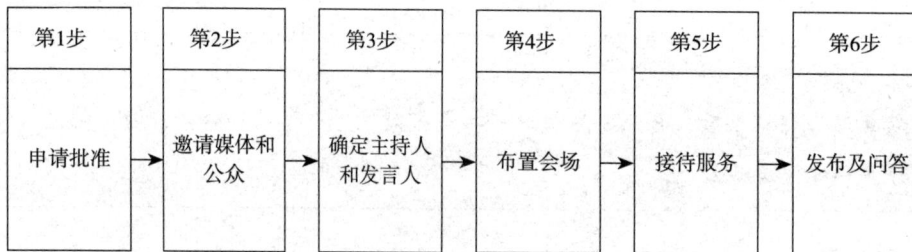

第1步	第2步	第3步	第4步	第5步	第6步
申请批准	邀请媒体和公众	确定主持人和发言人	布置会场	接待服务	发布及问答

图13-4　新闻发布的工作程序

（1）第1步：申请批准

对新闻发布会的内容进行确定，向相关部门或领导进行申请审批。

（2）第2步：邀请媒体和公众

根据会议内容和主题确定需要邀请的新闻媒体及公众。

（3）第3步：确定主持和发言人

根据主办方确定相关的主持人和新闻发言人。

（4）第4步：布置会场

对会场进行布置，要符合会议氛围和主题，合理安排好各类区域和座席。

（5）第5步：接待服务

对参会的领导、各新闻媒体记者、公众进行礼仪接待。

（6）第6步：发布及问答

重要事项发布及问答解释。

经验分享

　　在新闻发布会上所发布的消息必须是准确无误的，在发布过程中若发现错误要立刻进行更正。发言前必须内部统一口径，然后组织专门的工作组起草发言稿，全面、认真地收集相关资料，才能写出准确、生动的发言稿。

　　在新闻发布会上，发言人要注意掌握发言的方式和语气，传达清晰、简洁、准确的信息，避免使用混糊不清的语言进行答复，更不可使用带有偏见或挑衅的语言，以免引起提问者的误解与不满情绪。

13.7.4　回答提问

　　回答问题环节是新闻发布会的重要环节，在会前要收集好媒体和公众比较关心的问题，做好提问预设。在回答问题时，要对提问者表示感谢，不能随意打断提问，也不能出现对提问表示不满意的表情或肢体语言，对于合理的问题要正面应答，对无理的或涉密的问题要婉转、幽默地进行反问或转移话题。主持人要时刻掌握问答时间和节奏，积极调动会场氛围。

经验分享

　　当媒体提出意外问题时，发言人和主持人需要保持冷静、镇定，不要表现出慌张或生气，如果问题与发布会的主题无关，可以考虑转移话题，引导媒体关注发布会的主题，如果问题涉及敏感信息或无法回答，可以委婉地拒绝回答，或者将问题留给后续处理。

13.8　企业年会的关键程序与注意事项

13.8.1　年会筹备与策划

　　企业年会是指企业一年举办一次的集会，其精髓在于宣扬企业的经营理念，传递企业精神，提高员工的积极性和归属感，提升企业的凝聚力和竞争力，增强企业员工的内部凝聚力，加深员工对企业的感情，增进员工之间的沟通、交流和团队协作意识，提升企业的综合竞争优势。

　　年会的筹备与策划是年会成功举办的首要工作，通常有以下几个工作要点。

（1）明确目的和主题。策划企业年会首先要确定年会的目的和主题，年会的目的是增强员工凝聚力，表彰员工，还是庆祝公司的年度发展成就等。

（2）制定预算。制定合理的预算可以确保企业年会举办质量的同时控制费用开支。预算一般需要考虑年会场地租赁和布置费、年会用品和奖品采购费、餐费等。

（3）确定内容。参考年会的主题、目的以及参会人数等因素，确定活动时间、活动地点、活动形式和大致流程等。

（4）节目准备。根据年会主题和目标，策划合适的节目内容和形式，例如表彰优秀员工、颁发奖项、演讲、文艺表演、互动游戏等，同时根据节目的内容和特点，以及年会的整体氛围和情绪，逐一排序，确定每个节目的先后顺序，并明确每个节目的时间长度以达到最佳效果。

13.8.2　采购年会用品及奖品

采购年会物品和奖品需要综合考虑员工需求、采购预算、产品质量、环保等因素，可以选择符合员工需求和兴趣的、既有一定价值又不会超出企业预算的、质量可靠的物品和奖品，以确保员工的使用体验，提高员工满意度。

13.8.3　年会会场布置

年会应该根据年会的形式和规模来选择场地，室内可考虑酒店会议室、展览中心、剧院等场所，室外可考虑公园绿地、体育场等，选择场地的同时需要注意附近交通是否便利，以及场地的容纳人数是否合适等。

会场座次可选择全围式，不设专门主席台，以体现平等和相互尊重的精神，也可以采用圆桌式座次安排，更好地营造融洽、和谐氛围。

年会所需的设备，如投影仪、电脑、音响设备、灯光设备、录影设备等应提前调试好，会场内的色彩搭配与整体基调要与年会的主题相符，为年会营造氛围。

13.8.4　领导致辞及节目表演

领导致辞和节目表演需要符合年会欢乐、感恩、庆祝的主题，让全体员工感受到企业关爱和温暖的同时，增强员工的凝聚力和向心力。

年会一般会先由企业领导致辞，表达对全体员工的感谢和关心，回顾过去一年的发展成就并展望未来的发展方向和目标。

企业内部的节日表演，可以选择歌舞、戏剧、相声等形式，或者企业也可以邀请专业的演出团队带来精彩演出。

13.8.5　年会聚餐安排

年会聚餐是年会活动的一个重要环节，能够体现企业对员工的关怀。在餐厅选择方面，企业应选择一个有足够空间、环境良好、餐品丰富、服务质量好的餐厅，确保能够提供优质的用餐环境和服务。在菜品选择方面，企业应该选择符合大众需求的菜品，菜色应注意荤素搭配。在座位安排方面，应该根据企业的部门、职位等因素进行分组，以便员工之间进行交流和沟通，营造融洽氛围。

经验分享

在准备年会节目的时候需要全面、周密地考虑各个方面，避免节目内容乏味或时间过长导致员工产生疲乏感或者失去兴趣，甚至出现反感的情况。可以增加员工互动环节和互动节目，让员工积极参与其中，增强年会上员工的互动感和参与感。

年会负责人需要对年会整体时间进行把控，协调各项工作按流程进行，安排专人负责全程拍照、录像，记录领导重要发言等，同时还需保证电脑设备、音响设备、音乐操作及其他技术支持无误。

确保有足够的人手来负责年会的不同方面，包括节目表演、安全保障、设备操作等，以确保年会的各个环节都能够顺利进行，同时加强现场安保和管理，确保员工的安全和秩序。

13.9　座谈会的关键程序与注意事项

13.9.1　座谈会人员邀请

座谈会是指一种针对特定主题或议题的小型会议，其特点是灵活、高效、互动性强，一般邀请相关领导和人员、专家学者、行业代表和员工代表等进行咨询、交流和研讨。座谈会的参会人数通常较少，宜选择在会议室内举行，是一种集体探讨的方式，所有参会人员都有机会表达自己的意见和观点。

> **经验分享**
>
> 座谈会的讨论效果很大程度上依赖于参会人员的质量和数量，如果参会人员的数量太少或质量不高，参会人员之间的知识、经验和能力水平差异较大，那么讨论的结果可能不够理想，因此在进行人员邀请时尽可能选择具有相关专业知识和经验的人员参与。

13.9.2　座谈会会前调研

为了保证座谈会的效果，在座谈会召开前必须开展议题调研。会前调研应该首先明确调研目的和范围，选择合适的调研方式和受访人员，制订调研计划，设置合理的时间表，按照计划组织调研，确保调研过程的顺利进行。调研结束后应分析调研结果，挖掘有价值的信息，为座谈会的顺利召开提供有力的支持。

13.9.3　座谈会议程排定

座谈会议程一般由五个部分组成，首先由主持人简要介绍座谈会的主题和目的，引导参会人员进入讨论状态。其次，参会领导就座谈会主题进行发言，发言内容应简明扼要，尽量不要发表过于鲜明的看法和观点，以免出现其他参会人员思维和发言被束缚的情况。接着与参会人员就议题进行讨论和自由发言，提出自己的观点及建议，以便达成共识，并推动相关工作。最后主持人需要对讨论的内容进行总结，简要阐述讨论的核心观点和结论。另外，在座谈会结束后，参会人员可以进行交流，加强沟通，便于后续计划的开展。需要注意的是，座谈会议程的具体内容和形式，应该视议题和参会人员的身份情况而定，以便讨论效果最佳。

13.9.4　座谈会主持

在座谈会中，主持人具有举足轻重的作用，主持人能够引导讨论和控制会场秩序，确保会议的顺利进行。一个优秀的座谈会主持人应该具备以下能力：

（1）主持能力

主持人应该具有组织和引导讨论的能力，使座谈会按照议程有条不紊地进行。

（2）沟通能力

主持人需要能够与参会人员进行良好沟通，运用合适的语言技巧，推动讨论，以便达到最佳的讨论效果。

（3）控场能力

主持人应该具备调节气氛的能力，要求能够控制讨论的节奏和妥善应对各类突发事件。

（4）知识储备

主持人需要具备一定与议题领域相关的知识储备，并能够提出有价值的问题和建议。

经验分享

由于座谈会上大家都可以发言探讨，有时可能会引发参会人员之间由于观点不统一导致的争执与冲突，主持人应设法缓解参会人员之间的紧张情绪和冲突，采取公正客观的方式来调和矛盾，确保座谈会顺利进行。

座谈会的结论和决策可能受到个人经验、情绪和偏见的影响，因此参会人员需要通过严格的逻辑分析、数据分析等方式来支持决策和结论，确保结论科学可靠。

13.10　庆祝会的关键程序与注意事项

13.10.1　庆祝会策划

庆祝会是一种庆祝特定事件或成就的方式，例如庆祝重大节日、国家重大政治事件、重大社会事件、公司成立周年、重要项目完成、员工晋升、员工生日等。策划庆祝会需要充分考虑参加者的需求和感受，以确保活动的成功和参加者的满意度。同时，提前做好充分的准备和安排，以避免出现意外情况和失误。

策划庆祝会需要注意以下几个方面的工作。

（1）需要确定庆祝会的主题，例如重要领导上任、举办世博会、公司周年庆、×××员工晋升、×××项目完成等。明确主题有助于确定活动规模，活动类型和内容的规划。

（2）根据庆祝会的主题和规模，需要制定一个活动预算，需要考虑的因素包括场地租赁费用、食品和饮料、装饰和娱乐等。

（3）确定庆祝会的日期和时间，并通知所有相关方面的人员。确保庆祝会的日期和时间适合大多数人，以便他们能够参加。

（4）根据庆祝会的规模、类型和预算，选择一个合适的场地。可以选择酒店、会议中心、餐厅、室外空间等场所。

（5）根据庆祝会的主题和规模，策划活动细节，包括食品、饮料、音乐、娱乐活动、装饰等。确保所有细节都能让参与者满意并有意义。

13.10.2　庆祝会活动组织

庆祝会策划方案确定后，就可以按照策划方案组织庆祝会，首先，根据确定的日期和时间，提前向所有相关人员发送活动邀请函，以便他们能够提前计划行程并参加庆祝会。在庆祝会的当天，确保有足够的工作人员来做好庆祝会的协助工作，并且所有细节都已筹备妥当，并准备好迎接所有参与者。主持人要熟悉活动流程，确保活动流程都按照计划进行，并与参与者一起享受活动的乐趣。

13.10.3　荣誉表彰管理

庆祝会上往往会对一些做出工作成就的人或事项进行嘉奖，颁发荣誉证书等，在这一环节，就需要播放欢快的歌曲来配合主持人调动现场参与者的情绪，以营造出喜庆、热烈的氛围，将庆祝会推向一个新的高潮。对于表彰人员、表彰事项的确定及需要颁发的奖状、奖杯要提前安排好，通知领奖的嘉宾准备好获奖感言，控制好每位获奖嘉宾发言的时间，确保该环节的顺利进行。

13.10.4　庆祝宴会举办

庆祝活动结束后，就要进入庆祝宴会环节，举办一场策划周全、别出心裁的庆祝宴会能够提高宾客的满意度。庆祝宴会的工作步骤如下。

①根据活动预算选择场地、食品饮料、装饰、礼品等，确保宴会经费不超过预算。

②根据庆祝会主题设计宴会的场景布置，如主题色调、灯光效果、背景音乐、餐具摆设、鲜花布置等。

③选择合适的菜单和饮料，确保品质和口感符合宾客的需求和偏好。

④与宴会场地和餐饮服务商协调好充足的服务人员在宴会现场提供服务和协助，确保服务质量和效率。

⑤根据宴会的规模和预算，准备适当的礼品或纪念品，以感谢和鼓励员工的辛勤工作和付出。

> **经验分享**
>
> 庆祝会的规模通常较大，现场人流量大，安全隐患较高，如火灾、拥挤、踩踏等情况的发生，更有甚者可能会引发一些社会安全问题，如恐怖袭击、暴力事件等，因此庆祝会的安保工作应该得到充分重视，与相关部门协调配合，做好安保、交通、医疗等各项服务工作。
>
> 一些庆祝会规模宏大，场地、灯光、音响等设备都需要投入大量的人力、物力、财力，容易造成资源的浪费，因此庆祝会要制定合理的预算和规划，并且严格控制成本，避免造成经济的压力。
>
> 庆祝会的策划和实施应该注重规范化、科学化、文化化、环保化，避免商业化和过度炒作，违背了举办庆祝会的初衷。

13.11　动员会的关键程序与注意事项

13.11.1　会前动员

动员会是为了协调和推动某项重要任务、重要项目或重要活动的实施而召开的一种会议。一场成功的动员会可以在开展重要工作前，使参与人员的工作目标得以明确，使参与人员的工作士气得以鼓舞。

会前动员是动员会的首要环节，是指在召开动员会之前，通过多种形式向参与人员宣传动员会的议程、目的、意义和预期效果，以提高参与人员在动员会中的参与度，激发参与人员的参与热情和积极性，提高会议的效果和影响力。

> **经验分享**
>
> 在召开动员会之前，要注意明确会议的目标，并提前通知相关人员。动员会要让参与人员齐心协力、同舟共济地去完成一项任务，就要先确定目标，如果目标不一致，思路不统一，做法不协同，不管动员会的过程多么精彩，结局都注定是失败的。

13.11.2　动员会组织管理

动员会旨在激励员工的热情和斗志，传达组织目标、工作计划和发展战略，其组织管理工作需要根据其特点来进行针对性的安排。

首先，动员会的目标一般都比较明确，例如启动新项目、提高员工士气、加强文化建设等，因此组织者需要制定相应会议流程，确保会议内容能够充分体现目标和主题。

其次，动员会通常主要由上级领导发表讲话，因此需要提前收集相关文件及资料，准备好各领导的发言稿。

再次，由于动员会是为了鼓舞士气，振奋精神，因此会场的布置要营造热情、欢快、激动人心的氛围，让参与人员感受到激情和动力。

最后，为了扩大动员会的影响力，应做好动员会的宣传工作，通过发放宣传单、张贴宣传海报、媒体广告、现场直播等方式对动员会进行宣传推广。

13.11.3　动员讲话管理

动员讲话是确保动员会成功的关键环节，动员讲话稿应该紧扣会议主题，突出重点，让参与人员一目了然，对主题有更深刻的理解和认识，发言内容应简洁明了，不要出现冗长的句子和复杂的词汇，尽量使用通俗易懂的语言，通过修辞手法、比喻和引用名言等方式来增加语言的生动性，同时还要有鲜明的立意，引起参与人员的共鸣和热情，激发参与人员的士气和斗志。

发言人在动员讲话时不应该只是理性地讲解和描述，更应该注重感性的表达和演绎，这样更容易引起参与人员的共鸣和激情。发言人还需要控制讲话时间，讲话时间过长会使参与人员精神难以集中，不利于强化动员会想传达的感情，讲话时间过短则可能无法传达完整的信息。

经验分享

在动员会上，讲话人应是具有权威性和影响力的人物，他们的言论具有较高的说服力，因此在确定讲话人时，需要考虑到讲话人的职务、能力、口才等方面的因素。

13.11.4　动员会落实

动员会的召开是协调和推动某项重要任务、重要项目或重要活动的开始，动员会的结束也并不意味着工作的结束。在动员会之后，动员会的目标要通过以下3项工作得以落实。

（1）发布详细的工作计划。动员会后，要及时发布详细的工作计划。再次向参与人员强调任务和目标，明确相应的工作时间表，确定任务各环节的相关责任人。

（2）把控任务进度。工作计划确定后，要抓紧对其进行落实。在落实工作计划的过程中，要定期跟踪任务的进展情况，如果发现问题，要立即采取相应的解决措施。

（3）注意工作中的沟通与鼓励。在工作计划的推进过程中，工作的负责人应与其他工作人员及时沟通，促进团队协作，并择时开展团建活动、表彰大会、团队分享会等活动持续对工作人员进行激励、动员，促进动员会落实。

经验分享

动员会的本质只是一场会议，其时效是有限的，会议对参与人员产生的鼓舞效果也是有限的，动员会之后，如果不采取相应措施将动员过程持续推进，动员会就会流于形式，动员会在工作人员心目中的重要程度也会大打折扣。

13.12　视频会议的关键程序与注意事项

13.12.1　视频会议组织

视频会议是一种以网络为载体，以相关的会议软件为平台，使参会人员可以进行视音频交流的远程会议形式。随着互联网技术的不断升级与办公方式的不断丰富，越来越多的企业都开始通过视频会议实现跨区域的工作交流。想要组织好每一场视频会议，就得把控好以下程序。

（1）明确会议信息，如会议主题和目的，会议开始时间及会议时长、会议平台等，以便制定会议议程和邀请对应的参会人员，确定参会人员名单后，通过邮件、电话、信息等方式向参会人员发出会议通知等。

（2）根据会议需求设置会议平台的功能，如密码保护、静音控制、摄像头控制等。

（3）根据会议议程，确定每个参会人员的分工和任务。

（4）在会议开始前几分钟，提前进入会议平台，确保所有参会人员已加入并测试好设备。

（5）根据会议议程进行讨论和决策，确保会议效率和质量。

（6）会议结束后，总结会议结果，包括讨论和决策内容、分工和任务等，并及时汇总和通知参会人员，同时进行后续跟进和落实，确保会议的目的达成。

13.12.2　设备调试及试运行

设备是整个视频会议的前提保障，充分准备并提前测试设备是确保视频会议顺利进行的关键。各方参会人员要检查使用的会议软件是否需要更新，测试麦克风是否能够捕获清晰的声音，扬声器是否能够播放声音，摄像头、鼠标、键盘是否能够正常工作，设备的网络连接是否稳定。

> **经验分享**
>
> 　　视频会议完全依赖于网络及设备的稳定，因此视频会议需要稳定的网络和软件/硬件设备支持，另外还应准备备用的通信设备，便于主要设备发生故障或本地网络出现问题时，立即使用备用设备继续进行会议。

13.12.3　参会人员登录管理

会议的参会人员要在会议正式开始时加入会议，如果是预订会议，参会人员可以提前几分钟进入会议室等待。参会人员在加入会议时要输入正确的会议号、参会人员名称，并按照需要对入会开启麦克风、入会开启摄像头等选项进行设置。如果会议房间设置有密码，还应输入正确密码参与会议。

13.12.4　会议讨论管理

参与视频会议讨论是整个视频会议的重要环节。参会人员应在会议开始前，了解会议议题并准备好相关材料。参会人员需要在会议中发言时，要注意调整麦克风与自身的距离，确保自己的声音是清晰的，同时要避免打断其他人的发言，注意自身的语气与措辞。

如果是会议的发起者或主持人，应提前了解会议过程，控制好会议的讨论环节，协调好会议进程，确保会议讨论可以有序、高效地进行。

> **经验分享**
>
> 充分利用视频会议软件的功能，例如共享屏幕、白板等，提高参会人员的沟通效率和体验，同时也要加强会议主持人的引导和协调。

13.12.5　信息存储与安全管理

在召开会议的过程中，如果参会人员需要对会议进行录制，应先征得会议发起者的同意。录制会议时要根据情况选择本地录制或云录制，本地录制的重要文件要及时从本地设备中拷贝出来，避免造成信息泄露。

为确保重要会议的安全性与隐私性，会议主持人或发起人应对会议房间设置密码，参会人员应避免在公共场所参与视频会议，尽量使用私人网络而非公用网络参与视频会议，避免使用共享设备参与会议。

> **经验分享**
>
> 在视频会议结束后，参会人员应快速完成会议资料的备份工作，避免遗失重要信息。并将重要资料从共用的会议设备上清除，包括关闭共享屏幕、清空会议记录、退出会议等操作，避免造成信息泄露的问题。